Bruno Grupp

Modularprogramme für die Fertigungsindustrie

Modularprogramme für die Fertigungsindustrie

Neutrale Beurteilung
Einsatzerfahrungen
Umstellungsprobleme

von
Bruno Grupp

Walter de Gruyter · Berlin · New York 1973

 Satz: IBM-Composer, Walter de Gruyter & Co., Berlin – Druck: Saladruck, Berlin

Printed in Germany

ISBN 3 11 004260 6

Vorwort

In wachsendem Umfang präsentiert heute die Informationsindustrie Modular- und Standardprogramme zur Lösung industrieller Vertriebs-, Fertigungssteuerungs- und Abrechnungsprobleme. Im Mittelpunkt des Marktangebots stehen bisher die Bereiche der betrieblichen Material- und Zeitwirtschaft und der Kostenrechnung. Die Beurteilung der Einsatzmöglichkeiten geht bei den Interessenten stark auseinander. Die einen erblicken in solchen vorgefertigten Musterlösungen den Stein der Weisen, andere wieder bezweifeln grundsätzlich die Anwendbarkeit von Standardsystemen zur Lösung individueller Ablaufprobleme. Nur selten stößt man bei Laien auf eine realistische Abschätzung der Einsatzmöglichkeiten und des Einführungsaufwands von Marktsoftware.

An diesem kritischen Punkt setzt unser Buch ein. Es informiert in konzentrierter Form über die bekanntesten Modularkonzeptionen für die Fertigungsindustrie und beantwortet folgende Kernfragen:

- Was leisten Modularprogramme gegenüber selbsterstellten Programmen?
- Wie prüft man die Einsatzmöglichkeiten von Modularprogrammen?
- Auf welche Voraussetzungen ist vor einer Entscheidung für Modularprogramme unbedingt zu achten?
- Wie geht man bei der Einführung von Modularprogrammen richtig vor?

Positive und negative Einsatzerfahrungen bei zahlreichen Anwenderfirmen bilden die Grundlage für eine objektive und kritische Beurteilung der Programmsysteme. Der Verfasser wirkte selbst in mehreren Unternehmen bei der Prüfung und Einführung von Modularprogrammen verantwortlich mit. Er konnte darüberhinaus als Referent vieler Fachseminare über Modularprogramme mit Herstellern und Anwendern Erfahrungen austauschen, die in diesem Buch in der Form kritischer Hinweise und gezielter Fragen ihren Niederschlag gefunden haben.

Führungskräfte, Systemanalytiker, Programmierer und EDV-Berater sollten nach dem Studium wesentlicher Kapitel zusammen mit den beigefügten Checklisten in der Lage sein, die Eignung von Standard- und Modularprogrammen für ein Industrieunternehmen zu prüfen und wesentliche Problemzonen bei der Einführung rechtzeitig zu erkennen.

Stuttgart, Januar 1973 *Bruno Grupp*

Inhaltsverzeichnis

1. Was sind Modularprogramme?

Die ersten Modularprogramme tauchten etwa um das Jahr 1962 auf dem Markt auf, als Computer der zweiten Entwicklungsgeneration mit Magnetbandeinheiten als externe Speicher den Kunden angeboten wurden. Sie fanden jedoch wegen zahlreicher Kinderkrankheiten, einer noch vorhandenen Starrheit der ersten Programme und wegen der damals bei den Anwendern überwiegend vorhandenen Aversion gegen standardisierte Lösungen anfangs nur wenig Verbreitung. Ein „Boom" in der Anwendung von Modularprogrammen ist erst seit etwa 1968 zu erkennen, als mit den Datenverarbeitungssystemen der dritten Generation die Magnetplatte als Speichermedium ihren Siegeszug antrat, häufiger als zuvor Aufgaben der Fertigungssteuerung in geplante EDV-Konzeptionen einbezogen wurden und eine Reihe von Pionierfirmen den Beweis erbracht hatte, daß Modularprogramme wertvolle Bausteine in einem System der integrierten Datenverarbeitung darstellen können. In der Zwischenzeit hatten außerdem die Hersteller von Modularprogrammen – überwiegend zuerst die größeren Computerfirmen – eine wesentliche Fortentwicklung und Verbesserung der Programme vorgenommen.

1.1 Aufbau und Anpassung von Modularprogrammen

1.11 Aufbau eines Modularprogramms

Die Ausgangsidee für die Schaffung allgemein anwendbarer Programmkomplexe liegt darin, daß bestimmte Arbeiten und Verfahren in gleicher oder ähnlicher Weise in vielen Industriebetrieben auftreten. Das trifft zum Beispiel für eine Lagerbestandsführung, die Speicherung und Auflösung von Stücklisten und Arbeitsplänen, eine Durchlauf- und Kapazitätsterminierung oder eine Betriebsabrechnung zu. Die Unterschiede beschränken sich nicht selten auf verschiedenartige Datenformate der Eingabekarten, unterschiedliche Listenbilder oder einige Abweichungen im Verarbeitungsablauf.

Modularprogramme sind vorgefertigte Programme oder ganze Programmpakete eines Computerherstellers oder eines Softwareinstituts. Sie erstrecken sich über einen bestimmten, abgegrenzten Arbeitsablauf. Modularprogramme sind so aufgebaut, daß sie in Grenzen „modulierfähig" sind, das heißt, eine Anpassung an individuelle Kundenerfordernisse möglich ist.

Wie jedes individuelle Programm enthalten auch Modularprogramme einen Eingabe-, Verarbeitungs- und Ausgabebereich. Doch bestehen gegenüber einem starren Programm bei einem Modularprogramm folgende Besonderheiten:

Eingabebereich:

Die Datenformate für Eingabe- und Speicherfelder können überwiegend vom Anwender innerhalb bestimmter Höchstgrenzen festgelegt werden. Diese Begrenzungen sind bei Ordnungsbegriffen meist großzügig, bei Rechenfeldern in engerem Rahmen festgelegt. Entsprechend den Erfordernissen des Anwenders können kundenabhängige Felder hinzugefügt werden.

Modularprogramme enthalten keine oder nur in geringem Umfang Eingabeprüfungen für Daten. Das ist deshalb kaum möglich, weil die Voraussetzungen an die Eingabedaten sehr verschieden sind. Beispiel: Eine Sachnummer kann 4 oder auch 15 Stellen lang sein, sie kann für alle Artikel die gleiche Länge oder unterschiedliche Längen haben, sie kann numerisch oder alphanumerisch sein. Erst wenn diese Einzelheiten bekannt sind, lassen sich z. B. formelle Eingabeprüfungen für die Sachnummer festlegen.

Gute Modularprogramme enthalten im Programm Anschlußstellen, an denen vom Anwender erforderliche Eingabeprüfungen eingefügt werden können. In anderen Fällen muß den modularen Verarbeitungsprogrammen ein vom Benutzer erstelltes Prüfprogramm vorgeschaltet werden.

Verarbeitungsbereich:

Für die Verarbeitung bieten ausgereifte Modularprogramme Alternativmöglichkeiten. Aus ihnen kann sich der Anwender die von ihm gewünschte Verarbeitungsroutine aussuchen. Beispiel: Bei einer wertmäßigen Lagerbestandsführung sollte ein Anwender zwischen den üblichen Bewertungsverfahren Mischpreisverrechnung (Durchschnittspreiserrechnung) und Festpreisverrechnung auswählen können. Es sollte ihm aber auch die Möglichkeit offenstehen, auf eine wertmäßige Bestandsführung ganz zu verzichten oder ein individuelles Bewertungsprogramm einzubauen. Zu diesem Zweck enthalten die Programme exakte Schnittstellen zwischen den einzelnen Programmteilen und Anschlußstellen für Benutzerroutinen. Selbstverständlich muß die Möglichkeit bestehen, nicht benötigte Programmroutinen bei der Anpassung des Programms zu entfernen.

Ausgabebereich:

Wegen der unterschiedlichen Ausgabewünsche enthalten Modularprogramme überwiegend keine Programmausgaben oder beschränken sich auf wenige einfache Standardausgaben. Die Daten werden von den Verarbeitungsprogrammen lediglich für die Ausgabe bereitgestellt. Die Ausgabeformate kann der Benutzer selbst festlegen. Im Verhältnis zu den Verarbeitungsroutinen ist der Schwierigkeitsbereich der Programmausgabe meist gering.

Von der Form her unterscheiden wir zwei Arten des Aufbaus eines Modularprogramms: das Mainline- und das Baukastenprinzip.

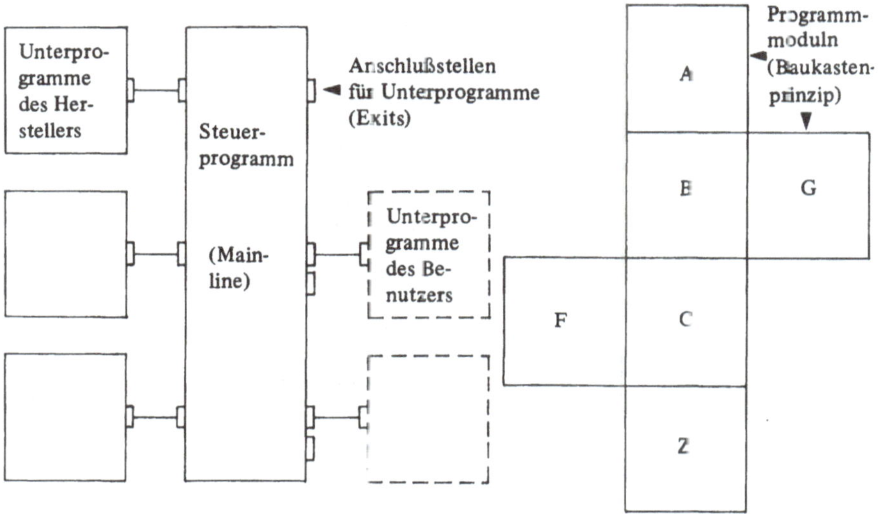

Abb. 1. Programmaufbau nach dem Mainline- und nach dem Baukastenprinzip

Die ältere Form der Programme weist meist eine übergeordnete Steuerroutine auf, an der die einzelnen Unterprogramme „aufgehängt" sind. Sämtliche Verarbeitungsfunktionen sind in den Unterprogrammen enthalten. Durch die zentrale Mainline sind die Programme in ihrer Flexibilität beschränkt. Anpassungsfähiger sind die Programme, bei denen in stärkerem Maß das Baukastenprinzip angewandt worden ist. Jeder der Baukastenmoduln führt hierbei seinen Steuerteil selbst mit.

1.12 Anpassung eines Modularprogramms an die Kundenerfordernisse

Modularprogramme sind keine fertigen Programme, die der Anwender „von der Stange kauft" und bei denen er nur die Wahl hat, sie in der vorliegenden Form zu nehmen oder abzulehnen. Es sind vielmehr Rohprogramme, die überwiegend in einer symbolischen Programmsprache geschrieben sind und vor einer Verwendung an die Benutzerverhältnisse angepaßt werden müssen.

Im Einzelfall sind diese Anpassungsschritte etwas unterschiedlich. Grundsätzlich sind die in der folgenden Skizze enthaltenen Anpassungsphasen nacheinander abzuwickeln.

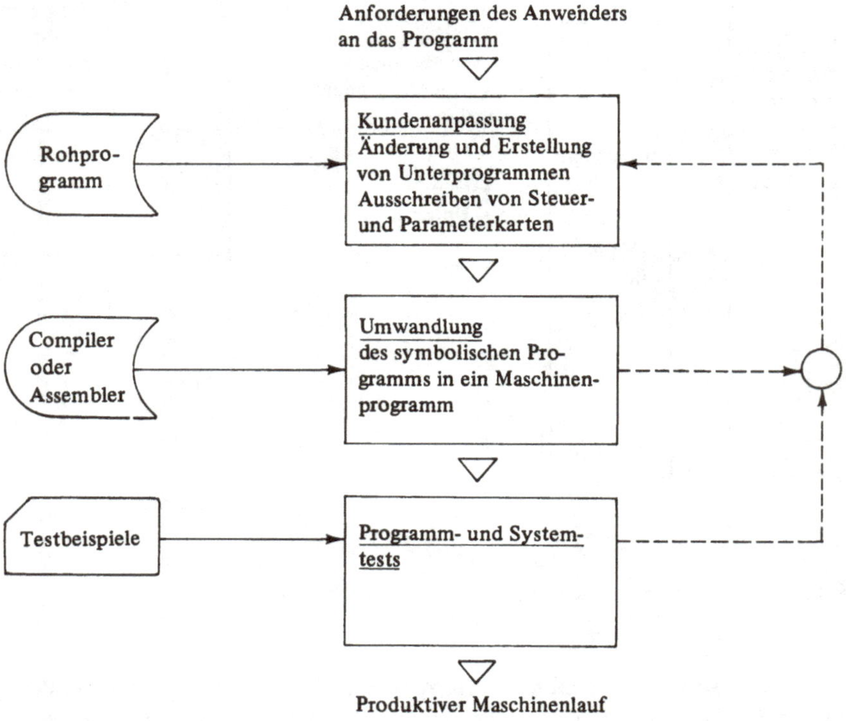

Abb. 2. Schrittweise Anpassung eines Modularprogramms an die Kundenerfordernisse

Der Ersteller eines Modularprogramms übergibt überwiegend dem Benutzer folgende Unterlagen: ein Rohprogramm in einer symbolischen Programmsprache, ein Programmhandbuch und evtl. ein Anpassungsbeispiel. Daneben finden Seminare statt, in denen der Anwender die Programmlogik kennenlernt und die Vorgehensweise bei der Programmanpassung erfährt. Meist stehen teils kostenlos teils gegen Bezahlung Spezialisten des Programmherstellers zur Verfügung, wenn bei der Anpassung Probleme auftreten.

Parameterkarten erlauben eine einmalige Festlegung der kundenindividuellen Wünsche und Datenformate. Diese werden in das anwenderspezifische Programm übernommen. Das Arbeiten mit Parameterkarten kann aufwendig sein, weshalb wir teilweise auch auf das Prinzip stoßen, daß Modularprogramme ohne Ein- und Ausgabebereich angeboten werden, wobei der Programmersteller der Auffassung ist, daß die selbständige Programmierung dieser Programmteile schneller erledigt werden könne als die Anpassung mittels Parameterkarten.

Neben der skizzierten Art des Customizing besteht eine Anpassungsmöglichkeit über Generatoren. Hier wird nach der Auswahl der gewünschten Programmteile und der Festlegung der Ein- und Ausgabeformate das Programm anhand eines übergeordneten Generatorprogramms kundenindividuell zusammengesetzt. Der Generatorlauf erfolgt in den bisher bekannten Fällen jeweils auf einem Großcomputer des Programmherstellers.[1]

Es sei bereits an dieser Stelle darauf hingewiesen, daß die Anpassung eines Modularprogramms noch längst nicht mit der Umstellung eines Arbeitsgebiets auf EDV gleichzusetzen ist. Es kann durchaus sein, daß ein drei- bis vierfacher Aufwand der unmittelbaren Modularprogrammanpassung durch die Änderung der Betriebsorganisation und die Umstellung von Datenbeständen erforderlich ist, bevor Arbeitsabläufe in wirtschaftlicher Weise mit Hilfe eines Computers abgewickelt werden können.

1.13 Änderungs- und Erweiterungsmöglichkeiten

Nicht zu verwechseln ist die Möglichkeit der Programmanpassung mit einer gewünschten Programmänderung. Vor größeren Änderungen von Modularprogrammen wird von den Erstellern der Programme gewarnt. Insbesondere sollte vermieden werden, Änderungen der Mainline vorzunehmen. Beispielsweise sollte nicht versucht werden, in ein Modularprogramm zum Aufbau einer Fertigungsdatenbank zusätzliche Adreßverkettungen, die vom Hersteller nicht vorgesehen worden sind, einzubauen.

Es wird empfohlen, Änderungen der Programme möglichst in eigenerstellte Vor- oder Folgeprogramme hineinzupacken. Andernfalls wäre es erforderlich, bei einer neuen Version des Modularprogramms, die der Anwender übernehmen möchte, die Änderung auch dort wieder in den Programmkomplex einzubauen.

Ist ein größerer Änderungsumfang nicht zu vermeiden, sollte der Anwender lieber auf den Einsatz eines Modularprogramms verzichten. Die Änderung bestehender Programme wäre evtl. aufwendiger als die Eigenprogrammierung.

[1] Zum Beispiel wird bei den Programmen des BASIS-Systems (Siemens) die Generatortechnik angewendet.

1.2 Überblick über Modularprogramme

1.21 Modularprogramme als Bestandteil der Software

Modularprogramme sind ein bedeutsamer Teil der Software. Innerhalb der Gesamtsoftware nehmen sie folgenden Platz ein:

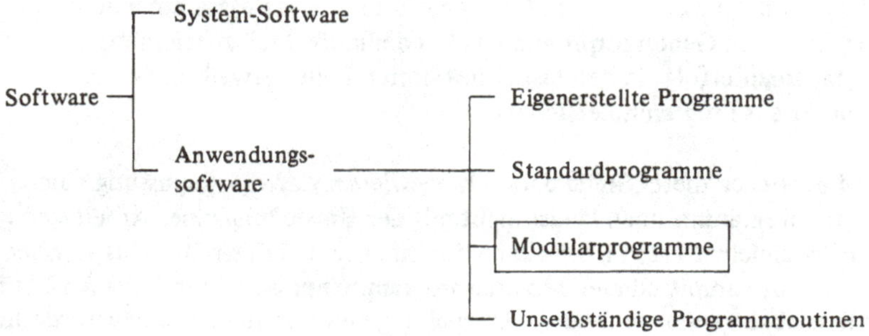

Modularprogramme gehören zur Anwendungssoftware, haben also nichts zu tun mit der Systemsoftware, zum Beispiel Betriebssystemen. Neben den Modularprogrammen besteht die Anwendungssoftware noch aus den selbsterstellten Programmen, den Standardprogrammen und Anwendungs-Hilfsprogrammen. Teilweise sind in der Literatur aus dem Begriff der Anwendungssoftware die Eigenprogramme ausgeklammert. Zu den Hilfsprogrammen zählen z. B. Programmroutinen zur Errechnung der gleitenden wirtschaftlichen Losgröße, zur Ermittlung der Lohnsteuer, einer Sinusfunktion u. ä.

1.22 Standardprogramme und Modularprogramme

Nicht mit Modularprogrammen zu verwechseln sind die Standardprogramme, die ebenfalls von Computerfirmen, Softwarehäusern, Beratungsunternehmen und Industriefirmen angeboten werden. Bei Standardprogrammen handelt es sich um übersichtlich aufgebaute, aber vom Prinzip her starre Programme. Will ein Interessent Standardprogramme ohne Änderung übernehmen, muß er sich den Erfordernissen des Standardprogramms, z. B. seine Datenformate und Listenbilder, anpassen. Änderungen des Standardprogramms sind nur möglich, indem Programmteile entfernt und durch andere ersetzt werden. Dies ist um so leichter durchführbar, je klarer die Programme aufgebaut und dokumentiert sind. Da Standardprogramme keine Alternativmöglichkeiten enthalten, sind sie weniger flexibel als Modularprogramme.

Standardprogramme und -programmsysteme lassen sich wesentlich schneller bis zur Marktreife entwickeln als Modularprogramme. Sie werden deshalb gelegentlich als Ersatz für Modularprogramme angeboten. Die genaue Abgrenzung zwischen beiden Gruppen ist schwimmend. Es ist zu erwarten, daß auch Standardprogramme – besonders für spezielle Einsatzzwecke – ebenso wie Modularprogramme in den kommenden Jahren eine starke Verbreitung erfahren werden.

1.23 Einzelprogramme und Modularsysteme

Modularprogramme können sich entweder auf einen bestimmten Verfahrensablauf beschränken oder einen ganzen Bereich umfassen. Im ersteren Fall nennt man die Programme Einzelprogramme oder Stand-Alone-Programme, im zweiten Fall Modularsysteme oder Modularprogrammsysteme.

Stand-Alone-Programme lösen jeweils nur eine einzelne Aufgabe innerhalb eines Betriebsbereichs. Sie umfassen z. B. Bedarfsvorhersageverfahren oder eine Lagerbestandsführung, ein Programm zur Netzplanerstellung oder eine Lohnabrechnung.

Beispiele für Stand-Alone-Programme[2]:

IMPACT (IBM): Bedarfsvorhersage und Disposition

LOG (Honeywell Bull): Modelle für eine optimale Lagerhaltung

CLASS (IBM): Kapazitätsterminierungsprogramm

ASTRA (Honeywell Bull): Terminplanungsprogramm

SAVOY (Siemens): Programmsystem zur Bedarfsprognose

MINCOS-A (IBM): Programme zur Bestandsführung, Disposition und Bedarfsvorhersage

Stand-Alone-Programme sind nicht mit anderen Arbeitsabläufen eines Unternehmensbereichs abgestimmt. Es können sich Unterschiede bei den Datenformaten, der Dateiorganisation und anderen Punkten ergeben. Wendet ein Unternehmen mehrere aufeinanderfolgende Stand-Alone-Programme an, kann es notwendig werden, spezielle Überbrückungs- und Konvertierungsprogramme dazwischenzuschalten.

Der Übergang vom selbständigen Einzelprogramm zum integrierten, in sich widerspruchsfreien Modularsystem ist schwimmend, so daß eine strenge Klassifizierung nach diesem Einteilungsgesichtspunkt nicht möglich ist.

[2] Auf weitere Stand-Alone-Programme wird bei der Besprechung der Modularprogramme für eine Datenbank, die Materialwirtschaft, die Zeitwirtschaft und das Rechnungswesen hingewiesen.

Stand-Alone-Programme lassen sich schneller von einem Softwareproduzenten erstellen und von einem Anwender einführen, als dies bei integrierten Modularprogrammsystemen der Fall ist. Der Grund liegt darin, daß eine isolierte Einführung ohne Rücksicht auf vor- und nachgelagerte Arbeitsbereiche möglich ist. Zur Einführung beim Anwender reicht angelerntes Personal aus, das den betreffenden Anwendungsbereich kennt und Schulungskurse über das Modularprogramm besucht hat. Nachteilig wirkt sich eine solche isolierte Programmeinführung allerdings aus, wenn zu einem späteren Zeitpunkt eine weitergehende Integration durchgeführt werden soll und Anknüpfungspunkte an die bestehenden Programme gesucht werden.

Der neuere Trend geht bei Modularprogrammen zu den aufeinander abgestimmten Modularsystemen. Sie umfassen ganze Ablaufbereiche, z. B. die betriebliche Materialwirtschaft, die Zeitwirtschaft, die Kostenrechnung, das Beschaffungswesen oder mehrere dieser Bereiche gemeinsam.

Im Gegensatz zu den Stand-Alone-Programmen sind die Programme eines Modularsystems in sich abgestimmt. Sie enthalten keine Widersprüche in der Dateiorganisation, den Formaten, dem Programminhalt und anderen wesentlichen Punkten.

Die Basis eines Modularsystems bildet eine Datenbank. Sie enthält in der Fertigungsindustrie die wesentlichen Produktionsstamm- und Produktionsbestandsdaten, z. B. Sachstammdaten, Stücklisten und bei größeren Datenbanksystemen auch die Arbeitsplan- und Arbeitsplatzdaten, daneben Lager-, Bestell- und Werkstattbestände. Fast ausschließlich sind bei umfangreicheren Modularsystemen heute die Dateien durch Adreßketten miteinander verbunden. Die Daten sind auf Magnetplatten gespeichert, damit ein Direktzugriff ermöglicht wird.

Die Auswertungsprogramme bauen auf der Datenbank auf. Sie geben Zwischenergebnisse wieder zur Speicherung an die Datenbank zurück. Es besteht durchaus die Möglichkeit, die Datenbank und die Auswertungsprogramme schrittweise zu erstellen. Eine gleichzeitige Einführung aller Programme wäre vom Arbeitsaufwand her ohnehin nicht möglich. Man rechnet mit einer Einführungsfrist von 3–6 Jahren für ein integriertes Informationssystem im Bereich der Fertigung.

Im Gegensatz zu Einzelprogrammen ist die Entwicklung eines Modularsystems bis zur Marktreife nicht kurzfristig möglich, sondern nimmt nach den bisherigen Erfahrungen mehrere Jahre in Anspruch. Bis heute sind alle umfassenden Modularsysteme, die von Computerfirmen angeboten werden, nur in den wesentlichen Teilbereichen fertiggestellt. Das gilt auch z. B. für das sehr weit entwikkelte PICS-System von IBM, wo bisher das Subsystem Einkauf noch nicht vorhanden ist.

Einfachere Modularsysteme für Fertigungsbetriebe beschränken sich auf den Bereich der betrieblichen Materialwirtschaft oder das Rechnungswesen. Nur wenige größere Systeme beabsichtigen, gemeinsam die Probleme der Material- und Zeitwirtschaft in aufeinander abgestimmten Programmen in den Griff zu bekommen[3]. Eine aufeinander abgestimmte Lösung von Material-, Termin- und Kapazitätsproblemen gehört zu den schwierigsten Aufgaben einer integrierten Fertigungssteuerung. Die vollständige Rückkopplung zwischen den beiden Bereichen Materialwirtschaft und Terminwesen ist u. E. bisher auch keinem der hochentwickelten Modularsysteme voll gelungen, wenngleich brauchbare Näherungslösungen erreicht worden sind.

Überraschenderweise liegt das Rechnungswesen meist außerhalb der Modularkonzeptionen für die Auftragsabwicklung und Fertigungssteuerung, obwohl zahlreiche und enge Verbindungslinien bestehen. Soweit Modularprogramme für das Rechnungswesen bestehen, sind uns bisher umfangreiche Anwendungserfahrungen bei einem integrierten Einsatz solcher Programme nicht bekannt geworden.

Die Einführung eines Modularsystems bedarf umfangreicher Vorarbeiten. Eine der Grundvoraussetzungen ist eine Rahmenkonzeption mit einem Einführungsstufenplan. Gerade eine solche Konzeptionsübersicht bedarf qualifizierter Systemanalytiker mit umfangreichen betrieblichen Erfahrungen und modernen betriebswirtschaftlichen Kenntnissen. Neben Modularprogrammen sind zur Realisierung einer integrierten Konzeption immer auch eine größere Zahl von eigenerstellten Programmen notwendig. In jedem Fall ergeben sich bei der Einführung einer umfangreichen Modularkonzeption zahlreiche Änderungen der Betriebsorganisation. Sie bestimmen das Tempo der Einführung von Modularprogrammen mehr als die direkten Anpassungsarbeiten für die vorgesehenen Programme.

1.24 Hersteller von Modular- und Standardprogrammen

Bisher wurde die bei weitem größte Zahl von Modularprogrammen, die in der Fertigungsindustrie zum Einsatz kamen, von Computerfirmen geliefert. Das Angebot an Modularprogrammen diente dort hauptsächlich als Anreiz für den Absatz von Hardwareerzeugnissen.

Immer stärker entwickelt sich allerdings der Softwarezweig dieser Unternehmen zu selbständigen Bereichen. Dieser Trend wurde besonders gefördert durch die Politik des Unbundlung, d. h. der getrennten Berechnung von Hardware und Software. Sie geschieht überwiegend in der Form monatlich zu entrichtender Lizenzgebühren für die Benutzung eines Programms oder Programmpakets. In den ersten Jahren der Entwicklung von Modularprogrammen und auch heute noch

[3] Eine tabellarische Übersicht über die bekanntesten Modularsysteme für Fertigungsbetriebe ist in Abschnitt 2.1 enthalten.

bei bestimmten Firmen werden Modularprogramme kostenlos einem Anwender angeboten, wenn dieser ein Computersystem bestellt.

Neben den Lieferanten von Datenverarbeitungssystemen drängen immer mehr Zweige der Informationsindustrie, z. B. Softwareinstitute, auf den Markt, die System- und Anwendungssoftware erstellen und zum Verkauf anbieten. Überwiegend handelt es sich gegenüber den bisher bekannten Modularprogrammen der Computerfirmen um speziellere Programmpakete für spezielle Anwendungsbereiche, teilweise beschränkt auf abgegrenzte Branchenprobleme. Meist sind diese Programme nur auf bestimmten Datenverarbeitungssystemen zu verwenden, wobei die am stärksten verbreiteten Byte-Maschinen am häufigsten berücksichtigt sind. Von den Softwarehäusern werden die Programme möglichen Anwendern meist zum Kauf angeboten.

Nur in seltenen Fällen haben bisher Fachverbände für ihre Mitglieder Software entwickelt, obwohl sich hier ein günstiger Ansatzpunkt für eine zusätzliche Dienstleistung bietet.

1.25 Entwicklungstendenzen

Insgesamt ist in den folgenden Jahren mit einer explosionsartigen Ausweitung des Softwareangebots zu rechnen. In welcher Richtung die Fortentwicklung erfolgen wird, läßt sich noch nicht mit Bestimmtheit sagen. Doch sind folgende Entwicklungstendenzen erkenntlich:

- Angebot von Anwendungssoftware in Baukastenform; der Benutzer kann aus den zur Verfügung gestellten Bausteinen die für ihn geeigneten auswählen und entsprechend der von ihm gewünschten Programmablauffolge zusammenstellen.
- Aufbau der Modular- und Standardprogramme in problemorientierten und möglichst einfachen Programmiersprachen, so daß die Anpassung der Programme an betriebliche Verhältnisse leichter als bisher vorgenommen werden kann.

Eine interessante Entwicklungsrichtung stellt die sogenannte computerunterstützte Programmierhilfe von IBM dar, wie sie für das System /3 angeboten wird. Der Benutzer muß lediglich für die Anwendungsgebiete, für welche diese standardisierte Form der Programmentwicklung vorliegt[4], die gewünschten Programmfunktionen und Feldlängen für Ein- und Ausgabebelege formularmäßig zusammenstellen und zur Erstellung von Programmierunterlagen an ein IBM-Beratungszentrum weiterleiten. Für schwierigere Anwendungsfälle dürfte allerdings diese wesentlich vereinfachte Programmerstellung nicht ausreichen.

Die Auswahl der passenden Software wird wegen der Vielzahl der Angebote und des hohen Schwierigkeitsgrads dieser Materie immer langwieriger und komplizierter werden. Während bisher Systemanalytiker die Prüfung der Software oft „nebenbei" vornahmen, werden zur Auswahl der Anwendungssoftware künftig in immer stärkerem Maße spezielle Software-Engineers erforderlich werden, welche die Projektgruppen bei der Auswahl der Anwendungspakete unterstützen.

←

[4] Mitte 1972 z. B. für die Auftragsbestätigung und Rechnungsschreibung, Debitorenbuchhaltung und Mahnwesen, Lagerbestandsführung und Disposition und Verkaufsstatistiken. Vgl. IBM System /3, Computergesteuerte Programmierhilfe, IBM Form P 12-3008-1.

2. Integrierte Modularprogrammsysteme für die Fertigungsindustrie

Im Mittelpunkt integrierter Modularkonzeptionen der Fertigungsindustrie steht die Material- und Zeitwirtschaft. Hinzu können Funktionen der Kundenauftragsabwicklung und des Rechnungswesens kommen. Die anschließende Gesamtdarstellung der bekanntesten und umfangreichsten industriellen Modularprogrammsysteme soll ihren Umfang, den erreichten Integrationsgrad, die Aufteilung in Subsysteme und die Schnittstellen der einzelnen Teilabschnitte aufzeigen. Bei der Auswahl berücksichtigten wir ihre voraussichtliche Verbreitung im deutschsprachigen Raum, den Grad ihrer Fertigstellung und den Umfang an Dokumentationsunterlagen, die einem Außenstehenden zur Information zur Verfügung stehen.

Wir beschränkten uns auf solche Modularsysteme, die auf der Basis einer Fertigungsstammdatenbank sowohl die Materialwirtschaft als auch das Terminwesen zum Inhalt haben. Bei ähnlichen Konzeptionen einer Computerfirma für unterschiedliche Typen von EDV-Systemen wählten wir nur eines dieser Systeme aus. Eine solche Beschränkung war beispielsweise bei IBM erforderlich, wo neben der PICS-Konzeption ein ähnliches, etwas einfacheres System für die Plattenanlagen des Systems /3 zur Verfügung steht.

Die teilweise bereits vorhandenen beachtlichen Konzeptionen für das industrielle Rechnungswesen stellen wir getrennt in Abschnitt 6 dar. Nur in geringem Umfang bestehen bisher bereits Verknüpfungen zum Planungs- und Steuerungssystem eines Industriebetriebs, obwohl beide Unternehmensbereiche vom Informationsfluß her aufeinander angewiesen sind.

2.1 Übersicht über Modularkonzeptionen der Produktionsplanung und -steuerung

Jede der größeren Computerfirmen bietet heute Modularsysteme für die industrielle Fertigungssteuerung an oder entwickelt solche. In ihrer Auslegung sind diese Programme sehr unterschiedlich; aufgrund von Besonderheiten sind sie teilweise eher für die kundenauftragsorientierte Einzel- und Kleinserienfertigung geeignet oder eher für eine marktorientierte Fertigung mittlerer und größerer Serien.

Eine Übersicht über die bekanntesten Modularkonzeptionen für die Fertigungsindustrie zeigt folgende Tabelle.

Firmenname	Modularkonzeption	Bemerkungen
Honeywell Bull	MIACS 50	Material- und Zeitwirtschaft
	MIACS 100	Ehemaliges LAMBDA; Material- und Zeitwirtschaft mit teilweise sequentieller Dateiorganisation
	MIACS 200/2000	Ehemaliges FACTOR (200); Material- und Zeitwirtschaft; Einsatz des Stücklisten- und Arbeitsplanprocessors
	MIACS 400/6000	Zusätzliche Verwendung der IDS-Datenstrukturierungstechnik
IBM	BOMP / MOSCOR / MINCOS	Materialwirtschaft auf der Basis des Stücklistenprocessors; zusätzlicher Einsatz von CLASS möglich
	Stücklistenprocessor, RICS, CLASS 20	Konzeption der Fertigungssteuerung für das System 360-20
	PICS	Material- und Zeitwirtschaft auf der Basis einer umfassenden Datenbank mit Direktzugriff; vorgesehen ist eine Ausweitung um eine zusätzliche Einkaufskonzeption
	Stücklistenprocessor, IRP (Bestandsführung und Bedarfsplanung), CLASS für System /3	Konzeption der Fertigungssteuerung für das System /3
ICL	NIMMS	Material- und Zeitwirtschaft auf der Basis des Stücklisten- und Arbeitsplanprocessors oder einer anderen Datenbank
NCR	IMMAC	Materialwirtschaft auf der Basis des Stücklistenprocessors
SIEMENS	BASIS 15/26	Materialwirtschaft auf der Basis des Stücklistenprocessors
	BASIS 35	Material- und Zeitwirtschaft auf der Basis eines Stücklistenprocessors und einer sequentiellen Arbeitsplanorganisation
UNIVAC	UNIS	Material- und Zeitwirtschaft auf der Basis eines Stücklisten- und Arbeitsplanprocessors

2.2 Kurzdarstellung integrierter Modularprogrammsysteme der Fertigungsindustrie

2.21 Das Modularprogrammsystem MIACS (Honeywell Bull)

MIACS (Manufactoring Information and Control System) entstand als Dachsystem aus verschiedenen Einzelkonzepten, die beim Zusammenschluß der Firmen Bull-General Electric und Honeywell für die bestehenden Computertypen vorhanden waren.

Es geht insbesondere zurück auf die drei ehemaligen Modularsysteme

LAMBDA für das Computersystem 100 von Bull /GE

FACTOR für das Computersystem 200 von Honeywell

MIACS/GEPEXS für das Computersystem 400 von Bull /GE

Das von Honeywell/Bull angestrebte Ziel besteht darin, sämtliche bestehenden Programme der übernommenen Systeme und eine Reihe neu zu schaffender Bausteine nach einem vereinheitlichten Schema den Anwendern anzubieten. Ein Umdenken und Umorganisieren beim Übergang eines Anwenders auf ein größeres Computersystem wäre dann nicht mehr notwendig (allerdings eine programmtechnische Umstellung, solange keine vereinheitlichten Computertypen zur Verfügung stehen).

Die Auslegung des Gesamtsystems ist sehr weitreichend und umfaßt folgende Bereiche[1]:

Kundenauftragsverwaltung
Fertigungsdatenbank
Materialwirtschaft und Zeitwirtschaft
Lieferantenauftragsverwaltung
Kostenrechnung

Die organisatorischen Zusammenhänge des MIACS-Gesamtsystems gehen aus der Übersichtsskizze in Abb. 3 hervor.

Die Teilsysteme haben folgende wesentlichen Programmfunktionen zum Inhalt[2]:

Kundenauftragsverwaltung:

- Aufbau und Wartung der Kundenstammdaten
- Verwaltung der Kundenaufträge

[1] Vgl. auch für die folgenden Ausführungen Honeywell Bull, MIACS Gesamtorganisation, Ref.-Nr. 00 12 080 D 1, 2. A., 1972.

[2] Der Realisierungsgrad der einzelnen Module für die Computermodellreihen 50, 100, 200, 2000, 400 und 6000 ist unterschiedlich.

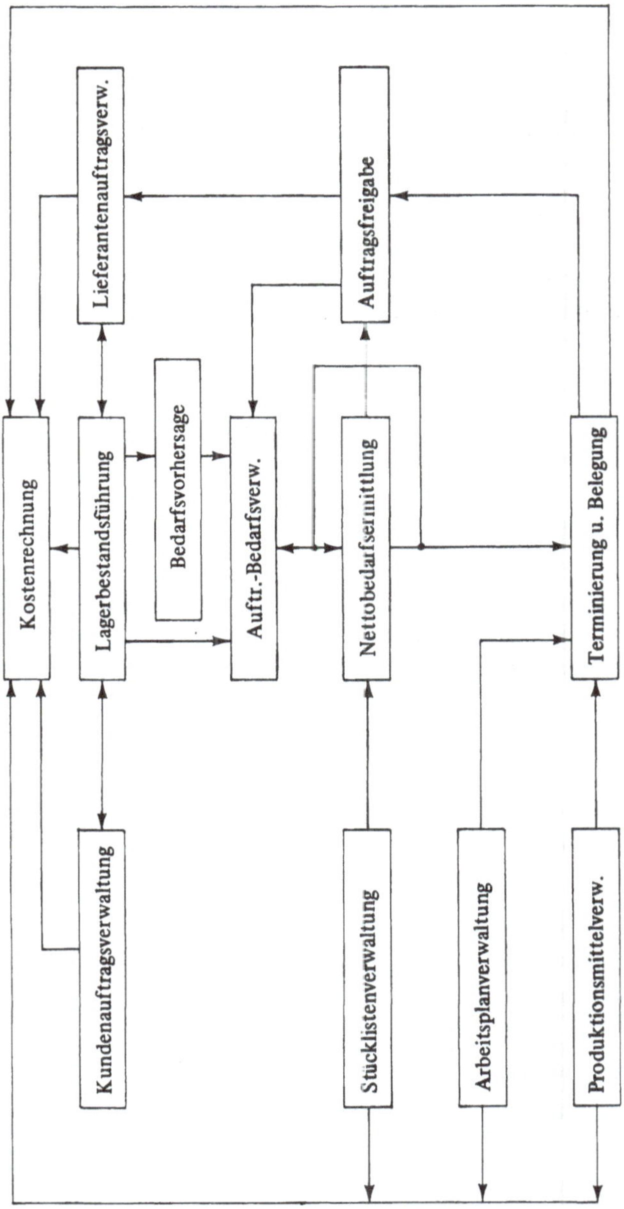

Abb. 3. Gesamtorganisation von MIACS. Quelle: Honeywell/Bull, MIACS-Gesamtorganisation, Ref.-Nr. 00 12 080 D

– Bereitstellung von Informationen für die Auftragsbestätigung, den Versand und die Fakturierung

Lagerbestandsführung:

– Aufbau und Wartung der Teilestammdaten
– Führung des effektiven und dispositiven Lagerbestands

Bedarfsvorhersage:

– Bedarfsrechnung aufgrund von Vergangenheitsdaten
– Errechnung des Bestellpunkts
– Errechnung der Bestellmengen

Lieferantenauftragsverwaltung:

– Erstellung und Wartung der Lieferantendatei und Bestellbestandsdatei für Fremdbezugsteile

Auftrags- und Bedarfsverwaltung:

– Übernahme und Verwaltung von Bedarfszahlen und Aufträgen aus Kundenaufträgen, der Stücklistenauflösung, einer Bedarfsvorhersage und von Werkstatt- und Lieferantenaufträgen
– Zusätzliche Bereitstellung der Arbeitsganginformationen bei Werkstattaufträgen

Stücklistenverwaltung:

– Aufbau und Wartung der Erzeugnisstrukturdatei. Sie ist mit der Teilestammdatei verkettet

Arbeitsplanverwaltung:

– Aufbau und Wartung der Arbeitsplandatei. Sie kann ebenfalls mit der Teilestammdatei verkettet sein

Produktionsmittelverwaltung:

– Aufbau und Wartung der Arbeitsplatzdatei

Nettobedarfsermittlung:

– Bedarfsrechnung durch Stücklistenauflösung (periodische Vollauflösung und zusätzliche Verarbeitung von Bedarfsänderungen)

Terminierung und Belegung:

- Terminierung der Eigenfertigungsaufträge und Belegung der Arbeitsplätze

Auftragsfreigabe:

- Freigabe der Aufträge und Bereitstellung der Daten zum Ausdruck von Werkstattpapieren

Kostenrechnung:

- Durchführung einer Kostenträgerrechnung (Plankalkulation)

Große Bedeutung wird von Honeywell/Bull einer sauberen Abgrenzung der Schnittstellen zwischen den einzelnen Teilsystemen beigemessen. Damit soll erreicht werden, daß eine schrittweise Einführung der Moduln nicht auf Integrationsschwierigkeiten stößt. Durch die ausgeprägte Bausteintechnik kann eine hohe Flexibilität und Anpassungsmöglichkeit an eine anwenderindividuelle Betriebsorganisation erreicht werden.

Die Konzeption ist im Vergleich zu anderen Modularsystemen der Fertigungsindustrie von den Gebieten, die einbezogen werden, sehr weitgespannt. Bemerkenswert ist beispielsweise die Eingliederung der Kundenstamm- und Kundenauftragsverwaltung, der Lieferantendatei und der Kostenrechnung.

Die Programme weisen in ihrem Inhalt für die einzelnen Maschinentypen gelegentlich beachtliche Unterschiede auf. Die Dateien sind z. B. teilweise für kleinere Anlagenmodelle sequentiell aufgebaut. Für die größeren Anlagen der Modellreihen 400/600 und 6000 kommt die IDS-Verkettungstechnik zum Einsatz.

2.22 Das Modularprogrammsystem PICS (IBM)

PICS (Production Information and Control System) ist zur Zeit das bekannteste Modularsystem der Fertigungsindustrie. Es wurde von IBM in den vergangenen Jahren als umfassende Konzeption der Materialwirtschaft und Fertigungssteuerung entwickelt. Das Gesamtsystem ist noch nicht ganz fertiggestellt. Zur Zeit fehlt noch der Bereich des Einkaufs; er liegt nur als Rahmenkonzeption vor.

PICS besteht aus folgenden Untersystemen:

der Stammdatenverwaltung
der Lagerdisposition (IC)
der Bedarfsplanung (RP)
der Kapazitätsplanung (CP)

der Werkstattplanung und -steuerung (SFC)
und dem geplanten Einkaufssystem

Alle Arbeitsprogramme greifen auf die Datenbank der Stamm- und Bestandsdaten zurück, die das Fundament des Gesamtsystems bildet. Ihr Ausbau kann stufenweise mit der Einführung der einzelnen Moduln erfolgen. Die Datenbank kann folgende Dateien umfassen: den Teilestamm, die Stückliste, die Arbeitsgänge und Arbeitsplätze, die geplanten und offenen Bestellungen und den Werkstattbestand.

Die Subsysteme umfassen den im folgenden aufgezählten Aufgabenkreis[3]:

Stammdatenverwaltung:

- Aufbau und Wartung der Teilestamm-, Erzeugnisstruktur-, Arbeitsplan- und Arbeitsplatz-Gruppendatei

Lagerdisposition:

- Bestandsplanung, Bedarfsvorhersage, Disposition und Bestandsführung für verbrauchsgeplante Sachnummern

Bedarfsplanung:

- Deterministische Bedarfsermittlung (periodische Vollauflösung und Verarbeitung von Bedarfsänderungen)

Einkauf (geplant):

- Anfragen- und Bestellschreibung, Bestellüberwachung, Einkaufsstatistiken

Kapazitätsplanung:

- Mittelfristige Durchlauf- und Kapazitätsterminierung

Werkstattsteuerung:

- Verfügbarkeitskontrolle, Auftragsfreigabe, Werkstattpapiererstellung, Werkstattbestandsüberwachung, Statistikwesen, Auftragsablaufplanung

Voraussetzungen für den Einsatz von PICS sind ein Datenverarbeitungssystem mit einem Arbeitsspeicher von mindestens 32 KB und Magnetplatten als periphere Datenspeicher. Zur Durchführung bestimmter Programme, z. B. einer

[3] Vgl. PICS-Einführungsschrift, IBM Form 80 524, The Production Information and Control System, IBM Form E 20-0280-2, PICS-Unterlagen der Schule für Fertigungsindustrie, IBM Form 81 912-1.

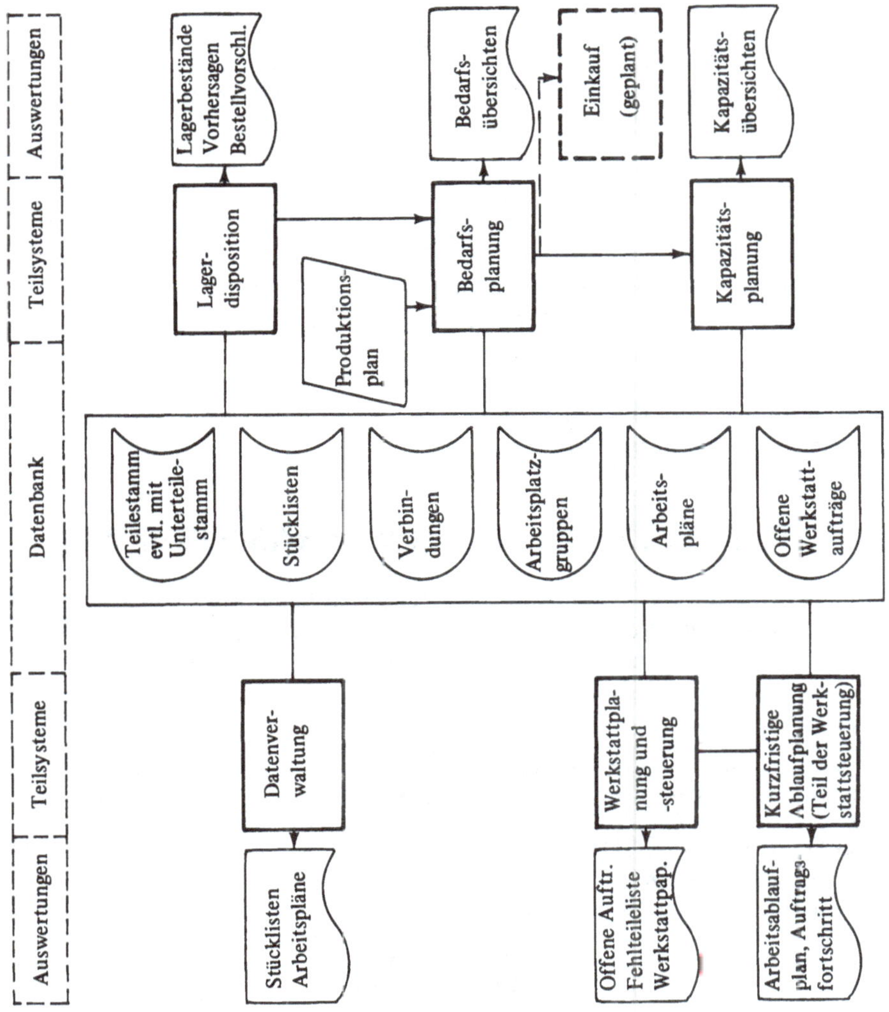

Abb. 4. Übersicht über die Subsysteme von PICS

Kapazitätsterminierung, erhöht sich der Arbeitsspeicherbedarf auf 48/64 K (im DOS-Betriebssystem). Die Programme sind teilweise in Assembler, PL 1 und RPG geschrieben. Nur die zuerst freigegebenen Subsysteme, die im wesentlichen Programme der Materialwirtschaft betreffen, sind für die Benutzer von IBM-Datenverarbeitungssystemen kostenlos. Für die übrigen Programme ist eine monatliche Lizenzgebühr zu entrichten.

Der Einsatz von PICS ist nicht möglich für die Benutzer des Datenverarbeitungssystems 360-20. Hierfür bestehen einfachere Programme zum Aufbau einer elektronischen Materialwirtschaft und Fertigungssteuerung (BOMP 20, RIS, CLASS 20)[4].

Auch für das System /3 läßt sich PICS nicht einsetzen. Doch hat IBM hierfür Programme entwickelt, die sich teilweise eng an die in PICS enthaltenen Möglichkeiten anlehnen (BOMP/3, IRP, CLASS für das System /3)[5].

Im Gegensatz zu seinen Vorgängern, den in großer Zahl im Einsatz befindlichen Programmen BOMP, MOSCOR, MINCOS und CLASS, handelt es sich bei PICS um eine geschlossene Konzeption, deren Programme widerspruchsfrei aufgebaut sind. PICS stellt keine vorgefertigte Lösung dar, sondern besteht aus Bausteinen, die der Benutzer entsprechend seinen Notwendigkeiten aussucht und kombiniert. Es besteht die Möglichkeit, aus Alternativlösungen die geeignetsten Varianten auszuwählen und speziell benötigte Problemlösungen als kundeneigene Bausteine hinzuzufügen. Auf diese Weise läßt sich ein weitgehend kundenindividuelles System der Fertigungssteuerung aufbauen.

2.23 Das Modularprogrammsystem BASIS (Siemens)

Die Firma Siemens entwickelte in den vergangenen Jahren ein Modularsystem für die Fertigungsindustrie, das BASIS (Bausteinsystem für integrierte Fertigungssteuerung) genannt wurde. Es besteht aus einer Reihe von Programmkreisen, die

[4] Nähere Informationen hierüber sind enthalten in:
IBM System /360 Modell 20, Stücklistenprocessor-Anwendungsbeschreibung, IBM Form 80 714-1; IBM System /360 Modell 20, Bedarfsermittlung und Lagerdisposition, IBM Form 79 962-0; IBM System /360 Modell 20, Kapazitätsbelegungs- und Terminierungssystem CLASS 20, IBM Form 80 521-0.

[5] Nähere Informationen hierüber sind enthalten in:
IBM System /3 Stücklistenprocessor, Anwendungsbeschreibung, Programm-Nr. 5702 M 41, IBM Form H 12-3022-0; System /3 Bestandsführung und Bedarfsplanung, Anwendungsbeschreibung, Lizenzprogramm-Nr. 5702 M 52, IBM Form GH 12-3026-0; Kapazitätsterminierung CLASS für System /3 Platte, Einführungsschrift, IBM Form H 12-3028-0.

sich entsprechend der Aufgabenstellung wieder aus einer Anzahl von Einzelprogrammen zusammensetzen:

Stücklistenverwaltung:

- Aufbau und Wartung der Stücklistendatei; Ermitteln der Dispositionsstufen; Drucken von Stücklisten über eine oder mehrere Stufen; Drukken von Verwendungsnachweisen

Dispositionsstammdatenverwaltung:

- Verwaltung der für die Fertigungsdisposition benötigten Stammdateien

Arbeitsplatzverwaltung:

- Verwaltung aller für die Verarbeitung notwendigen Angaben über die Arbeitsplätze

Arbeitsplanverwaltung:

- Aufbau und Wartung der Arbeitsplandatei; Drucken von Arbeitsplänen auf Anforderung

Fertigungsdisposition:

- Bestandsrechnung; Bedarfsermittlung durch Stücklistenauflösung; stochastische Bedarfsermittlung; Terminfestlegung für jedes Fertigungslos und jeden Auftrag; Zusammenfassung von Teilefamilien; Bestellrechnung

Fertigungsgrobplanung:

- Korrektur der in BASIS-Fertigungsdisposition errechneten Fertigungstermine; Ermitteln der Belastungsübersicht je Maschine; statistischer Belastungsausgleich

Fertigungsfeinplanung:

- Kurzfristige Maschinenbelegung je Arbeitsgang und Maschine bzw. Maschinengruppe; Fertigungsfeinplanung unter Berücksichtigung von Teilefamilien; Druck der Fertigungsunterlagen; Arbeitsfortschrittsüberwachung

Siemens unterscheidet bei den Programmkreisen zwischen den Verwaltungsprogrammen für die Dateipflege und den Verarbeitungsprogrammen (siehe Abb. 5).

Die *Verwaltungsprogramme* befassen sich mit der Wartung der Dateien, wie etwa der Stücklisten und Arbeitspläne. Der Primärbedarf wird in ihnen nicht berück-

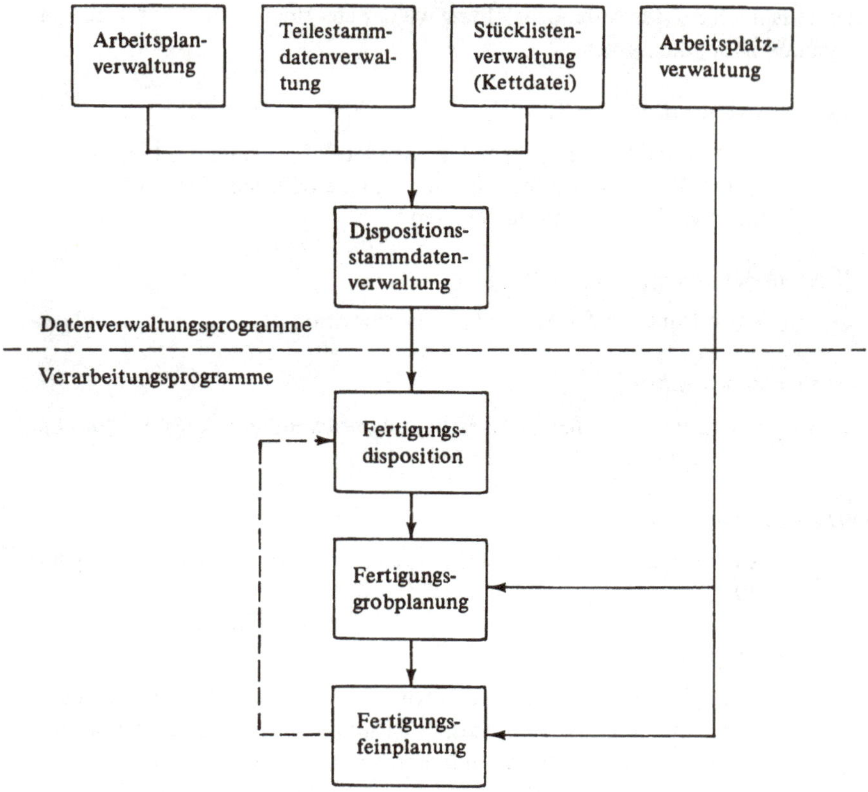

Abb. 5. Zusammenhang der Teilsysteme in BASIS 35
Quelle: *Paul S. Pütter, Peter Ruetz, Manfred Schliep*, BASIS 4004/35 bis 55, Bausteinsystem für integrierte Fertigungssteuerung, Verfahrensübersicht, Schriftenreihe data praxis, Siemens Aktiengesellschaft, Bestell-Nr. D 14/4043

sichtigt. Daneben werden auch die Auswertungen aller Dateien durchgeführt, die ohne den Primärbedarf möglich sind (z. B. das Ausdrucken von Stücklisten und Arbeitsplänen).

Die *Verarbeitungsprogramme* berücksichtigen den Primärbedarf, wobei sie sich während der Arbeit ständig der Dateien in den Verwaltungsprogrammen bedienen. Bei jedem Programmlauf werden die Dateien der Verarbeitungsprogramme in mehr oder weniger starkem Umfang neu erstellt.

Für das volle BASIS ist ein Datenverarbeitungssystem ab der Größe 4004/35 mit einem minimalen Umfang des Arbeitsspeichers von 32 KB erforderlich. Dazu sind entweder 4 Magnetplatten oder 3 Magnetplatten und 2 Magnetbänder als Mindestausrüstung notwendig[6].

Für die Modelle 4004/15–26 hat Siemens ein teilintegriertes Bausteinsystem entwickelt, das die Anwender dieser Anlagen besonders bei Aufgaben der betrieblichen Materialwirtschaft unterstützt[7].

2.24 Das Modularprogrammsystem UNIS (UNIVAC)

Zur Unterstützung der Benutzer von UNIVAC-Datenverarbeitungssystemen bei der Lösung von Problemen der Stücklistenorganisation, Lagerhaltung und der Termin- und Kapazitätsplanung hat UNIVAC für die Fertigungsindustrie das Modularprogrammsystem UNIS (Univac-Industrie-System) entwickelt, das die Bereiche der Produktionssteuerung in integrierter Form enthält[8].

Die wichtigsten Teilsysteme von UNIS sind heute:

UNIBORS: Mit diesem Programmsystem kann der Benutzer von Univac-Computern Probleme der Stücklistenorganisation und Dateiverwaltung lösen.

ALDIN: Aus dem Bereich der Materialwirtschaft übernimmt ALDIN die Aufgaben:
- Buchung und Bewertung aller Materialbewegungen,
- termingerechte Bedarfsermittlung durch Stücklistenauflösung und durch statistische Vorhersageverfahren,
- Auslösung und Überwachung von Bestellungen bzw. Bestellvorschlägen,
- ABC-Analyse,
- Statistiken der Materialwirtschaft.

UNITEK: Dieser Programmkreis behandelt auf dem Gebiet der Termin- und Kapazitätsplanung folgende Punkte:
- Verwaltung der Fertigungsauftragsdatei, Arbeitsplandatei und Maschinengruppendatei,
- Durchlaufterminierung von einzelnen Aufträgen und Auftragsnetzen,
- Kapazitätsbedarfsermittlung,
- Auftrags- und Arbeitsgangprioritäten,

[6] Vgl. auch für die vorhergehenden Abschnitte BASIS 4004/35 bis 55, Bausteinsystem für integrierte Fertigungssteuerung, Schriftenreihe data praxis, Siemens Aktiengesellschaft Bestellnummer D 14/4043.

[7] Vgl. z. B. *J. Franzel, J. Kiesel,* BASIS-FD 4004/15 bis 26, Programmkreis für die Fertigungsdisposition, Schriftenreihe data praxis, Siemens Aktiengesellschaft, Bestellnummer D 14/4042.

[8] Vgl. auch für die folgenden Ausführungen Konczak, UNIS – UNIVAC-Industrie-System, Einführungsschrift, BA 21 700, Frankfurt am Main 1972.

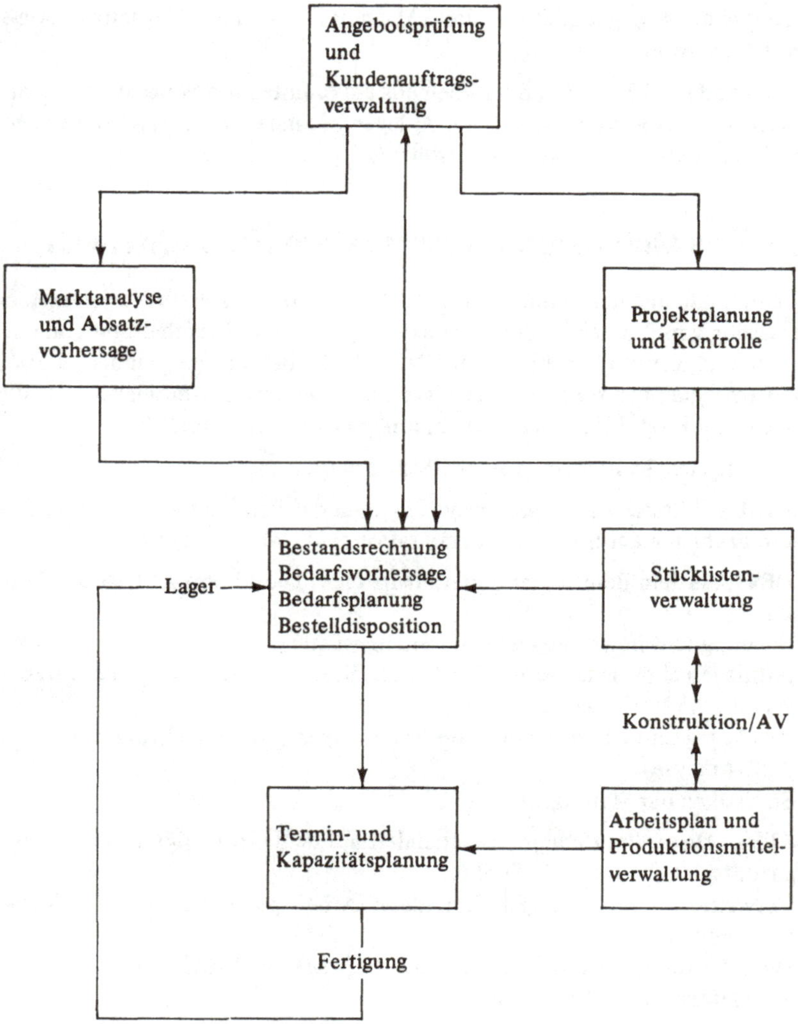

Abb. 5 a. Informationsfluß des UNIS-Fertigungsinformationssystems
Quelle: *I. Konczak*, UNIS – UNIVAC-Industrie-System, a. a. O., S. 12

– Kapazitätsterminierung von einzelnen Aufträgen und Auftragsnetzen[9],
– Maschinenbelegung,
– Auswertungen.

Diese von UNIVAC entwickelten Modularprogramme stehen allen Kunden, die eine Anlage der UNIVAC Serie 9000 benutzen, im Rahmen der gebündelten Preispolitik kostenlos zur Verfügung.

[9] Hierfür lag uns zum Zeitpunkt der Drucklegung noch keine Dokumentation vor.

2.3 Beurteilung der Einsatzmöglichkeiten modularer Gesamtsysteme im Industriebetrieb

Bei den Programmsystemen der Produktionssteuerung lassen sich deutlich zwei Richtungen unterscheiden: Konzeptionen, die in ihrem Aufbau einfach und nicht sehr stark verflochten sind und die sich weitgehend auf die Hauptfunktionen einer wenig komplizierten Material- und Zeitwirtschaft beschränken. Wir bezeichnen sie im folgenden als Modularsysteme der ersten Entwicklungsstufe. Zu dieser Kategorie gehören die meisten älteren Systeme, wie sie bereits seit 5–7 Jahren angeboten werden. Hauptvertreter dieser ersten Generation sind zum Beispiel die weit verbreiteten IBM-Programme Stücklistenprocessor, MOSCOR, MINCOS und CLASS, wenn sie gemeinsam in einem Industriebetrieb oder evtl. auch beschränkt auf die Materialwirtschaftsseite angewandt wurden. Aber auch neue Systeme einiger anderer Computerfirmen und Softwareinstitute fallen noch unter diese Einteilung. Zum Teil wurde hierbei bewußt auf eine stark entwickelte Integration der einzelnen Programmkomplexe verzichtet, um auch Industriefirmen mit geringeren Voraussetzungen in verhältnismäßig kurzer Zeit den Zugang zu einer elektronischen Fertigungssteuerung zu ermöglichen. Meist aber dürfte die Ursache für das auch heute noch immer wieder beobachtete Angebot einfacher Modularsysteme darin liegen, daß die Entwicklungszeit bis zur Marktreife für eine solche Konzeption wesentlich kürzer bemessen sein kann, was aber selbstverständlich auf Kosten einer ausgefeilten Schnittstellentechnik und vielseitiger Ausbaumöglichkeiten bis zu einem vollwertigen Fertigungsinformationssystem geht.

Da nur über die genannten IBM-Programme in größerem Umfang Einsatzerfahrungen vorliegen, die eine allgemeine Beurteilung ermöglichen, beziehen sich eine Reihe von Angaben in Abschnitt 2.3.1 überwiegend auf die Anwendung dieser Programme.

Die zweite Richtung stellen die umfassenden Modularsysteme dar, die sich durch einen hohen Integrationsgrad auszeichnen und für eine enge Verbindung zu anderen Bereichen des Unternehmens, in erster Linie zur Abwicklung von Kundenaufträgen, zum Beschaffungswesen, zur Kostenrechnung und zum allgemeinen Berichtswesen geeignet sind. Die Entwicklung solcher weitgespannter gut durchdachter Systeme zieht sich – ähnlich wie die eines neuen Kraftfahrzeugtyps – nach den bisherigen Erfahrungen über mehrere Jahre hin.

Der bekannteste Repräsentant dieser Programmkonzeptionen der zweiten Entwicklungsstufe ist das PICS-System der Firma IBM. Es weist bezogen auf den heute[10] bekannten Entwicklungsstand im Vergleich zu anderen neueren Konzeptionen, z. B. BASIS[11], eine sehr breite Auslegung auf. Auch liegen über mehrere der PICS-Untersysteme aus dem praktischen Einsatz und aus vielen Diskussionen in EDV-Fachseminaren[12] bereits einige Anwendungserfahrungen vor, die es ermöglichen, auf eine Reihe von Beurteilungskriterien für solche umfangreicheren Modularkonzeptionen der zweiten Entwicklungsstufe hinzuweisen. Lediglich über das MIACS-System der Firma Honeywell Bull sind uns Einsatzberichte über mehrere Teilsysteme bekannt geworden, die ebenfalls in unsere Erfahrungsübersicht einfließen.

Der Übergang von den Systemen der ersten zur zweiten Entwicklungsstufe ist fließend, so daß eine exakte Zuordnung nur graduell möglich ist. Daneben zeigt sich bei neueren Modularprogrammen ganz allgemein die für Anwender erfreuliche Tatsache, daß ein neues System selten die Fehler älterer Wettbewerbsprogramme aufweist, was auf gründliche Marktanalysen und einen intensiven Erfahrungsaustausch beim Anwender und bei neutralen Fachveranstaltungen zurückzuführen ist. Grundsätzlich sei noch darauf hingewiesen, daß eine Einordnung der Modularkonzeptionen in die eine oder andere Entwicklungsstufe keine Wertung darstellt, sondern lediglich eine Einteilung nach bestimmten typischen Eigenschaften solcher Systeme, die für den Anwender wichtig sein können.

2.31 Typische Eigenschaften und Erfahrungen mit einfachen Modularprogrammsystemen der ersten Entwicklungsstufe

Die Hauptaufgaben, die den einfachen meist älteren Modularprogrammsystemen und den meisten Stand-Alone-Programmen gesetzt waren, lagen auf der sog. operativen Ebene eines Betriebs. Es galt, die wesentlichen Arbeitsabläufe, – im Industriebetrieb in der Hauptsache auf dem Sektor der Produktionsplanung und -steuerung – in den Griff des Computers zu bekommen. Zu ihnen zählte z. B. die Bedarfsvorhersage und Disposition, die Führung von Beständen verschiedener Art, die Stücklistenauflösung, die Terminierung von Aufträgen u. ä. Die Wünsche (und mehr noch die Möglichkeiten) eines Fertigungsbetriebs, der zuvor in der Hauptsache manuell oder mit Hilfe konventioneller Lochkartenanlagen gearbeitet hatte, gingen kaum darüber hinaus. Es wäre auch nur selten möglich gewesen, im

[10] Zur Zeit der Drucklegung dieses Buches.

[11] Über die Siemens-Neuentwicklung ISI liegen noch keine Unterlagen vor, weshalb wir sie nicht in die folgenden Überlegungen einbeziehen können.

[12] Z. B. an der EDV-Akademie Tübingen und Wiesbaden über das Thema „Modularprogramme in der Fertigungsindustrie" oder beim SIB Zürich über das Thema „Modularprogramme in der Fertigungsindustrie – Darstellung, Beurteilung, Erfahrungen".

ersten Anlauf in einem Unternehmen mehr zu erreichen als die Bewältigung der dringendsten Grundaufgaben.

Der Schwerpunkt der von Computerfirmen zur Verfügung gestellten Programme (andere Ersteller von Software waren noch kaum vorhanden) betraf die mittel- und kurzfristige Disposition, Steuerung und Überwachung. Die Anwender lehnten sich bei der Organisationskonzeption noch stark an den Istzustand der Arbeitsvorbereitung und Fertigungssteuerung an und zielten mehr oder weniger auf eine 1:1-Umstellung ab, die sich kurzfristig realisieren ließ. Gesichtspunkte einer mehrphasigen verbesserten Langfristplanung, die stufenweise in eine mittel- und kurzfristige Phase der Disposition, Steuerung und Kontrolle überging, hätten deshalb nur wenig Anklang gefunden, weil nur wenige Unternehmen „mitgespielt“ hätten und zu einer entsprechenden Verfeinerung ihrer hergebrachten Planungs- und Steuerungssysteme bereit und vorbereitet gewesen wären.

Wegen der unzureichenden langfristigen Planung mußte die Möglichkeit geschaffen werden, daß der Material- und Termindisponent die Programmergebnisse verändern konnte, wenn ihnen durch ihre Betriebserfahrungen Punkte bekannt waren, die in den Modularprogrammen nicht berücksichtigt worden waren. Als Beispiele seien angeführt die Notwendigkeit einer Kontrolle der Dispositionsergebnisse in MINCOS II oder die Eingriffsmöglichkeit, die beim CLASS-Programm nach dem Ablauf der Durchlaufterminierung nötig war und auch vorgenommen werden konnte. Die Programme kamen dem Trend der meisten – besonders mittleren und kleineren – Unternehmen entgegen: Man wollte und konnte auch nicht in ausreichendem Maße vorplanen und mußte deshalb eine entsprechend gut ausgebaute Steuerung und Überwachung haben.

2.311 Erfahrungen bei der Programmanpassung und Einführung

Die Modularprogramme und -systeme der ersten Entwicklungsphase stellten verhältnismäßig niedrige Anforderungen an den Anwender. Die Einzelprogramme eines Gesamtsystems waren nur wenig miteinander verbunden. Die wesentliche und schwierig zu realisierende Verknüpfung zwischen Material- und Zeitwirtschaft fehlte fast vollständig, d. h., wurde über Lochkarten bewerkstelligt. Die Programme des Terminwesens griffen nicht einmal auf dieselbe Datenbank zurück, die für die Materialwirtschaft aufgebaut wurde. Typisch für die relativ geringe Integration ist die Verbindung zwischen MOSCOR (Stücklistenauflösung)[13] und MINCOS II (Fertigungsdisposition)[14]. Die Nettobedarfsermittlung

[13] Bedarfsrechnung auf der Grundlage des IBM/360-Stücklistenprocessors, IBM Form 80 629-0.

[14] Lagerdisposition mit MINCOS, IBM Modularprogramm für die Bestands- und Bestellrechnung, Einführungsschrift, IBM Form 71 417-2; Lagerdisposition mit MINCOS auf der Grundlage des IBM Systems/360-Stücklistenprocessors, Anwendungsbeschreibung, IBM Form 80 653-0; Lagerdisposition mit MINCOS auf IBM/360, Version A, Level 1, IBM Form 80 630-1.

wurde praktisch zweimal durchgeführt, nämlich in jedem der beiden Programme. Diese Umständlichkeit ist aus der getrennten Entwicklung zu erklären; sie brachte allerdings auch wegen der Möglichkeit des häufigeren Programmablaufs von MINCOS II durch eine intensivere Bestellüberwachung Vorteile für den Anwenderbetrieb. Rückkopplungen und Programmverbindungen, wie sie für hochentwickelte Modularprogrammsysteme typisch sind, fehlten noch weitgehend. Eine Reihe zusätzlicher interessanter Funktionen, die wir bei neueren Systemen finden, z. B. die Auftragsfreigabe und Verfügbarkeitskontrolle, waren in den Programmpaketen noch nicht enthalten.

Die nur lockere Integration der Programmkomplexe erleichterte ihre Einführung beträchtlich. Auf eine durchdachte Rahmenkonzeption des Anwenders konnte – bei etwas kurzsichtiger Betrachtungsweise, die sich nur auf die kommenden 2–3 Jahre konzentrierte – notfalls verzichtet werden. Die wenigen Arbeitsprogramme mit ihrem weitgehend festen Inhalt ermöglichten es, daß sie annähernd in Kettenform hintereinander aufgebaut und auch nach ihrer Einführung in dieser Folge abgewickelt wurden.

Neben diesem einfachen Ablaufprinzip waren auch die in den Programmen enthaltenen Wahlmöglichkeiten gering. Denken wir nur an die Beschränkung der Bedarfsvorhersage in MINCOS auf die beiden einfachen und übersichtlichen Verfahren des arithmetischen Durchschnitts und der exponentiellen Glättung erster Ordnung. Oder an die alleinige Ausrichtung der Belastungspolitiken in CLASS[15] auf den spätestmöglichen Endtermin. Durch diese Beschränkungen wurde zwar der Einsatzradius der Programme eingeengt, für die mit den gebotenen Möglichkeiten zufriedenen Betriebe waren aber die Vorarbeiten und Vorüberlegungen wesentlich einfacher, als wenn aus einer Vielzahl von Baukästen die für das Unternehmen passenden Programme hätten ausgewählt werden müssen.

Als Programmiersprache diente hauptsächlich der Assembler. Für Änderungen war dies wegen des Schwierigkeitsgrads dieser Sprache zwar nachteilig, doch war der Änderungsumfang ohnehin gering. Zusatzwünsche wurden im wesentlichen in getrennten Eigenprogrammen, die vor oder nach den Modularprogrammen abliefen, erfüllt.

2.312 Hauptsächliche Anwender einfacher Modularsysteme

Die älteren Modularsysteme der ersten Entwicklungsstufe arbeiteten durchweg im Stapelbetrieb mit einer meist nur niedrigen Frequenz von 5–10 Tagen oder sogar 4 Wochen, wie das bei der Stücklistenauflösung und der Kapazitätstermi-

[15] CLASS, IBM Modularprogramm für die Kapazitätsterminierung, Einführungsschrift, IBM Form 80 713-0.

nierung in großem Umfang der Fall war. Eine größere Häufigkeit hätte bei den noch nicht sehr schnellen Datenverarbeitungssystemen zu Laufzeitproblemen geführt.

Die Modularprogrammsysteme waren wegen ihrer ziemlich starren Ablauffolge und des vorwiegenden Batch-Processing allergisch gegen häufige Änderungen eines Produktionsplans, gegen kurzfristig durchzuführende rechnerische Änderungen und überhaupt gegenüber nervösen Marktschwankungen, die eine schnelle Reaktion des Betriebs erforderlich machten. Der Wunsch nach der Verarbeitung von Eilaufträgen, „Schnellschüssen" und Sofortänderungen konnte deshalb von ihnen kaum erfüllt werden, weil dies zu hohen zusätzlichen Programmlaufzeiten[16] und einer Störung des normalen Ablaufrhythmus geführt hätte.

Diese Schwächen der älteren Modularsysteme beschränkten die Anwendung auf Betriebe, bei denen eine relative Ruhe gegenüber solchen kurzfristigen Änderungswünschen garantiert werden konnte. Es ist nicht verwunderlich, daß die erfolgreichsten Anwender aus dem Bereich des Maschinen- und Apparatebaus stammen, wo nach einem festen Produktionsprogramm gearbeitet werden konnte, das für einen längeren Zeitraum festgelegt werden konnte, wo ein nicht zu kompliziertes, ausgereiftes Erzeugnisprogramm vorlag, keine Variantenprobleme auftraten, die nicht in üblichen Baukasten-Stücklisten untergebracht werden konnten und wo die Größenordnung des zu verarbeitenden Datenvolumens noch eine ausreichende Übersicht gewährleistete. Großbetriebe und Unternehmen mit ausgeprägten Ablaufproblemen sind kaum unter den Anwendern dieser Modularsysteme vertreten.

Da die Programme wenig komfortabel waren, fast nur die Abwicklung von Normalfällen erlaubten und bei der Regelung von Ausnahmen und Sonderfällen meist auf eine manuelle Abwicklung zurückgriffen (Beispiel: Durchschleusung eines Kundenauftrags mit verkürzten Durchlaufzeiten durch die Programme der Nettobedarfsermittlung), waren sie nur dort einzusetzen, wo die Abläufe relativ einfach waren und sich stark schematisieren ließen. Soweit dies nicht bereits aufgrund einer unkomplizierten geradlinigen Ablauforganisation möglich war, was aber in der Fertigungsindustrie selten ist, handelte es sich nicht selten um Betriebe, die vor der Einführung der Modularprogramme noch keine befriedigende Betriebsorganisation besaßen, deren Organisationsniveau also noch ziemlich niedrig war (siehe unsere Klassifizierung Abschnitt 7.2.2). Für sie bedeutete die Einführung von Modularprogrammen, die eine saubere Verarbeitung der Schemafälle erreichen ließen, bereits eine wesentliche Verbesserung und Anhebung des Organisationsniveaus. Denken wir beispielsweise an Betriebe, die bei manueller Materialdisposition kaum über eine grobe Verbrauchsplanung hinauskamen und die nun nach dem Einsatz der Materialwirtschaftsprogramme auf

[16] Wir denken hier auch an Modularprogramme, denen eine sequentielle Dateiorganisation zugrunde lag.

eine wesentlich exaktere Bedarfssteuerung übergehen konnten. Oder weisen wir auf einen der nicht gerade seltenen Fälle in kleineren und mittleren Betrieben der metallverarbeitenden Industrie hin, wo bei manueller Terminierung und Fertigungsüberwachung die Übersicht über den Belegfluß und den Grad der Fertigstellung der Werksaufträge leicht verloren gehen konnte. Für sie brachte schon der Einsatz eines keineswegs vollkommenen modularen Terminierungsprogramms eine wesentliche Verbesserung der zuvor manchmal ziemlich hoffnungslosen Situation. Aus Betrieben dieser Art stammen wohl nicht zuletzt die stolzen Erfolgsmeldungen nach dem Einsatz der Modularprogramme über eine sensationell anmutende Senkung von Lager- und Werkstattbeständen, eine wesentliche Verbesserung der Liefererfüllung, einen beschleunigten Auftragsdurchlauf usw.

Da die älteren Modularprogrammsysteme relativ starr und noch wenig anpassungsfähig waren, mußte eine Anpassung des Anwenderbetriebs an die Programme erfolgen. Hier hatte es ein solches Unternehmen wesentlich leichter, bei dem ohnehin eine Durchforstung und Verbesserung der bestehenden Betriebsorganisation anstand. Dabei bereitete es keine sonderlichen Schwierigkeiten, die Ablauforganisation den Forderungen der Modularprogramme weitgehend anzupassen.

Wesentlich geringere Erfolge bei der Einführung von Modularprogrammen erzielten Unternehmen, die bereits eine gute manuelle Organisation aufwiesen oder ausgetüftelte Lochkartenabläufe besaßen, die mit Erfolg als maschinelle Insellösungen in die gesamte Ablauforganisation des Unternehmens eingepaßt worden waren. Das Zufriedenheitsniveau, das Unternehmen dieser Art mit Modularprogrammen erreichen wollten, lag wesentlich höher. Für sie ergab das Studium der zunächst angebotenen einfachen Modularsysteme ein weniger günstiges Bild. Dasselbe traf für Betriebe zu, bei denen der Markt (z. B. bei Zulieferfirmen) oder eine sich schnell ändernde Fertigung (z. B. der Computerindustrie) eine flexible Planung und Steuerung erforderlich machten. Abgesehen von der universell verwendbaren Fertigungsdatenbank des Stücklisten- und Arbeitsplanprocessors und einigen Stand-Alone-Programmen gelang es meist nicht, ein bereits als integriert zu bezeichnendes Planungs-, Steuerungs- und Abrechnungssystem mit den Modularprogrammen der ersten Entwicklungsstufe auf die Beine zu stellen.

Noch geringere Erfolge wiesen zwei Randgruppen in der Einstufung nach dem in Abschnitt 7.2.2 dargestellten Organisationsniveau auf. Es handelt sich um die noch weitgehend im Stadium der Improvisation befindlichen Unternehmen und um stark verflochtene Konzernwerke. Im zuerst genannten Fall hätte der Einsatz eines Systems von Modularprogrammen in noch stärkerem Maß als bei Eigenprogrammen eine Systematisierung der Betriebsorganisation erfordert, die sich aber aus einem Stadium der „Zuruf- und Hauruckorganisation" nicht kurzfristig erreichen läßt. Hier sind auch vor dem Einsatz einfacher Modularprogramme eine Reihe grundsätzlicher Voraussetzungen zu schaffen, ausgehend z. B. von einer

Lösung der Nummerungsprobleme, dem Aufbau einer als Fundament ausreichenden Datenbankorganisation und einer gründlichen Umschulung der im hergebrachten Schema denkenden und arbeitenden Angestellten und Meister.

Hauptsächlich in traditionsreichen Werken der Konzernindustrie und in ähnlich gelagerten anderen Großbetrieben zeigten sich ganz andere Gründe, die den Einsatz von Standardsoftware einfacherer Art nicht erlaubten:

- die starken inner- und zwischenbetrieblichen Verflechtungen, die nur durch zahlreiche Programmänderungen und -zusätze maschinell mit Modularprogrammen zu bewältigen gewesen wären,

- die oft vorhandene Überorganisation, die sich im Lauf der Jahrzehnte als Ergebnis der ständigen Bemühungen zentraler und dezentraler Organisations- und Revisionsstellen in zahllosen Arbeitsanweisungen und Regelungen jedes noch so seltenen Ausnahmefalls niedergeschlagen hatte,

- der Hang zur Perfektion, den zentralisierte Organisations- und Systemanalysegruppen „am grünen Tisch" entwickelten. Die von diesen Stabsstellen entwickelten ehrgeizigen Integrationsmodelle ließen sich mit den Modularprogrammen der ersten Entwicklungsstufe kaum realisieren.

2.313 Erforderliche EDV-Mitarbeiter

Wegen der überwiegend noch geringen Koordination der Einzelprogramme und der begrenzten Einsatzbreite der Anwendungssysteme, die sich im wesentlichen auf der rein operativen Ebene des Betriebs bewegten und noch keine Überlegungen in Richtung auf ein MIS zum Inhalt hatten, ergaben (und ergeben) sich beim Einsatz einfacher Modularsysteme nur begrenzte Personalprobleme. Es war vielen Betrieben, die noch keine ausgebaute Organisationsabteilung besaßen, möglich, das für die Umstellung erforderliche EDV-Personal verhältnismäßig kurzfristig aus dem Reservoir guter Sachbearbeiter der Linienabteilungen heranzubilden. Die für die Anpassung erforderlichen Kenntnisse konnten in wenigen Kursen bei den Computerherstellern erworben werden. Im übrigen standen für die Lösung programmtechnischer Fragen Systemberater der Herstellerfirmen zur Verfügung.

Das Verhältnis von Organisations- zu Programmieraufwand bewegte sich etwa bei 1:1, bei etwas stärkerer Integration ungefähr bei 2:1. Ein personeller Engpaß trat hauptsächlich bei der programmtechnischen Anpassung auf, weniger bei den meist noch einfachen organisatorischen Überlegungen. Fragen eines verbesserten Berichtswesens blieben noch weitgehend ausgeklammert, zumal die ausdrückliche Verflechtung mit dem Rechnungswesen nur in ganz seltenen Fällen angestrebt wurde.

2.314 Aufwand und Nutzen beim Einsatz einfacher Modularprogrammsysteme

Der einmalige Aufwand für die Einführung eines einfachen Modularprogrammsystems ist verhältnismäßig gering. Man rechnet in einem mittleren Betrieb ohne Spezialprobleme etwa mit 1,5 bis 2 Mannjahren für die Einführung einer Datenbank, mit 3,5 bis 4 Mannjahren für den Aufbau einer Materialwirtschaft und mit 1 bis 2 Mannjahren für die Einführung eines Terminierungsprogramms.

Das ergibt einen Gesamtaufwand von 6–8 Mannjahren für die Systemanalyse und Programmierung, was einem finanziellen Aufwand von 160 000 bis 220 000 DM entspricht (ohne die Kosten der Datenbereinigung und erstmaligen Datenaufbereitung). Dienstleistungsrechenzentren bieten die Programmanpassung beim Vorliegen einfacher Verhältnisse unter Verwendung von BOMP, MOSCOR, MINCOS und CLASS zu einem Pauschalpreis an, der bei 60 000 bis 90 000 DM liegt. Zu diesem Betrag ist allerdings mindestens ein vom Anwender gestellter Verbindungsmann hinzuzurechnen. In beiden Fällen sind Auswertungsprogramme, die über ein standardmäßiges Minimum hinausgehen, in der genannten Summe noch nicht enthalten.

Als ein ins Gewicht fallender Vorteil wirkte sich bei den Modularsystemen, bei denen umfangreiche Einsatzerfahrungen vorlagen, die Möglichkeit des Erfahrungsaustauschs aus. Auf diese Weise konnten Schwächen, die in den ursprünglichen Programmkomplexen enthalten waren, rechtzeitig erkannt und evtl. durch erprobte Sonderlösungen ausgeschaltet werden.

Der *Nutzen* einer Umstellung bei der Verwendung einfacher Modularsysteme ist nach den Erfahrungen der vergangenen Jahre sehr unterschiedlich und hängt nicht zuletzt vom Ausgangspunkt ab. Da immer noch verhältnismäßig viele manuelle Eingriffe und Korrekturen z. B. des Dispositionsergebnisses notwendig sind und das Integrationsniveau relativ niedrig liegt, ist der Nutzen auf dem Personalsektor ziemlich gering und war teilweise enttäuschend. Eine Umstellung ohne zusätzliche Anstrengungen auf dem Gebiet der Ablauf- und Arbeitsplatzorganisation außerhalb der EDV erbrachte noch negativere Ergebnisse.

Durch die meist stark vernachlässigten Managementauswertungen ergab sich auch kein Zusatznutzen durch schnellere und bessere Informationen. Die Kostenarten, die sich im einzelnen beeinflussen ließen, haben wir bei der detaillierten Darstellung der Modularprogramme der Material- und Zeitwirtschaft aufgezählt.

Ein negativer Nutzenfaktor resultierte langfristig gesehen schließlich auch daraus, daß die älteren starren Modularprogramme oft weniger Ausbaumöglichkeiten zuließen als eigenerstellte Programme. Sofern diese Gefahr bereits im Planungsstadium erkannt wurde, führte sie dazu, daß mancher Industriebetrieb vom Einsatz der Programmpakete, zum Beispiel der Materialwirtschaft, ganz absah.

2.32 Typische Eigenschaften der neueren integrierten Modularsysteme (zweite Entwicklungsstufe)

Bei oberflächlicher Beurteilung stellen die Modularkonzeptionen der zweiten Entwicklungsstufe nur eine Weiterentwicklung einfacher Systeme dar. Gewiß enthalten sie zahlreiche Elemente dieser meist älteren Systeme, soweit diese sich bewährt haben. Sie gehen aber in den Zielsetzungen, im Umfang und in der hinter den Systemen stehenden Philosophie weit darüberhinaus, wie sich aus den folgenden Seiten ergibt. Die Hinweise stellen einen Auszug aus dem umfangreichen Erfahrungsaustausch dar, der sich bei vielen Fachseminaren über dieses Thema ergeben hat. Die bekanntesten Vertreter der zweiten Entwicklungsgeneration sind das PICS-System von IBM, MIACS von Honeywell/Bull und UNIS von UNIVAC. Keines aller genannten Systeme ist bereits vollständig abgeschlossen. Auch bei PICS liegen bisher (Ende 1972) nur verhältnismäßig wenige Erfahrungen von Betrieben vor, die mehrere Untersysteme bereits im Einsatz haben.

2.321 Zielsetzungen und Philosophie moderner Modularkonzeptionen der Fertigungsindustrie

Bei den neueren Modularsystemen ist nicht mehr der Gesichtspunkt vorherrschend, dem Anwender Soforteinsatzprogramme anzubieten, mit denen er unter minimalen Voraussetzungen möglichst kurzfristig die dringendsten Probleme und Aufgaben auf einem speziellen Gebiet lösen kann. Dafür sind stark integrierte Modularprogrammsysteme weniger geeignet als Einzelprogramme, die einen schwerpunktmäßigen Einsatz erlauben und auch meist mit Hilfe von selbsterstellten Überbrückungsprogrammen improvisierte Verbindungen zwischen Nachbargebieten herstellen lassen. Nachteile einer solchen „gewachsenen Konzeption" können sich allerdings beim Wunsch nach einem weiteren Ausbau ergeben, der innerhalb einer breit angelegten integrierten Konzeption wesentlich leichter möglich ist.

Die Entwicklung einer stark integrationsfähigen Modularkonzeption dauert erheblich länger als der Aufbau von Einzelprogrammen, die nur eine lose Verbindung aufweisen. Einer fundierten Konzeption liegt ein durchdachtes Integrationsmodell zugrunde, bei dem die Zusammenhänge zwischen den einzelnen Betriebsfunktionen und zu Nachbarbereichen berücksichtigt und Schnittstellen klar herausgestellt sind.

Die Philosophie einer integrierten Modularkonzeption liegt darin, daß Planung, Steuerung und Überwachung gemeinsam gesehen werden sollen. Dabei wird der Planung besondere Bedeutung beigemessen: Eine gute Planung kann den Aufwand für die Steuerung und Überwachung beträchtlich reduzieren[17]. Jede Steue-

[17] Vgl. *Walter Huber*, Erfahrungen bei der Einführung von PICS im Hause Friedrich Deckel, Präzisionsmaschinenbau, München. IBM-Seminar „Erfahrungsberichte über die Einführung von PICS" vom 21.–23. September 1970 in Murnau, S. 6.

rung und Auftragsverfolgung ist wegen des hohen Personalaufwands teurer als eine gute Planung (Beispiele: Mühselige Beschaffung von Fehlteilen, ungenutzte Kapazität durch eine unzuverlässige Planung).

Aus dieser Grundidee heraus resultieren beispielsweise beim PICS-System außerordentlich stark ausgebaute Planungsmöglichkeiten im Lagerdispositionssystem. Das Arsenal an Möglichkeiten der Lagerplanung umfaßt wesentlich erweiterte Verfahren der Absatzprognose, eine ABC-Klassifizierung zur differenzierten Lagerplanung von Teilen, detaillierte Verfahren zur Festlegung von Sicherheitsbeständen und Möglichkeiten der Simulation zur Feststellung der Bestandsentwicklung unter verschiedenartigen Voraussetzungen und Lagerhaltungspolitiken.

Eine weitere Grundidee liegt im starken Trend zum Informationssystem, das die operative Ebene der Material- und Zeitwirtschaftsprogramme überlagern soll. Hier haben deutlich gerade in PICS die Gedanken eines MIS Eingang gefunden, wenn wir an die Hinweise und Auswertungsmöglichkeiten im Untersystem der Werkstattsteuerung denken.

Zweifel bestehen darüber, ob die heute allgemein angewandte Datenbanktechnik, das Processorprinzip, für ein umfangreiches Fertigungsinformationssystem in seiner Leistungsfähigkeit ausreicht. Zwar lassen die neueren Stücklistenprocessoren mehr Verkettungsmöglichkeiten für zusätzliche Dateien zu als die früheren einfachen Datenbanken. Zu erinnern ist hier an die Möglichkeit eines Unterteilestammsatzes in PICS oder an Erweiterungen, um auch den Einkauf und Werkzeuge in die Fertigungsstammdatenbank einzubeziehen. Allerdings liegen bisher nur geringe Erfahrungen mit erweiterten Stücklistenprocessoren vor. Soweit Unternehmen es sich bei einer ausreichenden Hardwareausrüstung erlauben können, ist ein ausgeprägter Trend zu hierarchisch aufgebauten IMS-Datenbanksystemen zu beobachten. Sie erweisen sich für Direktabfragen und einen elektronischen Änderungsdienst mit Hilfe von On-line-Terminals als zweckmäßiger und erlauben einen schnelleren Zugriff auf die gespeicherten Daten, als dies mit der Verkettungstechnik der Processoren möglich sein dürfte.

Noch nicht ausreichend entwickelt sind die Möglichkeiten und Schnittstellen, um parallel zu einem Planungs- und Steuerungssystem ein integriertes Kostenrechnungssystem aufzubauen. Die bestehenden Systeme stellen wir im Abschnitt 6 dar.

2.322 Bemerkungen zur System- und Programmkonzeption

Weder bei einfachen Modularsystemen der Produktionsplanung und -steuerung noch bei stark integrierten Konzeptionen besteht die Möglichkeit einer gleichzeitigen Einführung aller Einzelteile. Die neueren Konzeptionen sind deshalb klar untergliedert in sogenannte Unter- oder Subsysteme. Sie bilden eine jeweils abgeschlossene Teileinheit. Zusammen mit den entsprechenden Datenbankanteilen kann sich ein Unternehmen auf einzelne Subsysteme beschränken oder diese nacheinander zum Einsatz bringen. Diese Einteilung in Untersysteme ermöglicht es auch den Herstellern der Modularkonzeptionen, selbst die Systemdetaillierung einzelner Teilkonzeptionen in der Entwicklung zurückzustellen.

Moderne Modularsysteme sind im Baukastensystem erstellt. Der Benutzer kann die von ihm gewünschten Teile heraussuchen und entsprechend seinen betrieblichen Erfordernissen zu einem Gesamtsystem zusammenstellen. Diese Baukastenkonzeption (im Gegensatz zu einer weitgehenden starren Ablauffolge) macht allerdings vor dem Programmeinsatz eine Reihe von Überlegungen zu einer betriebsindividuellen Gesamtkonzeption unentbehrlich. So muß z. B. bei PICS vor dem Einsatz der Bedarfsplanungsprogramme bekannt sein, ob und in welcher Form sich eine Kapazitätsterminierung anschließen soll, da jetzt bereits Festlegungen hinsichtlich der Verbindungsdatei getroffen werden müssen. Die Frage eines gemeinsamen oder getrennten Teilestammsatzes sollte ebenfalls sehr früh entschieden werden. Schließlich müssen vor der Feinkonzeption die Verbindungen zwischen den einzelnen Teilsystemen, zum Beispiel einer Absatzprognose und der anschließenden Bedarfsplanung, überdacht werden.

Während die älteren Modularsysteme durch die vorgegebene Ablaufkonzeption dem Benutzer praktisch ein Rezept für die Vorgehensweise in die Hand drückten, ist dies bei einem Baukastensystem nicht mehr der Fall. PICS so einzusetzen, wie es in den Anwendungs- und Programmbeschreibungen enthalten ist (und nur die minimalen Anpassungen vorzunehmen), ist unmöglich. Es muß immer eine Wahl der Alternativmöglichkeiten stattfinden, bevor das für ein Unternehmen zweckmäßige Ablaufmodell gefunden ist. Dieses Integrationsmodell, das in einem weiteren Verfeinerungsschritt zu einer Rahmenkonzeption ausgearbeitet wird, aufzubauen, gehört zu den schwierigsten Aufgaben eines Systemanalyseteams. Wir dürfen nicht vergessen, daß die bei einer Organisationsanalyse festgestellten Istabläufe oft nur eine vage Ähnlichkeit mit den vom Computerhersteller gebotenen Ablaufbausteinen besitzen. Besonders im Vorfeld einer Bedarfsrechnung, bei der Klärung der Fragen: Wer liefert die für eine Planung erforderlichen Ausgangsdaten? Welche Lagerhaltungspolitik ist zweckmäßig? Wie sollen Kundenaufträge mit dem Produktionsprogramm abgestimmt werden? usw. sind Probleme zu lösen, auf die auch ein ausführliches Programmanual einer Herstellerfirma keine Antwort zu geben vermag. Es sind „Sandkastenspiele“ in der Art von Generalstabsübungen notwendig, um eine zweckmäßige Ablaufreihenfolge der Bausteine festzulegen. Nur wer selbst schon mehrfach an der Erstellung einer Konzeption für eine Fertigungssteuerung mitgewirkt hat, kann den gedanklichen Aufwand abschätzen, der in einem Planungsteam bis zur Dokumentation dieser Überlegungen notwendig ist. Ganz selten findet man einen ähnlichen Betrieb, der bereits die gleichen Konzeptionsüberlegungen geleistet hat und an dessen Gedankengänge eine Anlehnung möglich ist.

Bei einem umfassenden Modularprogrammsystem der Produktionsplanung und -steuerung beträgt das Verhältnis des Aufwands von Systemanalyse zu Programmierung mindestens 3:1, wenn nicht gar 4:1! Angenehm überrascht wurden die ersten PICS-Anwender, daß die programmtechnische Anpassung dagegen verhältnismäßig einfach ist[18].

Bei den meisten Modularsystemen der Fertigungssteuerung besteht der Trend, zur Datenspeicherung vorwiegend Magnetplatten zu verwenden. Das hat den Vorteil, daß keine Möglichkeiten zur Randomverarbeitung und einer Datenabfrage verbaut werden und eine stärkere Integrationsmöglichkeit besteht als beim Einsatz von Magnetbändern. Grundsätzlich ist dieser Trend, dem die Entwicklung von Großraumplattenspeichern entspricht, vorteilhaft. Allerdings steigt mit zunehmender Integration die Forderung nach einem aktuellen Änderungsdienst. Bei Fachdiskussionen wurde mehrfach die Befürchtung geäußert, daß die Gewährleistung eines vollständigen und aktuellen Änderungsdienstes mit zunehmender Komplexität der Planungs- und Steuerungssysteme immer schwieriger und aufwendiger werde. Es wird an die vor einigen Jahren vorhandenen Bestrebungen zum Aufbau einer simultanen Fertigungssteuerung erinnert, die u. a. wegen des untragbaren Änderungsaufwands nicht zu realisieren war. Auch in USA ist der Trend zu einer alle Betriebsabläufe umfassenden Integration nicht mehr so stark wie vor einigen Jahren und teilweise rückläufig, weil aus der zu starken Verflechtung der Arbeitsgebiete Nachteile in bezug auf die Flexibilität der Teilsysteme befürchtet werden. Obwohl aus der praktischen Erfahrung heraus die Grenzen einer sinnvollen Integration nach unserer Kenntnis in Europa noch nicht festgestellt werden konnten, weil sich solche komplexen Systeme erst im Aufbau befinden, sollten die Systemplaner den Punkt „Änderungsdienst" ständig im Auge behalten, um die echten Chancen einer Integration nicht von dieser Seite aus einzuengen.

2.323 Geeigneter Anwenderbereich für Modularkonzeptionen der zweiten Entwicklungsstufe

Gegenüber einfachen, wenig verbundenen Modularprogrammfolgen ist die Einführung eines komplexen Modularsystems schwieriger und aufwendiger und stellt an den Anwender wesentlich höhere Voraussetzungen. Zwar liegt gegenwärtig noch wenig Know-How für die schrittweise Einführung solcher Systeme vor, doch erlauben die bisherigen Feststellungen folgende Bemerkungen:

– Das Organisationsniveau zur Einführung integrierter Modularprogrammsysteme muß wesentlich höher liegen als bei einfacheren Programmen. Im Betriebsablauf muß bereits eine bestimmte Systematik vorliegen, um den Sprung zu einem anspruchsvollen Informationssystem wagen zu können. Ein Seminarteilnehmer sprach einmal treffend von der „PICS-Reife" eines Unternehmens. Viele der mit Modularprogrammen der ersten Entwicklungsstufe in

[18] Vgl. *Helmut Rothböck*, ITT Austria, Erfahrungen bei der Einführung von PICS, IBM Nachrichten 206, April 1971, S. 738.

ihren Ansprüchen zu kurz gekommenen Unternehmen sollten in den weiterentwickelten Systemen eine Möglichkeit zur Anwendung von Standardsoftware sehen, sofern sie in der Zwischenzeit nicht bereits eine Konzeption mit selbsterstellten Programmen realisiert haben.

- Die kurzfristige Einführung eines Gesamtsystems dürfte vom „Nullpunkt der Datenverarbeitung aus" kaum möglich sein. Man spricht in diesem Zusammenhang gerne von einigen „Spieljahren des Betriebs mit der EDV", die dem Aufbau eines zielstrebigen anspruchsvollen Systems der Fertigungssteuerung vorausgehen müssen, um die betroffenen Bereiche an die Besonderheiten einer maschinellen Datenverarbeitung zu gewöhnen.

- Die geplante Einführung eines Modularsystems der zweiten Entwicklungsstufe ist nicht ohne eine zugrundeliegende „wissenschaftliche Unternehmensführung" zweckmäßig. Wenn eine Geschäftsleitung von modernen Managementtechniken nichts hält und eine intuitive Betriebsführung mit schnellen überraschenden Entschlüssen vorzieht, sollte sie von der Einführung eines Planungs- und Steuerungssystems, das auf diesen Techniken beruht, absehen. Ein solches Umdenken kann aber leider nicht von heute auf morgen erreicht werden, sondern macht ein planvolles langfristiges Training aller Führungskräfte erforderlich.

Immer wieder erhebt sich die Frage, ob ein mittleres Unternehmen, bei dem die genannten Voraussetzungen nicht voll vorliegen, überhaupt sich an eine so moderne Konzeption heranwagen sollte, von deren Möglichkeiten es bestenfalls einen Bruchteil nutzen könnte. Soll ein solcher Betrieb (sofern überhaupt entsprechende Alternativen gegeben sind) es vorziehen, sich für ein einfaches, wenig ausbaufähiges System zu entscheiden und erst in einigen Jahren auf ein anspruchsvolleres integriertes Modularsystem umzusteigen? – Wegen der hohen Umstellungskosten beim Wechsel des Softwaresystems (für eine mittlere Maschinenfabrik werden 2–3 Mannjahre geschätzt) sollte eher versucht werden, ein integriertes Modularprogrammsystem reduziert auf einige wesentliche Bestandteile schrittweise einzuführen und die Umstellungsphase auf einen längeren Zeitraum auszudehnen, als dies bei einfacheren Programmen notwendig gewesen wäre.

Zwar sind die Vorüberlegungen, das Studium des Gesamtsystems und die Notwendigkeit der Auswahl der gewünschten Programmroutinen aufwendiger als bei der Übernahme einfacherer Systeme, doch ergibt sich daraus der Vorteil einer stufenweisen Ausbaumöglichkeit. Selbstverständlich sind bei einer Einfachanwendung noch nicht die umfangreichen Auswertungsmöglichkeiten gegeben, die ein solches umfassendes System bieten kann.

2.324 Erforderliche EDV-Mitarbeiter

Einfache Modularprogramme ohne starke Integration lassen sich auch von angelernten „Systemanalytikern" und „Lochkarten-Fachleuten" einführen. Das ist beim Entwurf und der Realisierung einer umfangreichen Konzeption nicht mehr möglich. Hier ist der im Modelldenken, in Formeln und in Abstrahierungen geschulte Akademiker (oder selbstverständlich ein Praktiker mit solchen Kenntnissen) im Vorteil. Betriebserfahrung und vordergründiges praktisches Denken reichen nicht mehr aus. Da allerdings auch das reine Hochschulwissen nicht zum Ziele führt, sondern daneben die Kenntnis der betrieblichen Probleme und Meinungen, praktische Kenntnisse in EDV-Organisation und Systemanalyse und eine Reihe personeller Voraussetzungen (z. B. Kontaktfähigkeit, Durchsetzungsvermögen, analytisches und logisches Denken, Kombinationsfähigkeit und schöpferische Phantasie) vonnöten sind, ergibt sich hier eine Personallücke, die auch durch eine gemischte Teamzusammensetzung nur teilweise gemildert werden kann[19].

Da am Markt erfahrene Systemanalytiker zum Aufbau eines Planungs- und Steuerungssystems oft nur zu überhöhten Preisen zu haben sind, kann eine optimale langfristige Lösung in einem Unternehmen nur darin bestehen, daß eine systematische Schulung der für ein Planungsteam vorgesehenen EDV-Mitarbeiter stattfindet. Kurzfristig kann die Mithilfe eines erfahrenen EDV-Beraters bei der Erarbeitung einer Rahmenkonzeption und der zeitweiligen Mitarbeit bei der Lösung von Problemen von großem Vorteil sein.

Nicht alle für die Erstorganisation eingesetzten Mitarbeiter werden – wie sich in aller Deutlichkeit nach dem Aufbau von Modularkonzeptionen gezeigt hat – anschließend für andere Aufgaben wieder frei. Je komplexer ein solches System ist, um so höher wird der Pflegeaufwand. Nach den bisherigen Erfahrungen sollte damit gerechnet werden, daß etwa ein Viertel des Systemanalyse- und Programmierpersonals zur Aufrechterhaltung (nicht Weiterentwicklung!) der in ihrem Niveau fast immer wesentlich erhöhten Organisation notwendig ist.

2.325 Einführungsaufwand und Nutzen integrierter Modularkonzeptionen

Die Einführung umfangreicher Modularkonzeptionen dürfte nach den bis jetzt gesammelten Erfahrungen mindestens doppelt bis dreimal so aufwendig sein wie der Einsatz einfacher Modular- und Standardprogramme, wobei allerdings auch

[19] Um Erfahrungen für eine zweckmäßige Teamzusammensetzung zu sammeln, ist der Besuch eines Fachseminars zu empfehlen, bei dem solche Personalprobleme diskutiert und praktische Lösungsvorschläge geboten werden. Solche Seminare über ein modernes Projektmanagement beim Aufbau integrierter Planungs- und Steuerungssysteme werden z. B. von der Technischen Akademie in Wuppertal oder der GES – Gesellschaft für elektronische Systemforschung in Bühl/Baden angeboten.

die Ergebnisse ziemliche Qualitätsunterschiede aufweisen. Im einzelnen sind für den höheren Einführungsaufwand folgende Gründe maßgeblich:

- Das Fundament für ein solches System ist breiter anzulegen als bei einfacherer Zielsetzung
- Es liegen bisher nur wenige Erfahrungen anderer Unternehmen vor, die einem Anwender zunutze sein könnten
- Der Schulungsaufwand und das Kenntnisniveau der EDV-Mitarbeiter müssen wesentlich höher angesetzt werden
- Das Baukastensystem macht als „Fundament" eine Rahmenkonzeption vor der Einführung der Einzelprogramme unerläßlich
- Es werden höhere Anforderungen an die Systematik der Betriebsorganisation gestellt
- An ein integriertes System werden wesentlich höhere Erwartungen geknüpft, die ebenfalls den Einführungsaufwand beeinflussen (Beispiel: Simulation von Möglichkeiten!)

Von einem erfahrenen Systemberater einer Herstellerfirma wurde beispielsweise für die vollständige Einführung von PICS in einer Maschinenbaufirma ein Zeitraum von 5–6 Jahren geschätzt, bis die Verfahren sukzessive eingeführt und vom Betrieb „assimiliert" worden seien.

Beispiel für die geschätzten einmaligen Kosten der Einführung eines umfangreichen Systems der Material- und Zeitwirtschaft in einer mittleren Maschinenfabrik, die bereits zuvor mit Hilfe von Magnetbanddateien eine einfache Bedarfsermittlung und Durchlaufterminierung durchgeführt hatte:

EDV-Mitarbeiter	Personenzahl	Zeitraum (Jahre)	Gesamtbetrag in DMT
Systemanalyse	2	4	270
Büroorganisation	0,5	3	45
Programmierung (Anpassung Modularprogramme)	1	4	120
Programmierung (zusätzliche Eigenprogramme)	1	4	100
Beratung durch Herstellerfirma zeitweilig durch verschiedene Mitarbeiter			100
Testkosten außer Haus			30
Gesamtkosten			665

Nicht angesetzt worden sind die zeitweilig von den Linienabteilungen für die Durchführung der Umstellungsprojekte zur Verfügung gestellten Kontaktpersonen, da sich ihre Mitarbeit nicht exakt abgrenzen läßt. Auch die sich anschließende Organisations- und Programmpflege ist in diesem Betrag nicht enthalten.

Wesentlich niedriger sind die Einführungskosten einer modernen Modularkonzeption, wenn die Durchführung der Arbeiten in einem freien Rechenzentrum vorgesehen ist und die Programmanpassung dort gegen einen Festpreis durchgeführt wird. In einem vorliegenden Anwendungsfall wurde z. B. lediglich die Betriebsanalyse und Grobkonzeption von einem betriebseigenen Planungsteam, dem federführend ein freier EDV-Berater angehörte, durchgeführt. Der Kunde stellte nur einen ganz für diese Aufgabe abgestellten Verbindungsmann. Der Umfang der Konzeption umfaßte die Führung von Stücklisten und Arbeitsplänen, die Bestandsführung, eine Verbrauchsdisposition für Ersatzteile, eine Stücklistenauflösung mit Nettobedarfsermittlung für Fertigungsteile und eine Durchlaufterminierung. Eine wesentliche Erhöhung der Einführungskosten würde im vorliegenden Fall entstehen, wenn neben den Standardroutinen und -auswertungen der Anwender zusätzliche Besonderheiten vom Rechenzentrum gewünscht hätte.

Wie wir bei der Einholung von Angeboten bei Dienstleistungsrechenzentren und Servicebüros von Herstellerfirmen feststellten, schwanken die Angebotspreise so sehr, daß ein Angebotsvergleich unbedingt zu empfehlen ist.

Als typisches Beispiel für die Einführungskosten einer integrierten Modularkonzeption ergaben sich im erwähnten Beispiel folgende Zahlenangaben:

EDV-Mitarbeiter	Personenzahl	Zeitdauer (Jahre)	Gesamtbetrag in DMT
Verbindungsmitarbeiter	1	3	55
EDV-Berater	1	zeitweilig	12
Rechenzentrum für Programmierung und Testarbeiten		zeitweilig über 3 Jahre	80
Gesamtkosten der Einführung			147

Der *Nutzen* des Einsatzes integrierter Modularkonzeptionen der zweiten Entwicklungsstufe kann wesentlich höher angesetzt werden als beim Einsatz einzelner Modularprogramme. Langfristig ist eine fühlbare personelle Entlastung der Disposition und der Terminverfolgung zu erwarten. Bei der Anwendung der modernen Methoden der Lagerplanung sollte ein Unternehmen auch hier spürbare Einsparungen erreichen. Schließlich sollte es auch gelingen, in der Fertigung auf wesentliche Vorteile zu kommen, wie wir sie in Abschnitt 5.5 dargestellt haben.

Ein maximaler Nutzen läßt sich aber nur dann erreichen, wenn die Mitarbeiter die neuen Methoden der Planung und Steuerung verstehen und mit ihnen arbeiten können. Ohne eine Anhebung der Qualifikation der Mitarbeiter, die sich teilweise durch ein ständiges Training erreichen lassen müßte, werden allerdings die Ergebnisse immer hinter den Erwartungen zurückbleiben.

3. Modularprogramme für eine Fertigungsdatenbank

Die Programme der elektronischen Materialwirtschaft und des Terminwesens greifen auf eine Reihe von Stammdaten zurück, die zur Verarbeitung benötigt werden:

- die Sachstammdaten (meist Teilestammdaten genannt)
- die Erzeugnisstruktur (Stücklisten, Rezepturlisten usw.)
- Die Arbeitspläne
- die Arbeitsplatzangaben
- evtl. auf Angaben über Werkzeuge, Vorrichtungen usw.

Teilweise werden mehrere dieser Datengruppen in einem Programmablauf benötigt, z. B. die Sachstammdaten und Stücklisten bei einer Bedarfsauflösung und Verfügbarkeitskontrolle, die Sachstammdaten und die Arbeitsplan- und Arbeitsplatzdaten für die Kapazitätsplanung.

Grundsätzlich bestehen beim Aufbau von Modularsystemen mehrere Möglichkeiten zur Gestaltung der Dateiorganisation:

- die Speicherung der verschiedenen Daten auf Magnetband
- die Speicherung in unverketteten Dateien auf Magnetplatte
- die Speicherung auf Magnetplatte bei Verkettung der Dateien
- die Speicherung in hierarchisch gegliederten Datenbänken (IMS)

Für Modularsysteme der Produktionssteuerung wurde mit wenigen Ausnahmen die Gestaltungsmöglichkeit der Datenspeicherung auf Magnetplatte bei Verkettung der Einzeldateien entsprechend den häufigsten Bedürfnissen gewählt. Dieses Prinzip der Datenspeicherung ist für die Fertigungsindustrie unter dem Namen Stücklistenprocessor bekannt geworden.

In neuester Zeit treten neben diese Stücklistenprocessoren bei Unternehmen mit großen Datenverarbeitungssystemen in stärkerem Maß hierarchisch strukturierte Datenbanken. Sie sind schneller im Zugriff und lassen eine flexiblere Datenverkettung zu als dies mit Hilfe der Stücklistenprocessoren möglich ist. Allerdings sind die Hardware- und Softwarevoraussetzungen so umfangreich, daß der Einsatz von IMS für die Benutzer mittlerer Datenverarbeitungssysteme noch nicht möglich ist. Außerdem läßt die Entscheidung für eine solche universelle Datenbank noch nicht die Verwendung darauf aufbauender modularer Auswertungsprogramme zu.

3.1 Aufbau und Arbeitsweise der Stücklistenprocessoren

Ein Stücklistenprocessor ist ein Programmpaket zur Speicherung und Pflege von Teilestammdaten und Stücklisten. Der Umfang der Datenbank kann auf Arbeitspläne und Arbeitsplätze ausgedehnt werden. Sofern ein Erzeugnis keine Struktur aufweist, kann ein Stücklistenprocessor auch ohne die Speicherung von Stücklistenstrukturen zum Einsatz kommen.

Die Voraussetzungen zum Einsatz eines Stücklistenprocessors sind gering. Das Modularprogramm baut auf einer Magnetplattenorganisation auf. Für jeden Teilestammsatz ist eine Teilenummer als eindeutiger Ordnungsbegriff notwendig. Die Stücklisten müssen in Baukastenform aufgebaut sein, sofern bestimmte Auswertungen, z. B. eine Bedarfsermittlung, durchgeführt werden sollen.

Dem Stücklistenprocessor liegt das Prinzip zugrunde, daß Daten, die mehrfach benötigt werden, nur an einer Stelle gespeichert werden, um den Verbrauch an Speicherplatz zu minimieren. Die wichtigste Datenzuordnung besteht in der Trennung zwischen den Teilestamm- und Erzeugnisstrukturdaten bei der Speicherung von Stücklisten und von Teilestamm- und Arbeitsgangdaten bei der Speicherung von Arbeitsplänen. Beispielsweise muß der Anwender Angaben im Kopf der Stückliste oder des Arbeitsplans nur einmal in der Teilestammdatei speichern. Auch bei Mehrfachverwendungsteilen besteht für jedes Teil nur ein einziger Teilestammsatz, in dem alle teilebezogenen Angaben zusammengefaßt sind. Für den Ausdruck von Stücklisten, in denen solche Wiederholteile immer wieder vorkommen, greift das Programm immer auf diesen Teilestammsatz zurück und holt von dort die teilebezogenen Angaben.

3.11 Dateien eines Stücklistenprocessors

Werden in einem Stücklistenprocessor nur die Stamm- und Bestandsdaten für eine betriebliche Materialwirtschaft gespeichert, sind zwei Dateien erforderlich: die Teilestamm- und die Erzeugnisstrukturdatei.

Die Teilestammdatei ist in logisch fortlaufender Form aufgebaut. Dadurch ist sowohl eine sequentielle als auch eine wahlfreie Verarbeitung dieser Datei möglich. Der Zugriff auf die Teilestammdatei ist ebenso wie bei einer Verarbeitung mit selbsterstellten Programmen von außen her nur über mehrstufige Indices möglich, z. B. den Hauptindex, Zylinderindex und Spurindex. Werden für eine Verarbeitung allein Daten aus der Teilestammdatei benötigt, reicht es aus, diese Datei im Zugriff zu haben.

Die Erzeugnisstrukturdatei ist wahlfrei nach den aufsteigenden Plattenadressen der in jedem Struktursatz enthaltenen übergeordneten Teilenummer gespeichert. Ein unmittelbarer Zugriff des Benutzers auf die Strukturdatei ist nicht möglich. Er muß immer über die Teilestammdatei erfolgen. Durch eine geschickte Anordnung der zu einer Stückliste gehörigen Positionen stehen diese meist unmittelbar hintereinander und können in einem einzigen Zugriff aus dem Speicher geholt werden.

3.12 Adressverkettungen zur Speicherung der Stückliste

In einem Stücklistenprocessor sind folgende vier Grundverkettungen vorhanden:

Eine Adreßkette ①, die vom Teilestamm auf die zugehörige 1. Stücklistenposition verweist und anschließend die einzelnen Stücklistenpositionen miteinander verbindet

Eine Adreßkette ②, die den Struktursatz einer Stücklistenposition mit seinem zugehörigen Teilestammsatz verbindet

Eine Adreßkette ③, die vom Stammsatz eines Teils auf die erste Verwendung (übergeordnete Baugruppe) in der Strukturdatei verweist und von dort aus alle weiteren Verwendungen dieses Teils miteinander verbindet

Eine Adreßkette ④, welche die in einem Strukturansatz enthaltene übergeordnete Baugruppennummer mit ihrem Stammsatz verbindet

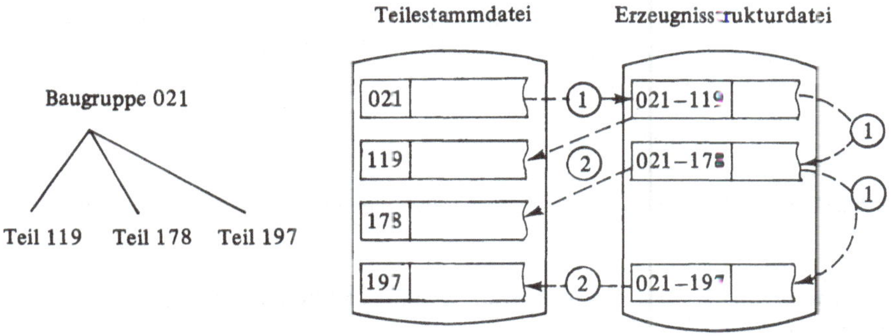

Abb. 6. Beispiel der Verkettung in einem Stücklistenprocessor (Stücklistenstruktur)

Für jede Teilenummer muß ein Stammsatz gespeichert sein. Für jede Struktur zwischen über- und untergeordneter Sachnummer muß in der Strukturdatei ein Satz gespeichert sein. Bei der Einspeicherung der Stücklisten und bei ihrer Änderung werden die genannten Adressen vom Programm errechnet, in den vorgesehenen Datenfeldern eingespeichert oder dort verändert. Da es sich bei der Teilestammdatei um eine logisch fortlaufende Datei mit Überlaufbereichen handelt, ist von Zeit zu Zeit eine Reorganisation der Datei notwendig.

Neben der Stückliste wird auch die Struktur der *Teileverwendungen* festgehalten, ohne daß der Benutzer hierfür eine besondere Datei unterhalten muß. Das Modularprogramm baut die Teileverwendungs-Adreßketten während des Stücklisten-Änderungsdienstes automatisch mit auf oder ändert sie, wie an folgendem Beispiel ersichtlich ist:

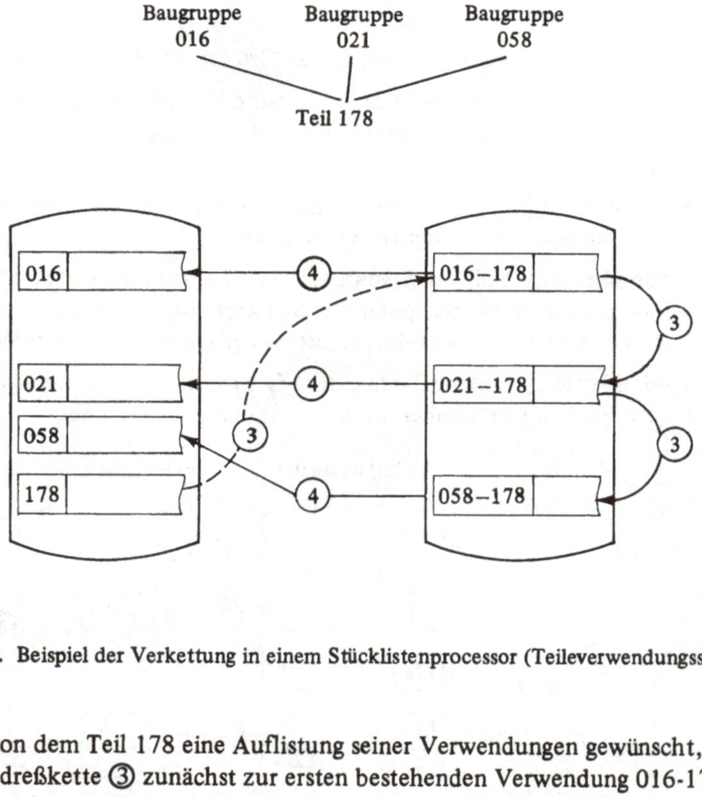

Abb. 7. Beispiel der Verkettung in einem Stücklistenprocessor (Teileverwendungsstruktur)

Wird von dem Teil 178 eine Auflistung seiner Verwendungen gewünscht, führt eine Adreßkette ③ zunächst zur ersten bestehenden Verwendung 016-178. Von ihr aus geht eine Folgeadresse zur zweiten und den weiteren Verwendungen dieses Teils. Von jedem der angesprochenen Struktursätze aus besteht die Möglichkeit, den Stammsatz zu der im Struktursatz enthaltenen übergeordneten Sachnummer aufzusuchen (Kette ④). Das ist notwendig, wenn in der Verwendungsliste auch Angaben enthalten sein sollen, die nicht im Struktursatz gespeichert sind, z. B. die Benennung der Verwendung oder die Angabe des Statusschlüssels.

3.13 Stücklisten- und Teileverwendungsausdrucke

Während für die Dateneingabe in die Stücklistenprocessoren die Baukastenform gefordert wird, ist es durch die Anwendung des Verkettungsprinzips möglich, als Ausgabe Stücklisten und Teileverwendungsnachweise in

Baukastenform
Strukturform und
Mengenübersichtsform zu gewinnen.

Teilweise enthalten die Modularprogramme Druckprogramme, die einen Ausdruck in einfacher Weise ermöglichen. Für betriebsindividuelle Formulargestaltungen sind allerdings einige Listenprogramme zu erstellen.

3.14 Zusätzliche Speicherung von Arbeitsplänen und Arbeitsplätzen

Bei den meisten modularen Fertigungsdatenbanken kann der Stücklistenprocessor um den Arbeitsplan erweitert werden.

Zwei Gründe sprechen dafür, auch den Arbeitsplan in die Dateiverkettung einzubeziehen:

- die Möglichkeit einer zusammengefaßten einmaligen Speicherung teileabhängiger Daten, die bei getrennter Dateiführung in der Stückliste und im Arbeitsplan gespeichert werden müssen,
- und die Notwendigkeit eines gleichzeitigen schnellen Zugriffs auf den Arbeitsplan, z. B. bei der Bedarfsermittlung unter simultaner Prüfung der Fertigungskapazität oder bei einer integrierten Vorkalkulation von Erzeugnissen.

Bei einer Erweiterung des Stücklistenprocessors um den Arbeitsplan wird dieser in einer zusätzlichen Strukturdatei (auch Kettdatei oder Verbindungsdatei genannt) eingespeichert wie die Stückliste. Die Kopfdaten des Arbeitsplans werden in den Teilestamm übernommen.

Für die Verknüpfung von Teilestamm- und Arbeitsgangdatei sind in jedem Teilestammsatz, zu dem ein Arbeitsplan vorhanden ist, zwei zusätzliche Adressen vorhanden:

- zur ersten Arbeitsgangposition Kette ⑤
- zur letzten Arbeitsgangposition Kette ⑥

Die Kette ⑥ ist notwendig, damit eine Rückwärtsterminierung durchgeführt werden kann.

Innerhalb der Arbeitsgangdatei und von dort zur Teilestammdatei bestehen folgende Adreßverkettungen:

- die Kette ⑤ führt vom ersten Arbeitsgang eines Arbeitsplans zu den Folgearbeitsgängen
- die Kette ⑥ führt vom letzten Arbeitsgang rückwärts bis zum ersten Arbeitsgang eines Arbeitsplans
- von jedem Arbeitsgang führt eine Adreßverkettung zum zugehörigen Teilestammsatz (Kette ⑦)

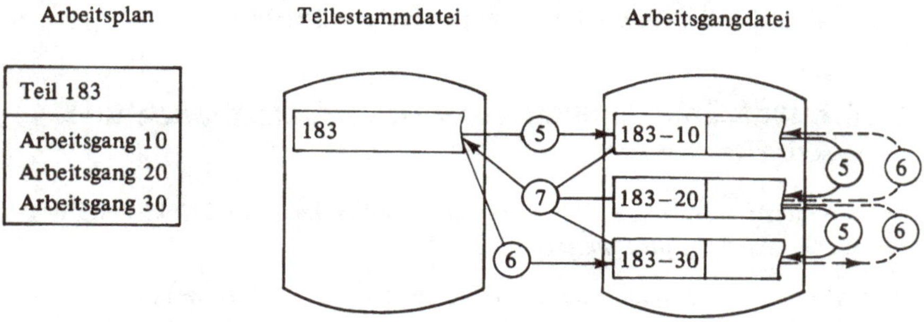

Abb. 8. Verkettungen zwischen Teilestamm- und Arbeitsgangdatei

Auf eine Speicherung der Materialzeile des Arbeitsplans kann beim Einsatz des Arbeitsplanprocessors verzichtet werden. Für den Ausdruck kann die entsprechende Zeile der Stücklistenstrukturdatei entnommen werden. Durch diese Maßnahme läßt sich auch der Änderungsdienst bei Werkstoffen vereinfachen.

Als vierte Datei läßt sich schließlich an die Datenbank eine *Arbeitsplatzdatei* anschließen. Sie enthält meist nur die für eine Fertigungssteuerung notwendigen Arbeitsplatzgruppen. Überwiegend führt die Datei heute noch die Bezeichnung Maschinengruppendatei. Bei der Maschinengruppendatei handelt es sich ebenso wie bei der Teiledatei um eine Stammdatei mit logisch fortlaufender Satzfolge. Sie ist im Gegensatz zur Teilestammdatei in ihrem Umfang gering.

In der Arbeitsplatz-Stammdatei sind alle Informationen zusammengefaßt, die sich auf eine Arbeitsplatzgruppe bzw. einen Einzelarbeitsplatz beziehen. Beim Einsatz einer Arbeitsplatzdatei führt vom Arbeitsgangsatz eine Adreßkette zum zugehörigen Arbeitsplatz-Stammsatz. Auf diese Weise lassen sich die Arbeitsplatzgruppennummer und bei Bedarf zusätzlich arbeitsplatzbezogene Angaben im Arbeitsplan anschreiben. Eine weitere Verkettung, die vom Arbeitsplatzsatz ausgeht, verbindet alle Arbeitsgänge von Arbeitsplänen, bei denen diese Arbeitsplatzgruppe verwendet wird. So läßt sich ein Arbeitsplatz-Verwendungsnachweis ausdrucken.

3.2 Übersicht über die Modularprogramme zum Aufbau einer Fertigungsdatenbank

Jeder Hersteller mittlerer und größerer Computersysteme bietet heute Modularprogramme zur Speicherung von Stücklisten und Arbeitsplänen an. Einen Überblick über eine Reihe dieser Programme gibt die folgende tabellarische Übersicht.

Firmenname	Bezeichnung des Stücklistenprocessors	Bemerkungen
Honeywell Bull	MIACS 50	für Serie 50, Modell 58
	MIACS 100	sequentielle Arbeitsplan- und Arbeitsplatzdatei
	MIACS 200/2000	
	MIACS 400/6000	Einsatz der Datenstrukturierungstechnik IDS
IBM	BOMP	Betriebssystem DOS
	MRP	Betriebssystem OS
	D-BOMP	Betriebssystem DOS
	CFMS	Betriebssystem OS
	Stücklistenprocessor 360-20	ohne Arbeitsplanverkettung
	Stücklistenprocessor System /3	
ICL	PLUTO	
	NIMMS-PLUTO	Stücklistenprocessor im Rahmen des NIMMS-Systems
NCR	Stücklistenprocessor in IMMAC	
NIXDORF	Stücklistenprocessor	
PHILIPS	PRYNSIS	
SIEMENS	BASIS 15/26	
	BASIS 35	sequentielle Arbeitsplanorganisation
UNIVAC	UNIBOSS	sequentielle Organisation
	UNIBORS	

3.3 Hinweise auf Besonderheiten der Stücklisten- und Arbeitsplanprocessoren

Nachdem wir die allgemeinen Prinzipien der Stücklisten- und Arbeitsplanprocessoren gemeinsam in Abschnitt 3.1 besprochen haben, soll in den folgenden

Absätzen nur noch auf einige Besonderheiten der von der Informationsindustrie angebotenen Programmpakete zum Aufbau einer Fertigungsdatenbank hingewiesen werden.

3.31 Die Datenbankprogramme des MIACS-Systems (Honeywell Bull)

Die einzelnen MIACS-Versionen enthalten unterschiedlich gestaltete Datenbanken für die Produktionssteuerung. Insbesondere sind folgende Eigenschaften bemerkenswert:

MIACS 100[1]: Während das ehemalige LAMBDA noch eine sequentielle Stücklisten- und Arbeitsplanorganisation enthielt, ist in MIACS 100 die Erzeugnisstruktur mit der Teilestammdatei verkettet. Auch die Auftrags-/Bedarfsdatei kann auf Wunsch als Kettdatei zur Teilestammdatei aufgebaut werden. Sowohl die Arbeitsplan- als auch die Arbeitsplatzdatei sind sequentiell gespeichert. Die Datenbank von MIACS 100 kann außerdem eine jeweils indexsequentiell aufgebaute Kunden- und Lieferantenstammdatei enthalten.

MIACS 200[2]: enthält einen „normalen" Stücklisten- und Arbeitsplanprocessor, der jedoch einige bemerkenswerte Besonderheiten aufweist. Zusätzlich zu den üblichen Änderungsarten, also der Aufnahme, Änderung und Löschung einzelner Felder und Sätze in den angesprochenen Dateien ermöglicht MIACS 200 standardmäßig mit Hilfe einer jeweils zur Verfügung stehenden Anweisung folgende Änderungen:

- das Löschen einer kompletten Stückliste
- das Ersetzen eines Teils durch ein anderes in allen Stücklisten, in denen es verwendet wird
- das Kopieren einer kompletten Stückliste, die sich vom Original nur durch eine neue Teilenummer unterscheidet

Neben der indexsequentiellen Speicherung der Teilestamm- und Arbeitsplatzdatei erlaubt MIACS 200 auch eine Randomspeicherung mit Hilfe eines Adreßrechnungsverfahrens[3].

MIACS 200 enthält drei Ausbaustufen mit jeweils unterschiedlicher Beanspruchung des Arbeitsspeichers. Die zweite Ausbaustufe ermöglicht es, geänderte

[1] Vgl. Honeywell Bull, MIACS Gesamtkonzeption, a. a. O., S. 11.

[2] Vgl. Honeywell Bull, MIACS Gesamtsystem, a. a. O., S. 11; Honeywell Bull, MIACS PFM 200, Stücklisten- und Arbeitsplanverkettung, Systemeinführung, Ref.-Nr. 31 60 601 D, 1971.

[3] Dieses Verfahren birgt allerdings die übliche Gefahr einer Doppelbelegung von Speichersätzen.

Stücklisten-Strukturen einzuspeichern, die erst zu einem späteren Datum gültig werden (= zeitabhängige Strukturänderungen).

Die dritte Ausbaustufe ermöglicht die Arbeitsplanspeicherung. Die Arbeitsplatzdatei kann als Masterdatei mit den Arbeitsplänen verkettet werden. Doch kann der Benutzer sie auch als unabhängige indexsequentielle Datei führen. Neben der Speicherung von Standardarbeitsplänen ist eine Speicherung von Alternativplänen hinter den Standardplänen möglich. Inaktive Arbeitspläne, die vielleicht erst wieder zu einem späteren Zeitpunkt benötigt werden, können durch eine Inaktivierungsanweisung auf ein Magnetband umgespeichert werden.

MIACS 400/6000[4] verwendet zur Speicherung von Stücklisten und Arbeitsplänen die Datenstrukturierungstechnik des IDS (integrierte Datenspeicherung). Es handelt sich um ein hierarchisch strukturiertes Datenmanagementsystem, das Ähnlichkeit mit den IMS-Datenbanksystemen aufweist. MIACS enthält zwei nach Verarbeitungsgesichtspunkten organisierte integrierte Dateien:

- eine Datenbank für Teilestammdaten, Stücklisten und Auftrags-/Bedarfsdaten und
- eine Datenbank für Arbeitspläne, Arbeitsplätze und Werkstattaufträge

IDS ist ein Mittelding zwischen System- und Anwendungssoftware und seit mehreren Jahren in einer Reihe von Firmen im Einsatz[5].

[4] Vgl. Honeywell Bull, MIACS Gesamtorganisation, a. a. O., S. 12. Einen Überblick über IDS geben die Schriften: IDS-Einführung, Ref.-Nr. 18 12 080 D; Klaus Schauff, Datenbankmanagement mit IDS, B-GE-Schriften 4, Herausgeber Bull General Electric, Köln 1970.

[5] Ein Anwender, der seine Stücklisten- und Arbeitsplanorganisation mit Hilfe von IDS (im Rahmen des General Electric-Modularprogramms GEPEX) gespeichert hat, ist die Firma FAG Kugelfischer Georg Schäfer & Co. in Schweinfurt. Zur Einführung des GEPEX-Systems und zu den Möglichkeiten und Erfahrungen mit IDS wird folgendes festgestellt: „Dabei konnte die logische Struktur dieses Programms im wesentlichen übernommen werden, während bei der Entwicklung der Ausführungsprogramme umfangreiche Modifikationen der ursprünglichen Modularprogramme unvermeidbar gewesen sind. Ein wesentlicher Teil der erwähnten logischen Struktur – die bei dem Aufbau unseres Systems von großem Nutzen gewesen ist – ist der Aufbau einer Datenbank in IDS. Dieses Speichersystem erlaubt den Aufbau von Dateien für direkten Zugriff und gibt die Möglichkeit, Redundanz der Daten durch Verkettung der Informationen weitgehend zu vermeiden.
Darüber hinaus ermöglicht IDS durchaus auch das sequentielle Verarbeiten der abgespeicherten Daten, soweit dies bei den einzelnen Arbeitsabläufen vonnöten ist (bei der FAG-Stücklisten-Organisation beispielsweise für den Material- und Teilenachweis).
Der Umfang einer IDS-Datei ist an sich nicht limitiert. Eine IDS-Datei kann beliebig in verschiedenen Ebenen erweitert werden und findet ihre Grenzen nur in der möglichen Speicherkapazität und ggfs. in den Verarbeitungszeiten, die sich bei zu umfangreichen, miteinander verketteten Dateien ergeben können"
Quelle: *Hermann Köhler*, Stücklisten- und Arbeitsplanorganisation bei FAG Kugelfischer Georg Schäfer & Co. in Schweinfurt, Bull General Electric, Information 44, 1969, S. 29 ff.

3.32 Die Datenbankprogramme der Firma IBM

IBM bietet für die verschiedenen Computertypen eine Reihe von Stücklistenprocessoren an, die alle vom Verkettungsprinzip Gebrauch machen. Von IBM stammt der bekannteste der Stücklistenprocessoren, der sog. BOMP[6]. Er umfaßt die Speicherung der Stückliste und des Arbeitsplans und bildete die Basis für den Einsatz von MOSCOR/MINCOS. Er kann auch bei der Verwendung der PICS-Materialwirtschaftsprogramme als Grundlage dienen. Der BOMP läßt sich für Datenverarbeitungssysteme ab der Größenordnung 360-25 einsetzen.

Für die Speicherung der Stücklisten beim Einsatz eines Datenverarbeitungssystems 360-20 schuf IBM den BOMP 20[7]. Der Umfang der Datenbank des BOMP 20 beschränkt sich auf die Teilestamm- und Stücklistendatei. Bei dem meist geringen Fassungsvermögen der an die 360-20 angeschlossenen Magnetplatten ist diese Beschränkung der Software verständlich.

Für die mit Magnetplatten ausgerüsteten EDV-Anlagen des Systems /3 stellte IBM einen Stücklistenprocessor vor, der im Gegensatz zu früheren Modularprogrammen in RPG 2 geschrieben worden ist[8]. Er umfaßt die Stückliste und den Arbeitsplan. Die Anwendung einer problemorientierten Programmiersprache ermöglicht eine etwas einfachere Anpassung und Änderung der Programmroutinen gegenüber den früheren Assembler-Programmen.

Erweiterte Möglichkeiten gegenüber dem BOMP bietet der D-BOMP. Er enthält mehr Verkettungsmöglichkeiten als der BOMP und erlaubt den Einsatz einer Unterstammdatei. Während der D-BOMP vom DOS-Betriebssystem unterstützt wird, läuft der CFMS-Processor unter dem OS-Betriebssystem ab. Bei beiden Processoren ist der Teilestammdatei eine Indexdatei vorgeschaltet. Sie enthält nur die Sachnummer und die Adresse zu dem in diesem Fall im direkten Randomverfahren gespeicherten Teilestammsatz. Die Indexdatei benötigt nur wenig Speicherplatz und bringt zwei Vorteile:

- einen schnelleren Zugriff auf die Teilestammdaten und
- den Verzicht auf die erforderliche periodische Reorganisation der umfangreichen Teilestammdatei.

[6] Literatur: IBM System /360 Stücklistenprocessor, Programmbeschreibung, IBM Form 80 692-0.

[7] Literatur: IBM System /360 Modell 20, Stücklistenprocessor, Anwendungsbeschreibung, IBM Form 80 714-1.

[8] Vgl. IBM System /3, Stücklistenprocessor, Anwendungsbeschreibung, Programmnummer 5702-M 41, IBM Form H 12-3022-0.

3.33 Der Stücklisten- und Arbeitsplanprocessor PRINSYS (Philips)

Das Programmpaket PRINSYS wurde für die P/1000 Serie entwickelt und ist vollständig programmiert[9].

Mit PRINSYS können folgende Dateien verwendet werden:

eine Teileindexdatei
eine Teilestammdatei
eine Erzeugnisstrukturdatei
eine Lieferantenindexdatei
eine Lieferantenstammdatei und
eine Lieferantenstrukturdatei

Die Lieferantenstamm- und Lieferantenstrukturdatei entsprechen der Arbeitsplatz- und Arbeitsgangdatei anderer Softwarehersteller. Grundsätzlich können in diesen beiden Dateien Informationen über Bezüge von der Eigenfertigung oder von fremden Lieferanten enthalten sein. So kann bei Philips ein Lieferantenstruktursatz Arbeitsgangdaten oder Einkaufs- und Lieferbedingungen enthalten.

Den beiden Stammdateien sind Indexdateien vorgeschaltet. Die in ihnen enthaltenen Informationen werden automatisch vom Programm zu jedem Stammsatz erstellt. Der Vorteil einer zusätzlichen Indexdatei liegt im schnelleren Zugriff zu der Teile- und Lieferantenstammdatei. Außerdem entfällt dadurch die Reorganisation dieser großen Dateien.

3.34 Die Datenbankprogramme der Firma Siemens

Neben einem Stücklistenprocessor für kleine Datenverarbeitungssysteme[10] der Computerserie 4004 hat Siemens für das BASIS-System 4004-35 eine Datenbank vorgesehen, die teilweise von dem geschilderten Prinzip der Stücklistenprocessoren abweicht[11].

[9] Vgl. Philips P/1000, Production Information System, Dok.-Nr. 5 112 900 10053, Düsseldorf 1971; vgl. Philips, Production Information System PRINSYS, Dok.-Nr. 5112 900 004, 1971.

[10] *J. Franzel, J. Kiesel,* BASIS 4004/15 bis 26, Verfahren und Dateiorganisation der Stücklistenverwaltung, Siemens AG, Bestellnummer 2-2600-836, Schriftenreihe data praxis.

[11] Literatur: *Kuner* u. a., BASIS-ST 4004/35 bis 55, Programmkreis für die Stücklistenverwaltung, Siemens AG, Bestellnummer D 14/4035, Schriftenreihe data praxis; *P. S. Pütter, P. Ruetz, M. Schliep,* BASIS-AN 4004/35 bis 55, Programmkreis für die Arbeitsplanverwaltung, Bestellnummer 2-2600-875, Schriftenreihe data praxis; *P. S. Pütter, P. Ruetz, M. Schliep,* BASIS-AZ 4004/35 bis 55, Programmkreis für die Arbeitsplatzverwaltung, Siemens AG, Bestellnummer 2-2600-877, Schriftenreihe data praxis.
Neben diesen Anwendungsbeschreibungen sind eine Reihe weiterer Schriften über Eingabeformate und umfangreiche Programmbeschreibungen herausgegeben worden.

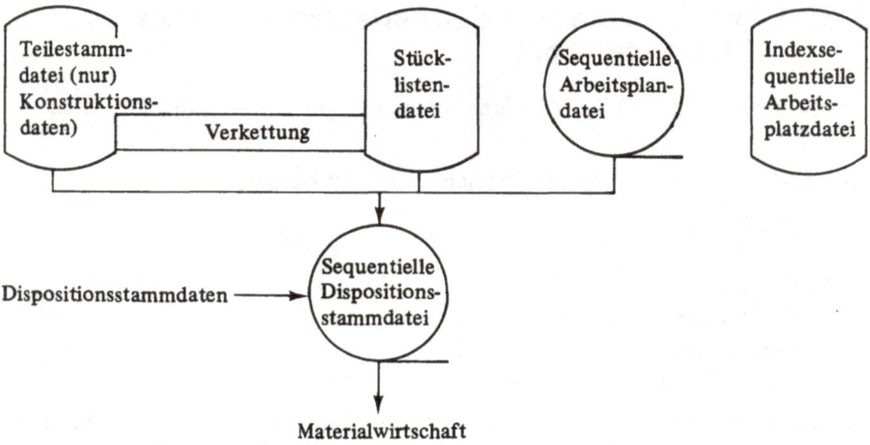

Abb. 9. Überblick über die Datenbank von BASIS 35

Für die technischen Teilestamm- und Stücklistendaten baut BASIS einen Stücklistenprocessor im üblichen Sinn auf. Dagegen werden die Arbeitspläne für die Auswertungsprogramme auf einer sequentiellen Datei zur Verfügung gestellt. In einer unverbundenen indexsequentiellen Datei werden die Arbeitsplätze geführt. Zur Abwicklung der Programme der Materialwirtschaft wird nur die sequentielle Dispositionsstammdatei verwendet. Sie übernimmt vom Stücklistenprocessor die gesamten Stücklistenstrukturen, so daß während der Programmabläufe ein Rückgriff auf die Stücklistendatenbank nicht mehr erforderlich ist.

3.35 Die Datenbankprogramme der Firma UNIVAC

Der von UNIVAC angebotene Stücklistenprocessor UNIBORS ist für die Serie 9000 entwickelt worden[12]. Für seinen Einsatz sind Direktzugriffsspeicher notwendig. Im Gegensatz dazu liegt dem zuvor schon angebotenen Stücklistenprocessor UNIBOSS eine sequentielle Ablauforganisation zugrunde.

Die Anpassung von UNIBORS an die spezifischen Kundenverhältnisse erfolgt mittels Parameterkarten. In der Wahl der Ein- und Ausgabegeräte ist der Benutzer frei. Er kann also neben einer Eingabe über Lochkarten auch Lochstreifen, Bildschirmgeräte, Magnetbanderfassungsgeräte u. ä. wählen. Für die Datenein- und -ausgabe sind die Unterprogramme vom Anwender zu erstellen.

Der Stücklistenprocessor UNIBORS kennt maximal 5 Verkettungen:

– eine Kette der freien Speicherplätze in der Strukturdatei

[12] Vgl. *H. W. Emmert,* UNIVAC Stücklistenprocessor UNIBORS, BA 15 400, Frankfurt/Main 1970.

- eine Stücklistenkette vom Teilestammsatz durch die zugehörigen Stücklistenpositionen
- eine Teileverwendungskette vorwärts und auch rückwärts (die letztere für den Änderungsdienst)
- eine Aktivitätskette für die Erstellung von Übersichtsstücklisten und -verwendungsnachweisen.

Neben den üblichen Funktionen eines Stücklistenprocessors läßt UNIBORS auch eine sog. generelle Änderung zu, d. h., die Durchführung von Änderungen an allen Sätzen einer Strukturdatei, die eine bestimmte Teilenummer enthalten. Daneben ist eine Duplizierung einer bestehenden Stückliste möglich. Diese Möglichkeit soll hauptsächlich zur Einspeicherung neuer Variantenstücklisten dienen, die sich von bestehenden Stücklisten nur durch eine neue Stücklistennummer und wenige Strukturänderungen unterscheiden.

3.4 Bisherige Erfahrungen mit Stücklistenprocessoren und typische Einsatzprobleme

Die Datenverkettung nach dem Prinzip des Stücklistenprocessors hat sich besonders für Betriebe mit einem mittleren Datengerüst als brauchbares Instrument zur Speicherung der Fertigungsstammdaten erwiesen. Stücklistenprocessoren sind seit Jahren in zahlreichen Unternehmen der verschiedensten Branchen und Erzeugnistypen im Einsatz. Nach einer Schätzung des Verfassers dürften 250 bis 300 Firmen im deutschsprachigen Raum Modularprogramme der Stücklistenorganisation im Einsatz haben.

3.41 Hauptsächliche Erfahrungen beim Einsatz einer Fertigungsstammdatenbank mit Modularprogrammen

Gegenüber Eigenprogrammen, welche ohne Datenverkettung ablaufen, haben sich beim Einsatz modularer Datenbanksysteme folgende Vorteile gezeigt:

- Vermeidung einer redundanten Datenspeicherung in mehreren Dateien
- ein schnellerer Zugriff zu den Stücklistenpositionen
- die Möglichkeit einer kombinierten Abfrage aus mehreren Dateien

- der Einsatz der sich auf den Stücklistenprocessoren aufbauenden modularen Auswertungsprogramme[13]

Der zuletzt genannte Gesichtspunkt steht nicht selten im Vordergrund. Bei geringer Zugriffshäufigkeit auf die gespeicherten Datenbestände sind die Zeiteinsparungen gegenüber indexsequentiell organisierten Dateien (Teilestamm- und Stücklistendatei) gering. Der Dateiaufbau mit Hilfe der Modularprogramme ist in solchen Fällen weniger flexibel als mit Eigenprogrammen.

Außerhalb der Fertigungsindustrie haben die Stücklistenprocessoren auch Eingang in anderen Industriezweigen gefunden, z. B. in der chemischen Industrie und in der Nahrungs- und Genußmittelbranche[14]. Dort liegen ähnliche Verhältnisse vor, insbesondere ein mehrstufiger Aufbau der Produktstruktur.

Das Prinzip der Datenspeicherung, wie es beim Stücklistenprocessor angewendet wird, läßt sich auch auf völlig andersgestalteten Gebieten einsetzen, z. B. in der Kostenrechnung, in der Buchhaltung oder im Einkauf. Wegen der allgemeinen Anwendbarkeit der Modularprogramme zur Speicherung der Fertigungsstammdaten finden wir sie auch immer wieder dort im Einsatz, wo für die darauf aufbauenden Programme der Bedarfsermittlung und Fertigungssteuerung selbsterstellte Programme verwendet werden.

Wesentlich weniger häufig als auf Modularprogramme zur Speicherung von Stücklisten stoßen wir bis heute auf Arbeitsplanprocessoren. Dafür sind eine Reihe von Ursachen möglich:

- In den meisten Unternehmen liegt die Priorität bei der Einführung einer elektronischen Produktionsplanung und -steuerung auf dem Sektor der Materialwirtschaft, so daß die Umstellung des Arbeitsplans weniger dringlich ist.
- In den älteren Modularkonzeptionen greifen die Programme des Terminwesens noch nicht auf den Arbeitsplanprocessor zurück, so daß er keine unabdingbare Voraussetzung darstellte.

[13] So schreibt z. B. *H. Mayer* zum Zweck des Stücklistenprocessoreinsatzes in drei Werken der Bosch-Gruppe: „Um einen zweckmäßig aufgebauten Stücklisten-Datenbestand zu bekommen, der vielseitig ausgewertet und bearbeitet werden kann, wurde dem Stücklistenprocessor gegenüber eigenen Programmen der Vorzug gegeben. Außerdem fiel ins Gewicht, daß nur der MRP die Verwendung weiterer Modularprogramme auf dem Sektor der Materialplanung ermöglicht". *Helmut Mayer,* Erfahrungen mit dem OS-Stücklistenprocessor MRP, in: IBM Nachrichten 203, Oktober 1970, S. 440 ff.

[14] Vgl. *Reiner Heieck,* Unifranck Lebensmittelwerke GmbH, Ludwigsburg, IBM-Modularprogramme für die Materialwirtschaft eines Unternehmens der Nahrungsmittelindustrie, in: IBM-Nachrichten 203, Oktober 1970, S. 428 ff.; vgl. *Horst Rittenbruch,* Anwendung der Modularprogramme BOMP, MOSCOR und MINCOS in der Firma W. Woelm, Fabrik chemisch-pharmazeutischer Präparate, Eschwege, in: IBM-Nachrichten 201, Juni 1970, S. 221 ff.

– Der Aufbau einer elektronischen Arbeitsplanorganisation ist meist sehr langwierig und zeitaufwendig, so daß häufig „halbmaschinelle" Lösungen mit Hilfe von Lochstreifen als Ausgangsbasis für eine elektronische Terminierung und Fertigungsüberwachung gewählt wurden.

Es ist anzunehmen, daß durch das Angebot integrierter Modularkonzeptionen (z. B. PICS, MIACS) künftig eine wesentlich größere Zahl von Unternehmen als bisher auf den Arbeitsplanprocessor zurückgreifen wird.

3.42 Schwachstellen und Probleme beim Einsatz von Stücklistenprocessoren

Mit wenigen Ausnahmen stammen die bisherigen Erfahrungen beim Einsatz von modularen Fertigungsdatenbanken vom Einsatz des BOMP oder anderen Programmen, die im Aufbau dem BOMP entsprechen. Nur in geringem Umfang kann eine Beurteilung aufgrund der fortgeschritteneren und eleganteren Datenbanken erfolgen, wie sie in neuerer Zeit im Rahmen integrierter Modularkonzeptionen angeboten werden (D-BOMP, MIACS, PRINSYS u. ä.). Die Hinweise auf Schwachstellen und Probleme beziehen sich überwiegend auf die bisherigen einfacheren Datenbanken mit ihren geringeren Verkettungsmöglichkeiten.

Stücklistenprocessoren eignen sich nur zur Speicherung wenig bewegter Stammdateien. Zahlreiche Zu- und Abgänge von Teilestammsätzen verlängern die Laufzeiten und führen zu einer häufigen Reorganisation der Datei, die ebenfalls sehr zeitaufwenig ist.

Hohe Zugriffszeiten ergeben sich, wenn umfangreiche Auswertungen in synthetischer Richtung, d. h. mit Hilfe der Teileverwendungsnachweisketten durchgeführt werden. Dies liegt daran, daß die Verwendungen unregelmäßig gestreut in der Erzeugnisstrukturdatei gespeichert sind. Die gegenüber analytischen Auswertungen drei- bis viermal so hohen Auswertungszeiten, z. B. beim Ausdruck von Teileverwendungsnachweisen, haben in der Vergangenheit mehrfach dazu geführt, daß mit dem Stücklistenänderungsdienst eine getrennte sequentiell geführte Teileverwendungsdatei aufgebaut wurde. Bei der Möglichkeit eines Multiprogramming dürfte dieses Problem an Bedeutung verlieren.

In integrierten Konzeptionen der Produktionsplanung und -steuerung besteht häufig der Wunsch, über die vier Grunddateien eines Stücklisten- und Arbeitsplanprocessors hinaus weitere Dateien an die Datenbank anzuschließen. Beim BOMP beispielsweise ist dies deshalb nicht möglich, weil er nur zwei Strukturdateien zuläßt. Die Erfahrungen mit weiteren Dateien sind noch gering, wenn wir von der bei der PICS-Konzeption möglichen Unterteilestammdatei absehen. Bisher sind EDV-Fachleute überwiegend gegenüber umfangreichen Planungen eines Datenbankausbaus skeptisch. Sie verweisen auf einen hohen programmtechnischen Aufwand und voraussichtlich lange Programmlaufzeiten.

Der Wunsch nach einer Erweiterung der Fertigungsdatenbank geht meist in folgende Richtungen:

- Verweis auf eine Einzelarbeitsplatz-Strukturdatei, die von der Arbeitsplatzgruppendatei ausgeht. (Zweck: Fertigungsstatistiken, Anlagenbuchhaltung)
- Verweis auf eine Werkzeug- und Vorrichtungs-Strukturdatei und evtl. von dort aus auf eine Werkzeug- und Vorrichtungs-Stammdatei (Zweck: Verfügbarkeitskontrolle)
- Verweis gleicher Arbeitsgänge auf eine Arbeitsgangstammdatei (Rationalisierungsinstrument)
- Erweiterung des Stücklistenprocessors um zusätzliche Dateien für das Beschaffungswesen, z. B. eine Einkaufsartikeldatei, eine Einkaufsbestelldatei und eine Lieferantendatei

Beim bisherigen Entwicklungsstand der Stücklistenprocessoren kann ein zu starker Ausbau der Datenbank noch nicht empfohlen werden. Berichte in Fachzeitschriften über dieses Thema haben sich manchmal als etwas übereilt gegenüber dem schon vorliegenden Realisierungsgrad sehr kühner Konzeptionen erwiesen.

Nur bedingt eignet sich das Prinzip des Stücklistenprocessors auch für einen elektronischen Änderungsdienst über Terminals, die in den Arbeitsvorbereitungsabteilungen aufgestellt sind.

Unternehmen, bei denen die Hardwarevoraussetzungen vorliegen (Datenverarbeitungssysteme mit mindestens 256 KB) gehen in neuester Zeit teilweise wieder vom Stücklistenprocessor ab und verwenden zur Speicherung ihrer Fertigungsstammdaten moderne Datenmanagementsysteme, wie sie z. B. in den IMS-Konzeptionen vorliegen. Sie weisen gegenüber dem Stücklistenprocessor eine hierarchisch gegliederte Struktur auf. Sie bietet den Vorteil eines schnelleren direkten Zugriffs auf die Datensätze und eine freiere Verkettungsmöglichkeit der Daten. Das bringt z. B. Vorteile bei der Speicherung verschiedener historischer Änderungsstände von Sachnummern oder mehrerer Fertigungsmöglichkeiten, die unter bestimmten Bedingungen gleichzeitig bestehen. Allerdings ist es nach unserer Kenntnis bisher meist noch nicht möglich, auf der Grundlage von IMS-Systemen die auf den Stücklistenprocessor zugeschnittenen Auswertungsprogramme zum Einsatz zu bringen; eine Ausnahme bildet der Einsatz von IDS im Rahmen von MIACS 400/6000.

Die Datenverkettung des Stücklistenprocessors ist für eine umfangreiche Dokumentation historischer Änderungsstände weniger geeignet. Bei seinem Einsatz sollte der Grundsatz gelten, daß es sich bei Stücklistenprocessoren um ein Instrument der Fertigungssteuerung, aber nicht der Dokumentation handelt. Es ist zweckmäßig, Daten, die ein Anwender nicht mehr für die laufende Fertigung benötigt, zu Archivierungszwecken auf ein Dokumentationsband zu übernehmen und die Datenbank davon zu entlasten, wie das besonders bei Werken der Einmalfertigung auch mehrfach bereits gehandhabt wird.

Viele Betriebe stehen vor der Notwendigkeit, Variantenstücklisten abzuspeichern. Hierauf sind die meisten Datenbanken für die Speicherung von Stücklisten nicht ausreichend vorbereitet. Während sich für die Speicherung von Gleichteilestücklisten die erforderlichen Druckprogramme noch erstellen lassen, erhöhen sich die Schwierigkeiten bei der Speicherung von Plus-Minus-Stücklisten und von Typenstücklisten mit mehreren Mengenspalten. Bei Stücklistenprocessoren, welche nicht die Möglichkeit zulassen, eine 3. Strukturkette aufzubauen, können z. B. keine Varianten eines Arbeitsplans gespeichert und gezielt abgefragt werden. Eine brauchbare Lösung, die bereits mehrfach in der Praxis angewendet wird, bietet Siemens-BASIS für Variantentypen. Allerdings darf die maximale Zahl der Varianten nicht zu groß sein. Eine andere interessante Lösung ist im IMMAC-Modularprogrammsystem von NCR enthalten. Es ist zu empfehlen, daß sich die Computerhersteller wesentlich stärker als bisher der Lösung solcher allgemeiner Probleme widmen, die den Anwender sonst mit einem hohen Änderungsaufwand der Programme belasten[15].

3.5 Einführungsaufwand und Wirtschaftlichkeit einer modularen Fertigungsdatenbank

Die Umstellung der Stücklisten- und Arbeitsplanorganisation verursacht auch dann einen hohen Aufwand, wenn statt Eigenprogrammen Modularprogramme eingesetzt werden[16]. Meist werden die bei der Umstellung auftretenden Probleme bei der Projektplanung erheblich unterschätzt oder noch nicht ausreichend erkannt.

Die Grundvoraussetzung vor der Umstellung von Stücklisten und Arbeitsplänen ist die Kenntnis der zu erreichenden Ziele. Realistische Zielsetzungen müssen

[15] Siehe hierzu den Bericht von *Helmut Mayer*, Erfahrungen mit dem OS-Stücklistenprocessor MRP, a. a. O. Um die Eingabe von Variantenstücklisten in das Datenbanksystem und einen vom Aufwand her tragbaren Änderungsdienst zu ermöglichen, wurden im Stammdatenbereich zwei zusätzliche Verkettungen geschaffen. Sie verbinden vorwärts und rückwärts die Grundmodelle mit ihren Varianten, wobei letztere als Komplettstücklisten eingespeichert wurden.
Einige Möglichkeiten der Speicherung von Varianten bei Anwendern von Stücklistenprocessoren sind enthalten in: *Dietrich Claassen*, Variantenstücklisten mit BOMP in: IBM-Nachrichten 193, Februar 1969, S. 530 ff.

[16] Ausführlicher dargestellt sind Organisationsfragen im Buch des Verfassers: Elektronische Stücklisten- und Arbeitsplanorganisation, Forkelverlag, Stuttgart 197_.

zuvor in einer gründlichen Betriebsanalyse und einer sich anschließenden Rahmenkonzeption erarbeitet werden. Nur auf dieser Grundlage läßt sich als nächster Verfeinerungsschritt als Fundament eines Planungs- und Steuerungssystems eine Fertigungsdatenbank schrittweise aufbauen.

Der Umstellungsaufwand darf auf keinen Fall vom Planungsteam pauschal geschätzt werden. Er sollte für jede Datei getrennt gesehen und aus möglichst kleinen Arbeitsschritten errechnet werden. Die Anpassung der Programme stellt hierbei nur einen Bruchteil der Arbeiten dar. Beim Aufbau der Teilestammdatei liegt der umfangreichste Zeitaufwand in der Festlegung der Datenfelder für die auswertenden Bereiche Konstruktion und Normung, Disposition, Rechnungswesen und Einkauf.

Bei der Umstellung des Stücklistenwesens ist entscheidend, ob bereits ein einheitlicher, für den Einsatz des Stücklistenprocessors brauchbarer Stücklistentyp vorhanden ist. Viel Zeit kann eine Neuordnung des Freigabe- und Änderungswesens verursachen oder die Lösung von Variantenproblemen, wenn das Unternehmen weiterhin Varianten führen will.

Bei der Umstellung der Arbeitspläne ist für die Höhe des Umstellungsaufwands entscheidend, ob die Arbeitsgang-Reihenfolge und der Zeitenaufbau in den Arbeitsplänen für die geplanten EDV-Auswertungen ausreichen. Bereinigungen der Pläne sind sehr aufwendig. Je Arbeitsplan wird nicht selten eine volle Stunde benötigt, um ihn für eine Umstellung aufzubereiten.

Dem Aufbau einer Arbeitsplatzdatei muß die Festlegung einer zweckmäßigen Arbeitsplatznummer vorausgehen. Der übrige Aufbau der Arbeitsplatzdatei kostet gegenüber den anderen Stammdateien nicht so viel Zeit.

Der Systementwurf für eine Teilestamm- und Stücklistendatei stellt überwiegend ein gemeinsames Umstellungsprojekt dar. Der Personal- und Zeitaufwand entspricht bei der Systemanalyse und EDV-Organisation etwa dem Einsatz selbsterstellter Programme. Bei der Programmierung ist der Aufwand im Durchschnitt um etwa ein Drittel niedriger. Eine Projektgruppe sollte aus einem Systemanalytiker, einem Organisationsassistenten (oder Büroorganisator), einem zeitweilig in der Projektgruppe mitarbeitenden Sachbearbeiter des Stücklistenwesens und einem bis zwei Programmierern bestehen. Meist zieht sich ein Projekt über 6–10 Monate hin. Wir warnen davor, die Umstellungszeit wesentlich kürzer anzusetzen, weil die Ergebnisse damit nach den vorliegenden Erfahrungen oft unzureichend sind oder nachträgliche Verlängerungen des Projekts zur Lösung nicht erkannter Probleme an der Tagesordnung sind.

Für die Umstellung einer Arbeitsplanorganisation ist der Organisations- und Programmierungsaufwand meist etwas geringer. Wesentlich länger dauert allerdings die Datenaufbereitung und -bereinigung, die von speziellen Mitarbeitern außerhalb der Projektgruppen durchgeführt werden muß und wofür allgemeine Zeitschätzungen nicht möglich sind.

Der Aufbau einer elektronischen Fertigungsstammdatenbank bringt noch keine unmittelbare Wirtschaftlichkeit. Der Umstellungsaufwand ist fast immer erheblich höher als die Vorteile, die sich z. B. aus einer Durchforstung der vorhandenen Organisation oder den sich aus den gespeicherten Unterlagen möglichen Auswertungen ergeben können. Allerdings darf die Frage der Wirtschaftlichkeit einer Fertigungsdatenbank auch nur im Zusammenhang mit den Folgeprojekten gestellt werden. Lediglich zur Speicherung der Stammdaten ohne wesentliche darüberhinausgehende Auswertungen wäre der Einsatz eines Stücklisten- und Arbeitsplanprocessors bestimmt nicht lohnend.

3.6 Checkliste zur Prüfung der Voraussetzungen und Einsatzmöglichkeiten für Datenbankprogramme

Große Schwierigkeiten bereitet vor einer Umstellung die Frage, welche Probleme überhaupt voraussichtlich auf einen Betrieb zukommen werden und welche Punkte bei einer Einsatzplanung überprüft werden müssen. Für systematische Hinweise haben sich sogenannte Checklisten bewährt. Sie beinhalten typische Schwerpunkte, Probleme, Schwachstellen und Arbeiten, die besonders bei einer Terminplanung zu beachten sind, da sie den Zeitplan und Personalaufwand wesentlich beeinflussen können.

Es ist zu empfehlen, die Fragelisten bereits bei der Gesamtkonzeption durchzuarbeiten. Das ist deshalb zweckmäßig, weil zu diesem Zeitpunkt zumindest bereits geklärt werden muß, welche hauptsächlichen Probleme vorliegen und ob grundsätzlich eine Lösung innerhalb der vorgesehen maschinellen Datenverarbeitung mit Modularprogrammen möglich ist. Selbstverständlich wird man die Erarbeitung von Detaillösungen aus zeitlichen Gründen auf die nachfolgende Feinkonzeption verschieben.

Die folgende Checkliste enthält nicht nur Fragen zu Sachproblemen, die beim geplanten Einsatz von Modularprogrammen zu prüfen sind, sondern auch Hinweise auf Termine, Personal und allgemeine Voraussetzungen. Durch die Art der Fragestellung ermöglichen die folgenden Punkte auch einer wenig in EDV-Details geschulten Führungskraft, die Vollständigkeit von Vorschlägen, z. B. einer von einem Planungsteam vorgelegten Bereichskonzeption, zu beurteilen.

3.61 Fragebogen für die Teilestammdaten- und Stücklistenorganisation

01 Der Einsatz eines Stücklistenprocessors ist fast immer nur dann sinnvoll, wenn er die Basis für ein elektronisches System der Materialwirtschaft bilden soll. Bestehen hierüber konkrete Vorstellungen (Rahmenkonzeption und Terminseite)?

02 Ergeben sich nach Auffassung des Leiters der Konstruktion und der Arbeitsvorbereitung und der verantwortlichen Mitarbeiter dieser Stellen schwerwiegende Bedenken gegen die Umstellung der Fertigungsstammdaten auf EDV? Schriftliche Befragung! Sind sie stichhaltig? Lassen sie sich ausräumen?

03 Ist sich die Geschäftsleitung darüber im klaren, daß der Einsatz eines Stücklistenprocessors einen personellen Mehraufwand in den unmittelbar betroffenen Stellen mit sich bringen kann, der sich nur durch Übernahme von Folgegebieten kompensieren läßt?

04 Wäre unter Berücksichtigung des Datenumfangs und der Auswertungsmöglichkeiten eine einfachere sequentielle Stücklistenorganisation vorzuziehen? Welche Auswirkungen hätte dies auf die geplanten Folgeprogramme?

05 Ist die über das geplante Modularprogrammpaket vorliegende Literatur ausreichend, um Klarheit über die Programmfunktionen und die Anpassungsarbeiten zu gewinnen? Wann bestehen Möglichkeiten der Teilnahme an Schulungen beim Computerhersteller (meist programmorientierte Schulung) und bei Fachinstituten (meist problemorientierte Schulung)?

06 Ist ein Mitarbeiter (bzw. Projektteam) vorhanden, der während der Einführung des Stücklistenprocessors für die Durchführung der organisatorischen Aufgaben und die Programmanpassung zur Verfügung steht und für die Abwicklung die Verantwortung übernimmt? Ausreichende Kenntnis des Betriebs? Ausreichende Qualifikation?

07 Wer nimmt eine evtl. notwendige Stücklistenbereinigung und -vereinheitlichung vor? Terminliche Vorstellungen?

08 Ist an eine rechtzeitige Unterrichtung der Mitarbeiter der Linie über die vorgesehenen Umstellungsmaßnahmen und an eine Schulung der Mitarbeiter gedacht, welche bei der Umstellung mithelfen müssen (Kontaktleute, Datenbereinigungspersonal, künftige Sachbearbeiter in der Stammdaten- und Stücklistenorganisation)? Ist von seiten dieses Personenkreises mit einem wirksamen Widerstand gegen die vorgesehenen organisatorischen Umstellungsmaßnahmen zu rechnen?

09 Welche Wünsche des Rechnungswesens liegen vor? Verrechnungspreise, maschinelle Vorkalkulation usw.? Können die für eine Einspeicherung erforderlichen Daten von den Mitarbeitern des Rechnungswesens rechtzeitig geliefert

werden? Ergeben sich in diesem Zusammenhang Schwierigkeiten durch Mischbezug von Teilen?

10 Sind terminliche Vorstellungen für die Einführung einer elektronischen Stücklistenorganisation vorhanden? Sind sie realistisch? Darstellung in der Form eines Netzplans mit den gegenseitigen Abhängigkeiten.

11 Nach der Umstellung der Teilestammdaten- und Stücklistenorganisation sollte eine Koordinierung des Änderungsdienstes vorgenommen werden. Zweckmäßig wäre eine gemeinsame Änderungsstelle für Daten der Konstruktion, Disposition und des Rechnungswesens. Hält die Geschäftsleitung eine sinnvolle Lösung für möglich?

12 Ist das Unternehmen sich im klaren darüber, daß nur beim Aufbau eines systematischen, umfassenden und aktuellen Freigabe- und Änderungswesens für Teilestammdaten und Stücklistendaten eine elektronische Stücklistenorganisation funktionieren kann?

13 Mit welchen Maschinenlaufzeiten ist für die Testarbeiten bei der Übernahme der Daten, für die spätere Stücklistenverwaltung und für die Auswertungen zu rechnen? Wie wird die Verrechnung dieser Zeiten vorgenommen?

14 Reicht der zur Verfügung stehende Computer für den Einsatz des Stücklistenprocessors aus: Erforderlicher Umfang an Plattenspeicherkapazität? Arbeitsspeicherumfang? Freie Kapazität des Datenverarbeitungssystems?

15 Welchen Umfang haben die erforderlichen Auswertungsprogramme der Datenbankorganisation? Getrennter Ausweis für Organisation und Programmierung!

16 Existieren für den in Betracht gezogenen Stücklistenprocessor brauchbare Folgeprogramme der Materialwirtschaft und Vorkalkulation?

17 Soll ein Teilecode im Unternehmen aufgebaut werden? Inwieweit berührt er die Teilestammdatenorganisation? Sind hierfür Felder vorgesehen?

18 In welchem Umfang sind Systemberater der Computerfirma zu einer kostenlosen Mitarbeit bei der Anpassung des Programmpakets bereit? Inwieweit ist dies gegen Bezahlung notwendig und möglich? Sind überhaupt qualifizierte Systemanalytiker und Programmierer beim Computerhersteller vorhanden und zur erforderlichen Zeit greifbar? Schriftliche Festlegungen über den gewünschten Umfang und die Qualifikation der Unterstützung sind zweckmäßig.

19 Ist der vorgesehene Stücklistenprocessor bereits in anderen, ähnlich gelagerten Firmen eingeführt worden (Kinderkrankheiten jedes neuen Modularprogrammpakets!)?

Sachfragen

20 Welchen Umfang an Verkettungsmöglichkeiten bietet der Stücklistenprocessor? Reichen die Verkettungsmöglichkeiten für die weiteren Ausbaustufen der Fertigungsdatenbank aus?

21 Soll die Umstellung der Stücklisten gebietsweise vorgenommen werden? Wie werden in diesem Fall Mehrfachverwendungsteile während der Aufbauphase behandelt?

22 Liegen Mehrfachstücklisten (Typenstücklisten) vor? Können sie in der vorliegenden Form maschinell verarbeitet werden oder ist eine Umwandlung in Einzelstücklisten möglich?

23 Können nach einer Umstellung auf EDV die Neuerstellung und der Änderungsdienst für Teilestammdaten und Stücklisten mit ausreichender Aktualität durchgeführt werden? Vergleich mit der Gegenwart!

24 Welche Arbeitsverschiebungen ergeben sich in der Konstruktion und den sonstigen Stellen, welche sich mit Fragen der Teilestammdaten und Stücklisten beschäftigt haben? Feststellung durch eine Tätigkeitsanalyse oder in anderer einfacher Form.

25 Ist vorgesehen, daß zu einem späteren Zeitpunkt auf andere Modelle von Plattenspeichern übergegangen wird? Kann der Stücklistenprocessor auch auf diesen ablaufen?

26 Welche Speicherungsform wird für die einzelnen Dateien gewählt? Auswirkungen auf den Reorganisationsaufwand beachten!

27 Haben die vorliegenden Stücklisten eine Struktur, welche die Einspeicherung in Baukastenform möglich macht?

28 Liegt eine EDV-gerechte Sachnummer (Teilenummer) für Erzeugnisse, Baugruppen, Eigenfertigungs- und Einkaufsteile und Werkstoffe vor? Umfaßt sie alle Artikel und Materialien, die in die geplante maschinelle Organisation einbezogen werden sollen?

29 Wie sollen kundenbezogene Stücklisten, die sich aufgrund spezieller Kundenaufträge ergeben, behandelt werden? Sind Montagestücklisten möglich? Haben Erzeugnisse eine gemeinsame Erzeugnisnummer?

30 Welche Kontrollen enthält das Stücklistenprocessorprogramm? In welchem Umfang muß der Benutzer Eingabekontrollen hinzufügen? Voraussichtlicher Arbeitsaufwand?

31 Liegen Variantenstücklisten vor? Können sie in eine maschinell verarbeitbare Form gebracht werden? Organisatorischer und programmtechnischer Aufwand?

32 Bestehen Unterschiede zwischen der Konstruktions- und Fertigungsstückliste? Welche dieser Stücklisten soll auf EDV übernommen werden? Wie wirkt sich dies auf die gewünschten Stücklistenausdrucke, Verwendungsnachweise, Entnahmepapiere und die Materialbedarfsrechnung aus?

33 Müssen unterschiedliche Automationsstufen für eine bestimmte Teilenummer im maschinellen Ablauf berücksichtigt werden (unterschiedliche Materialkarten, unterschiedliche Arbeitspläne)? Wie kann dies von dem vorgesehenen Stücklistenprocessor bewältigt werden?

34 Wie wird der An- und Auslauf von Teilen abgewickelt? Lassen sich die angewandten Methoden auf EDV übertragen bzw. so vereinheitlichen, daß hierfür keine komplizierten maschinellen und manuellen Verfahren notwendig werden?

35 Wie läßt sich ein verwendungsbezogener Aufbrauch von Teilen steuern, wenn ein solcher im Betrieb nicht zu vermeiden ist?

36 Müssen für Ersatzteilaufträge historische Stücklistenänderungsstände berücksichtigt werden? Soll die Abwicklung in die maschinelle Verarbeitung einbezogen werden? Kann dies vom Stücklistenprocessor berücksichtigt werden?

37 Sollen Werkstoffe in den Stücklistenprocessor aufgenommen werden? Wenn nein: Wie soll die Bedarfsermittlung für Werkstoffe abgewickelt werden? Ist ein automatischer Zugriff zum gespeicherten Arbeitsplan möglich?

38 Ist die Zahl der aktiven Erzeugnisse, Baugruppen, Teile und Werkstoffe bekannt? Ist der Umfang des monatlichen Änderungsdienstes bekannt?

39 Kommen vorläufige Positionen vor, Probestoffe usw.?

40 Kommen übersprungene Gruppen vor? Wie können sie im Stücklistenprocessor verarbeitet werden?

41 Kommen in den Stücklisten Entweder-Oder-Positionen vor? Kommen Positionen vor, in denen keine Mengenangaben möglich sind? Kommen Positionen vor, in denen nur Maximalmengen angegeben werden können? Wie soll bei Variantenpositionen vorgegangen werden? Wie werden z. B. Blechstreifen, die aus Tafeln geschnitten werden, in den Stücklisten ausgewiesen?

42 Wie sollen Zubehörpositionen, die nicht montiert werden und Positionen, die nur für Ersatzteillieferungen benötigt werden, auf den Stücklisten vermerkt werden? Würden sich bei der Verarbeitung durch den Stücklistenprocessor Schwierigkeiten ergeben?

43 Kann bereits die endgültige Länge des Teilestammsatzes festgelegt werden? Wenn nein: Ist sich die Datenverarbeitungsstelle über den späteren Mehraufwand für die erforderlichen Programmänderungen (auch der Auswertungsprogramme!) im klaren und nimmt sie diesen in Kauf?

3.62 Fragebogen für die Arbeitsplan- und Arbeitsplatzorganisation

01 Wie beurteilen die Führungskräfte und verantwortlichen Sachbearbeiter der Arbeitsvorbereitung und Fertigung die Bestrebungen nach der Einführung einer maschinellen Arbeitsplanorganisation und der darauf beruhenden Auswertungsprogramme? Sind Bedenken, die von dieser Seite aus geäußert werden, berechtigt?

02 Ist für die vorgesehenen Aufgabenstellungen die Speicherung der Arbeitspläne in einem Arbeitsplanprocessor erforderlich und zweckmäßig?

03 Liegt für die Auswertungen, die aus dem Arbeitsplanprocessor gewonnen werden sollen, eine Gesamtkonzeption vor, so daß die Datenorganisation hierfür bereits aufgebaut werden kann?

04 Bestehen Unterlagen über den geplanten Arbeitsplanprocessor, die eine Anpassung an die Benutzerverhältnisse ermöglichen? Liegen die Unterlagen in deutscher Sprache vor? Wie steht es mit Schulungskursen? In welchen Intervallen finden die Kurse statt?

05 Welcher Arbeitsaufwand wird für die organisatorischen Arbeiten, die programmtechnische Anpassung an das Modularprogramm, die zusätzlichen Eigenprogramme, die Datenbereinigung und die Übernahme der Daten auf maschinell verarbeitbare Datenträger geschätzt? Sind die erforderlichen Mitarbeiter nach Qualifikation und Quantität vorhanden oder können rechtzeitig beschafft werden?

06 Ist der Einsatz eines Standard-Terminierungsprogramms vorgesehen? Welche Erfordernisse stellt es in bezug auf die Datenorganisation an die Arbeitspläne?

07 Ist das Datenvolumen an aktiven Arbeitsplänen ausreichend genau bekannt? Welche Zunahme wird in den nächsten 5 Jahren erwartet? Können die Daten auf den vorgesehenen Magnetplattenspeichern untergebracht werden? Welcher Plattenumfang wird für die maximalen Auswertungsprogramme benötigt?

08 Wer soll die Datenbereinigung und -aufbereitung vornehmen? Ist der Umfang dieser Arbeiten, der oft mehrere Mannjahre betragen kann, ungefähr bekannt und wird er akzeptiert? Oder soll eine „fließende Umstellung" vorgenommen werden, d. h. nur der für Fertigungsaufträge benötigte Arbeitsplan? Ist sich das Unternehmen allerdings darüber klar, daß eine solche sukzessive Bereinigung sich über mehrere Jahre hinweg erstreckt und zwischenzeitlich keine Auswertungen aus den Arbeitsplänen möglich sind?

09 Ist sich das Unternehmen darüber im klaren, daß eine sinnvolle maschinelle Terminierung und Kapazitätsplanung nur möglich ist, wenn das Zeiten-

gebäude des Arbeitsplans in Ordnung ist und ständig auf dem laufenden gehalten wird?

10 Liegen für die vorgesehenen Auswertungsprogramme (Terminierung, Kalkulation usw.) ebenfalls Modularprogramme vor oder sind solche erst von dem Softwarehersteller vorgesehen?

11 Wurden ausreichende Überlegungen angestellt, in welchem Umfang überhaupt für das Unternehmen eine maschinelle Zeitwirtschaft, insbesondere eine evtl. vorgesehene Feinterminierung möglich und von Nutzen sein kann? Würden sich vorhandene Betriebsprobleme mit den vorgesehenen Anwendungen lösen lassen?

12 Welche Forderungen des Rechnungswesens (automatische Kalkulation, Lohnabrechnung) müssen berücksichtigt werden? Wer ist für die Angabe der entsprechenden Datenfelder verantwortlich? Liegen die Daten rechtzeitig vor?

13 Bei welchen anderen Firmen ist der in Betracht gezogene Arbeitsplanprocessor bereits eingeführt? Welcher Einführungsaufwand fiel an? Sind sie mit der Mitarbeit der Computer- bzw. Softwarefirma bei der Einführung zufrieden gewesen?

14 In welchem Umfang ist eine kostenlose Mitarbeit von Systemberatern der Computerfirma bei der Einführung des Arbeitsplanprocessors gegeben? Besteht die Möglichkeit, darüberhinaus gegen Bezahlung qualifizierte Fachkräfte der Systemanalyse und Programmierung bei Bedarf vom Lieferanten des Modularprogramms zu erhalten? Mit welchen Wartezeiten muß dabei gerechnet werden?

Sachfragen

15 In welcher Häufigkeit soll der Änderungsdienst ablaufen? Ist die Disposition mit der vorgesehenen Frequenz einverstanden?

16 Mit welchen Maschinenlaufzeiten ist bei der Übernahme der Arbeitspläne und bei der Abwicklung der Verwaltungs- und Auswertungsprogramme zu rechnen? Ist auf der vorgesehenen Anlage in ausreichendem Umfang freie Kapazität vorhanden?

17 Welche Ausbaumöglichkeiten des Arbeitsplanprocessors sind vorhanden? Aufbau einer Arbeitsplatzdatei, einer Datei für Werkzeuge und Vorrichtungen, Arbeitsgangtextdatei usw.?

18 Welche Stamm- und Strukturdaten werden für die gewünschte Datenbank benötigt? Ist es möglich, sie aufgrund der maximalen Verkettungsmöglichkeiten des Modularprogramms aufzubauen?

19 Welche Arbeiten fallen heute, bezogen auf einen Monat, innerhalb der Arbeitsplanorganisation an? Welche Veränderung der Tätigkeitsverteilung

und des Tätigkeitsumfangs wird sich voraussichtlich durch die Umstellung auf EDV ergeben?

20 Reicht eine Arbeitsplatzgruppendatei aus oder soll sich die Datei auch auf Einzelarbeitsplätze erstrecken? Welcher Zweck könnte damit erreicht werden? Ist mit dem vorgesehenen Arbeitsplanprocessor eine Speicherung von Einzelarbeitsplätzen neben den gesamten Gruppen überhaupt möglich?

21 Sollen die Kontrollstellen in die Kalkulation und Terminierung einbezogen werden? Müssen in diesem Fall für die Kontrollarbeiten Vorgabezeiten festgelegt werden? Bestehen für die Kontrollstellen Kapazitätsprobleme, die ebenfalls zu berücksichtigen sind?

22 Kann der Änderungsdienst der Arbeitspläne mit dem Änderungsdienst der Stücklisten so koordiniert werden, daß stets nur aktuelle Arbeitspläne zur Verfügung stehen?

23 Besteht für Maschinengruppen eine brauchbare Verschlüsselung? Ist sie auch für die Anforderungen eines Kapazitätsterminierungsprogramms ausreichend?

24 Bestehen Sammelarbeitspläne, Verweisarbeitspläne und ähnliches? Können sie in eine maschinell verarbeitbare Form des Arbeitsplans gebracht werden?

25 Wie können innerhalb des vorgesehenen Arbeitsplan-Modularprogramms folgende Punkte berücksichtigt werden: Unterschiedliche Fertigungsarten (Automatisierungsgrade), Ausweicharbeitsgänge und Ausweichmaschinen?

26 Soll auch eine Bedarfsermittlung und Verfügbarkeitskontrolle für Werkzeuge und Vorrichtungen durchgeführt werden? Läßt sie sich mit dem vorgesehenen Modularprogramm realisieren?

27 Müssen bei der Terminierung Verknüpfungen zwischen Führungs- und Nebenteilen (auch Material und Werkzeuge) berücksichtigt werden? Wie können diese Verknüpfungssätze im Arbeitsplan berücksichtigt werden? Werden Verknüpfungen von dem vorgesehenen Terminierungsprogramm verarbeitet?

28 Kann der gesamte Arbeitsgangtext auf den Magnetspeicher übernommen werden? Wenn nein: In welcher Form sollen die Texte gespeichert werden? Umdruckverfahren? Gewährleistung des doppelten Änderungsdienstes?

29 Soll als Zwischenlösung vor dem Übergang der Arbeitsplanorganisation auf EDV der Änderungsdienst über Lochstreifenautomaten vorgenommen werden?

4. Betriebliche Materialwirtschaft mit Modularprogrammen

Der umfangreiche Bereich der Materialwirtschaft steht in vielen Industrieunternehmen im Mittelpunkt der betrieblichen Datenverarbeitung. Er ist mit den wichtigsten anderen Aufgabengebieten des Unternehmens eng verknüpft, z. B. mit der Kundenauftragsabwicklung, dem Terminwesen, der Kostenrechnung und der Buchhaltung. Teilweise empfängt die Materialwirtschaft von dort aus Daten, überwiegend ist sie aber der bedeutsamste Datenlieferant.

4.1 Zusammenhänge in der industriellen Materialwirtschaft

Die Verknüpfungen der Materialwirtschaft zu den anderen Betriebsbereichen gehen aus der folgenden Informationsflußskizze hervor. Sie zeigt neben dem Auftragsfluß auch den Rückfluß der Fertigmeldungen aus den Werkstätten in die drei vorgelagerten Bereiche der Fertigungssteuerung, Materialplanung und der Primärbedarfsführung. Um den Datenfluß der Rückmeldungen nicht zu verzögern, sollte eine gezielte Meldung zu den wartenden Empfängerbereichen erfolgen.

Die Programme der Materialwirtschaft erhalten ihre Daten im wesentlichen von der Kundenauftragsabwicklung und/oder einem Produktionsprogramm. Sie wandeln diesen Primärbedarf in einen Sekundärbedarf an Baugruppen, Teilen und Rohmaterial um und geben den Sekundärbedarf der Kaufteile an das Beschaffungswesen, den Sekundärbedarf der Eigenfertigungsteile an die Termin- und Kapazitätssteuerung weiter. Dort erfolgt eine Prüfung, ob die vorhandene Betriebskapazität zur Durchführung der Aufträge ausreicht. Notfalls können manuell oder über ein Kapazitätsausgleichsprogramm Belastungsverschiebungen vorgenommen werden. Vor der Erstellung der Werkstattpapiere kann einer Auftragsfreigabe eine Verfügbarkeitskontrolle vorgeschaltet werden. Sie kontrolliert, ob für die vorgesehenen Werkstattaufträge die erforderlichen Ausgangsteile zur rechten Zeit und in der erforderlichen Menge zur Verfügung stehen. Fertige Betriebsaufträge werden den Programmen der Materialwirtschaft unmittelbar von den Werkstätten zurückgemeldet.

Die betriebliche Materialwirtschaft zerfällt in eine Reihe unterschiedlicher Funktionen: Die Führung verschiedenartiger Bestände (Lager-, Bestell-, Vormerk- und evtl. Werkstattbestand), die Bedarfsvorhersage aus Vergangenheitsverbrauch bzw.

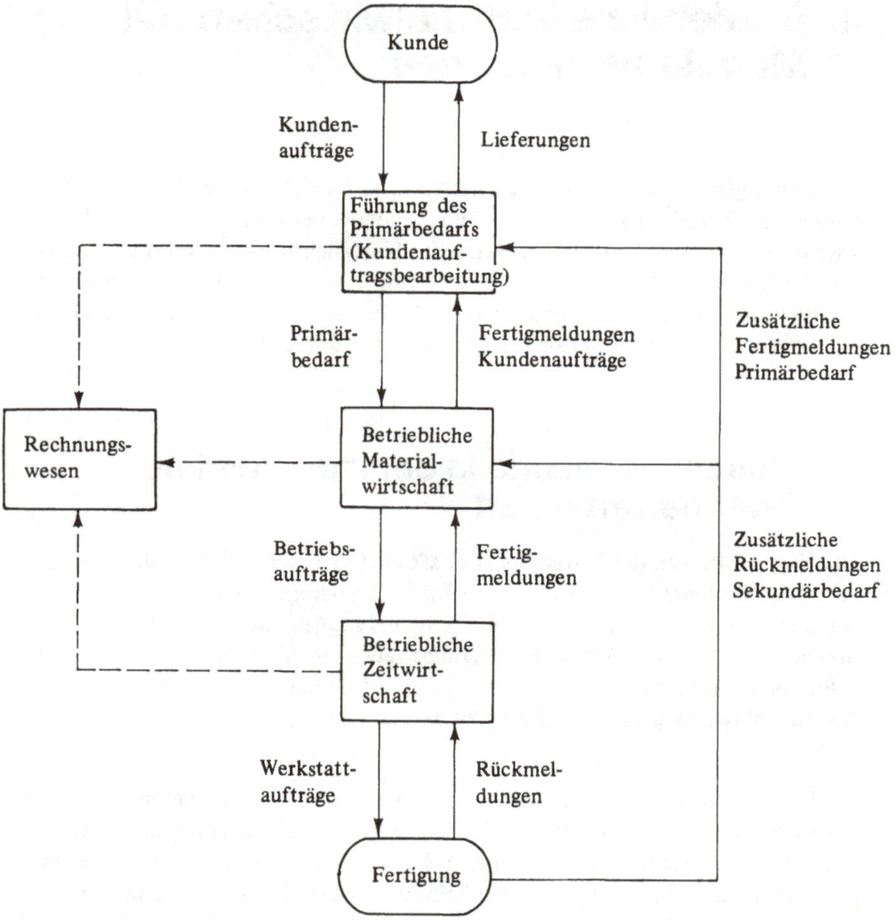

Abb. 10. Informationsfluß zwischen den wesentlichen Bereichen eines Industriebetriebs

die deterministische Bedarfsermittlung aufgrund von Stücklisten, die Disposition und evtl. eine Verfügbarkeitsrechnung.

Je nach den zur Verfügung stehenden Bedarfszahlen ist das Zusammenspiel der Funktionen der Materialwirtschaft sehr unterschiedlich. Wir kennen z. B. eine reine Verbrauchsplanung, die aus einem Bedarfsvorhersage-, Bestandsführungs- und Dispositionsprogramm besteht. Ihr steht eine Stücklistenauflösung mit Nettobedarfsermittlung gegenüber, bei der wiederum verschiedene Spielarten möglich sind. Schließlich kommt auch immer wieder eine gemischte Fertigungsdisposition vor. Die Verknüpfung wesentlicher Funktionen der Materialwirtschaft geht aus der Informationsflußübersicht in Abb. 11 hervor.

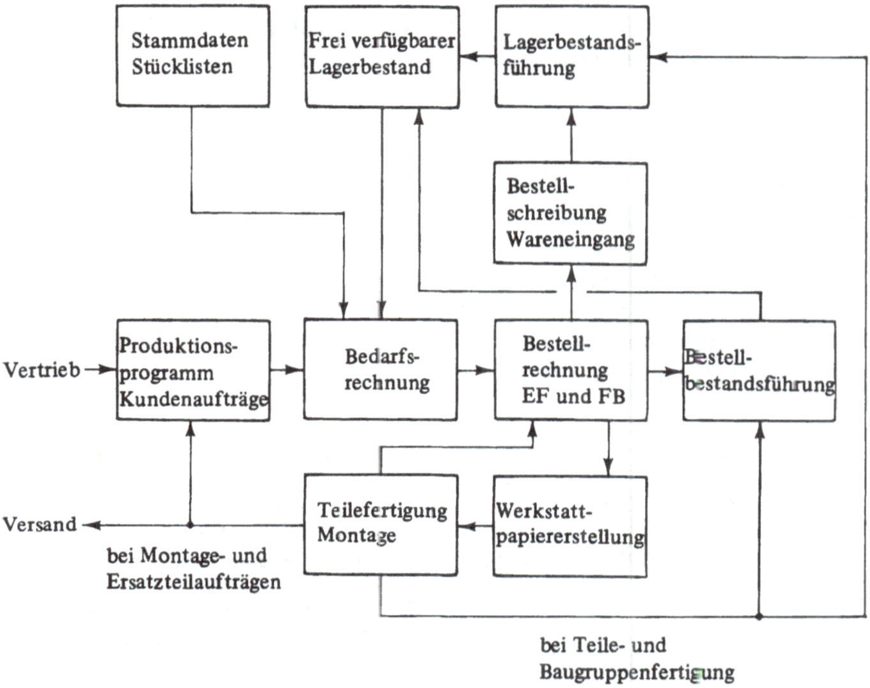

Abb. 11. Darstellung des Informationskreislaufs der Materialwirtschaft in einem mittleren Industriebetrieb. Vgl. *Bruno Grupp*, Elektronische Stücklisten- und Arbeitsplan-organisation, a. a. O., S. 191

Der Schwierigkeitsgrad der Materialwirtschaftsprogramme ist variabel, weshalb auch der Wert der angebotenen Standard- und Modularprogramme für jeden Betrieb eine unterschiedliche Bedeutung hat. Sehr wesentlich ist bei der Vielzahl der Programme, daß sie aufeinander abgestimmt sind und z. B. zwischen einer Stücklistenauflösung und der sich anschließenden Disposition ein nahtloser Übergang besteht.

Im Mittelpunkt der Programme steht die Nettobedarfsermittlung. Die Zweckmäßigkeit des Einsatzes von Modularprogrammen hängt in erster Linie davon ab, ob dieses Programm die Bedürfnisse eines Industriebetriebs abdeckt. Zur Prüfung dieses Sachverhalts ist eine exakte Problemanalyse unerläßlich. Ausschlaggebend für einen erfolgreichen Programmeinsatz ist gerade in der Fertigungsdisposition die Schaffung oft umfangreicher Voraussetzungen auf dem Gebiet der Betriebsorganisation: ein geordneter Belegfluß für die Lagerdisposition, sinnvolle Stücklisten zur Bedarfsermittlung und Überlegungen für zweckmäßige Bedarfsvorhersagemodelle.

4.2 Übersicht über die Modularprogramme der Materialwirtschaft

Die meisten Modular- und Standardprogramme, die von Computer- und Softwareherstellern für Industriebetriebe angeboten werden, beziehen sich auf Funktionen der Materialwirtschaft. Teilweise handelt es sich um Stand-Alone-Programme, die nur eine begrenzte Aufgabe erfüllen können, überwiegend jedoch um kleinere oder sogar umfangreiche Modularsysteme, bei denen zahlreiche Einzelprogramme aufeinander abgestimmt sind. Auch bei ähnlichen Bezeichnungen sind der Inhalt und die Anwendungsbreite der in der folgenden Tabelle aufgezählten Programmpakete oft sehr unterschiedlich.

Firmenname	Programmbezeichnung	Funktionen und Bemerkungen
Honeywell Bull	LOG	Modell für eine optimale Lagerhaltung
	MIACS 50, 100, 200/2000, 400/6000	Materialwirtschaftsprogramme des MIACS-Gesamtsystems, teilweise entsprechend den früheren Systemen LAMBDA, GEIMS, FACTOR und GEPEXS; Nettobedarfsermittlung, Bedarfsvorhersage und Disposition, Bestandsführung
IBM	MOSCOR	Brutto- und Nettobedarfsermittlung
	MINCOS	Als A- und B-Version auf dem Markt; A ist unabhängig von BOMP; MINCOS I: Bestandsrechnung MINCOS II: Disposition MINCOS III: Bedarfsvorhersage (nur bei B-Version)
	RIS	Nettobedarfsermittlung und Bestandsführung für die 360-20
	IMPACT	Bedarfsvorhersage
	System /3 Bestandsführung und Bedarfsplanung (IRP)	Nettobedarfsermittlung, Bedarfsvorhersage und Disposition, Bestandsführung
	PICS	Nettobedarfsermittlung, Bedarfsvorhersage, Bestandsführung, Bestellauslösung, Verfügbarkeitskontrolle
ICL	SCAN	Bestandsführung und Verbrauchsdisposition
	Requirements Planning	Nettobedarfsermittlung innerhalb des NIMMS-Systems
NCR	IMMAC	Nettobedarfsermittlung, Verbrauchsplanung, Bestandsführung

Firmennamen	Programmbezeichnung	Funktionen und Bemerkungen
PHILIPS	PICT	Bestandsführung und Verbrauchsdisposition
SIEMENS	BASIS 15/26	Nettobedarfsermittlung
	BASIS, ISI	Nettobedarfsermittlung, Verbrauchsplanung, Bestandsführung, Führung des Primärbedarfs
	HOREST	Bedarfsvorhersage, Disposition
	SAVOY	Bedarfsvorhersagemodelle
	DIAS, DISPO	Standardprogramme, die auch Materialwirtschaftsprogramme beinhalten
UNIVAC	ALDOS	Auftragsvorhersage
	ALDIN	Nettobedarfsermittlung, Bedarfsvorhersage und Disposition, Bestandsführung, Bestellauslösung

4.3 Kurzdarstellung bekannter Modularprogrammpakete der Materialwirtschaft

Wir beschränken uns bei der Darstellung auf mehrere Systeme bekannter Hersteller. Dabei geht es uns im wesentlichen darum, neben allgemeinen Grundzügen der Materialwirtschaftsprogramme die Besonderheiten bestimmter Systeme hervorzuheben.

Auf die Darstellung der bisher verbreitetsten Modularprogramme der Materialwirtschaft, der IBM-Programme MOSCOR und MINCOS, verzichten wir. Sie werden nach unserer Kenntnis beim Systementwurf neuer Planungs- und Steuerungssysteme von den Anwendern zugunsten von PICS oder beim System /3 von IRP kaum mehr in Betracht gezogen[1]. Bei der Darstellung der bisherigen Erfahrungen mit Modularprogrammen werden wir allerdings häufig auf die zahlreichen Anwendungen dieser beiden Programmkomplexe zurückgreifen, da hieraus auch auf künftige Anwendungen neuerer Systeme geschlossen werden kann.

4.31 Die Teilsysteme der Materialwirtschaft in MIACS 200

Wir beschränken uns bei der Darstellung der Materialwirtschaftsprogramme auf MIACS 200, da hierfür vom ehemaligen FACTOR-System gerade über das Kern-

[1] Eine Ausnahme stellt das in der Schweiz von IBM vertriebene Rechenzentrumspaket PRISMA dar, das die Programme MOSCOR und MINCOS enthält.

gebiet der Nettobedarfsermittlung eine instruktive Dokumentation vorliegt und erste Erfahrungen bei einigen Anwendern von MIACS 200 auch in der Zeitwirtschaft gewonnen werden konnten[2].

4.311 Überblick über die Zusammenhänge

In der Grundkonzeption ist die Denkweise, die den engeren Bereichen von MIACS 200 und MOSCOR/MINCOS (IBM) zugrundeliegt, verwandt. Allerdings ist gegenüber den älteren IBM-Programmen bei MIACS 200 eine deutliche Fortentwicklung sichtbar. Auf diese Weise bietet sich gerade auf dem Sektor der Materialwirtschaft in einer Reihe von Punkten ein Vergleich mit PICS an, zumal beide Systeme auf einen Stücklistenprocessor zurückgreifen und stark plattenorientiert sind.

Wegen der weitgehenden Bausteintechnik läßt sich – ebenso wie bei PICS – für MIACS keine feste Programmreihenfolge für die Programme der Materialwirtschaft angeben. Aus diesem Grund sollen nur die einzelnen Moduln behandelt werden. Sie ergeben entsprechend dem betriebsspezifischen Aufgaben- und Problembereich ohne oder mit zusätzlichen betriebseigenen Moduln die individuelle Konzeption eines Unternehmens für den Bereich der Materialwirtschaft.

4.312 Lagerbestandsführung

Dieses Modul hat die Aufgabe, die Teilestammdatei aufzubauen und zu warten. Weiterhin übernimmt es die Führung der effektiven und dispositiven Bestände anhand der Lagerzu- und -abgangsinformationen und der Bestandsberichtigungen. Die Pflege der Teilestammsätze durch die Lagerbestandsführung ist eine Besonderheit von MIACS, die sich allerdings anbietet und eine vorteilhafte Zusammenfassung von Programmfunktionen ermöglicht.

Eingabedaten in die Lagerbestandsführung sind Teilestammdaten, Bewegungsdaten für die Bestandsführung, Auftrags-/Bedarfsdaten für die dispositive Bestandsführung und Strukturdaten (bei automatischer Abbuchung der Lagerabgänge von Komponenten).

Vor der Verarbeitung werden einige formale und logische Eingabeprüfungen durchgeführt. Anschließend erfolgt die Aktualisierung der Teilestammdaten, die Fortschreibung des effektiven Lagerbestands und die dispositive Lagerbestands-

[2] Wir greifen für die Ausführungen auf folgende Literaturquellen zurück:
Honeywell Serie 200, FACTOR Nettobedarfsermittlung, Einführung, Frankfurt/Main 1969; Honeywell Serie 200, FACTOR Nettobedarfsermittlung, Funktionsbeschreibung, Frankfurt/Main 1969; MIACS Gesamtkonzeption, a. a. O.
Für MIACS 400/6000 sind zwei Anwendungshandbücher veröffentlich worden:
Honeywell Bull Serien 400/6000, MIACS Materialwirtschaft, Anwendung Teil 1, Ref.-Nr. 00 60 680 D, 1971; Honeywell Bull Serien 400/6000, MIACS Materialwirtschaft, Anwendungshandbuch Teil 2, Ref.-Nr. 00 60 681 D, 1972.

führung, d. h. die Verbuchung von Bewegungen auf den entsprechenden Auftrags- und Bedarfsfeldern. Z. B. vermindert ein Lagerzugang die Auftragsmenge. Ein Lagerabgang reduziert den geplanten Bedarf und wird für die Bedarfsvorhersage gesondert festgehalten. Zur Speicherung der dispositiven Bestandsdaten enthält der Teilestammsatz pro Bedarfsperiode bis zum Planungshorizont jeweils ein Auftrags- und Bedarfsfeld. Nach Ablauf einer Terminperiode werden die Auftrags- und Bedarfsfelder periodisch fortgeschrieben.

Das Programm führt auch eine Kundenauftragsannahme mit Verfügbarkeitsprüfung durch. Es prüft bei Bedarfszahlen aus Kundenaufträgen die Verfügbarkeit, wenn der Liefertermin innerhalb der Beschaffungszeit (Gesamtfertigungszeit plus Materialbeschaffungszeit) liegt. Das Ergebnis der Prüfung wird ausgedruckt. Nicht erfüllbare Aufträge weist das Programm mit einem entsprechenden Hinweis ab. Ist der Auftrag dispositiv abgedeckt oder reicht die Beschaffungszeit für eine Neufertigung aus, wird der Kundenauftrag in das zutreffende Bedarfsfeld übernommen.

4.313 Auftrags- und Bedarfsverwaltung

Das Modul der Auftrags-/Bedarfsverwaltung dient zur Übernahme und Verwaltung von Bedarfszahlen und Aufträgen. Handelt es sich um Eigenfertigungsaufträge, werden von diesem Programm auch die notwendigen Arbeitsganginformationen gespeichert und auf dem neuesten Stand gehalten. Als Eingabedaten verarbeitet das Programm Bedarfszahlen aus Kundenaufträgen, aus einer Stücklistenauflösung oder einer Bedarfsvorhersage, Werkstattaufträge und Einkaufsbestellungen.

Die Auftrags- und Bedarfsdaten werden im Teilestammsatz gespeichert. Pro Periode ist je ein Feld für die Auftragsmenge und den Bedarf vorgesehen. Die Anzahl der Perioden und die Periodenlänge richtet sich nach dem vom Anwender gewünschten Planungshorizont. Als Voraussetzung für die Zeitwirtschaft führt das Programm Auftrags-/Bedarfsverwaltung eine Auftragsdatei, in der Werkstattaufträge mit Arbeitsgängen gespeichert sind. Zusätzlich kann diese Datei Verbindungsangaben für die Vernetzung mehrerer Aufträge aufnehmen.

4.314 Nettobedarfsermittlung

Das Programm führt eine Stücklistenauflösung durch und ermittelt einen Nettobedarf unter Berücksichtigung von Lager- und Bestellbeständen und Reservierungen. Wirtschaftliche Bestellmengen, Höchst- und Mindestmengen und eine terminliche Vorlaufverschiebung können berücksichtigt werden. Eingabedaten in das Programm sind neben den Stammdaten des Stücklistenprocessors die Bedarfs- und Auftragsinformationen, die in der Teilestammdatei gespeichert sind.

Die Bedarfsrechnung wird nach dem Dispositionsstufenverfahren durchgeführt. Ebenso wie IBM verwendet Honeywell Bull eine Dispositionssteuerkette (Aktivitätskette). Alle Sachnummern, für die sich erstmalig während des Programmablaufs ein Bedarf ergeben hat, werden in diese Kette aufgenommen, die nach Dispositionsstufen geordnet ist. Die Ketten werden in aufsteigender Folge der Dispositionsstufen abgearbeitet.

Neben einer periodischen Bedarfsermittlung, die den gesamten vorhandenen Primärbedarf auflöst, ist in dem Bedarfsrechnungsprogramm von MIACS 200 auch noch die Möglichkeit des „Procession by Exception" gegeben. In diesem Fall bearbeitet das Modul nur die Sachnummern, für die sich ein neuer Bedarf ergeben hat bzw. bei denen Bedarfsänderungen durchgeführt wurden. Das gilt auch für Sachnummern, bei denen Werte geändert wurden, die in die Errechnung des Nettobedarfs eingehen, wie z. B. Ausschußfaktor, Beschaffungszeit oder Strukturänderungen.

MIACS 200 unterscheidet zwei Dispositionsarten:

- Die Disposition nach Bedarf. Hier wird der Nettobedarf nur unter Berücksichtigung des effektiven und dispositiven Lagerbestands errechnet.

- Die Disposition nach einem Höchst-/Mindestbestand. Hierbei werden bei der Berechnung des Nettobedarfs ein Sicherheitsbestand, wirtschaftliche Bestellmengen und ein evtl. festgelegter Höchstbestand berücksichtigt.

4.315 Bedarfsvorhersage und Disposition

Das Modul Bedarfsvorhersage errechnet, welches Teil zu welchem Termin und in welcher Menge bestellt werden muß. Die Bedarfsvorhersage kann nach dem Verfahren der exponentiellen Glättung, 1., 2., und 3. Ordnung, also auch unter Berücksichtigung eines Trendverlaufs und der Prüfung auf Saisonverhalten, durchgeführt werden.

Zusätzlich zur Vorhersage des Bedarfs wird eine Bestellpunkt- und eine Bestellmengenrechnung durchgeführt. Die Höhe der Sicherheitsbestände kann von der Höhe der Vorhersagefehler und dem gewählten Lieferbereitschaftsgrad abhängig gemacht werden.

4.32 Die Subsysteme der Materialwirtschaft in PICS (IBM)

Das PICS-System stellt die Nachfolge der weit verbreiteten Modularprogramme MOSCOR/MINCOS dar, die auch heute noch bei zahlreichen Anwendern im Einsatz sind.

Die Materialwirtschaftsprogramme sind in PICS in zwei getrennten Subsystemen untergebracht:

- in PICS-Lagerdisposition (IC); es enthält umfangreiche Bedarfsvorhersagemodelle und Verfahren zur Verbrauchsdisposition
- in PICS-Bedarfsrechnung (RP); es enthält Programmroutinen zur Stücklistenauflösung und Nettobedarfsermittlung

Die Bestandsführung für bedarfsgesteuerte Teilenummern wird im Bereich der Werkstattsteuerung (SFC) abgewickelt. In der Hauptsache nimmt das Modul der Werkstattplanung und -steuerung darüberhinausgehend die Funktionen der Verfügbarkeitskontrolle, Auftragsfreigabe und der Werkstattsteuerung wahr.

Nur in der PICS-Gesamtübersicht ist bisher eine Grobkonzeption des Subsystems Einkauf (Purchasing) enthalten[3]. IBM hat diesen Bereich des PICS bisher nicht angekündigt.

Dem Benutzer steht es frei, je nach seinen Problemen nur eines der beiden Untersysteme der Materialwirtschaft oder beide gemeinsam zum Einsatz zu bringen. PICS-IC reicht beispielsweise aus, wenn nur an eine Verbrauchsplanung gedacht ist, PICS-RP, wenn nur eine bedarfsgesteuerte Stücklistenauflösung vorgesehen ist. Beide können jedoch auch gemeinsam erforderlich werden, wenn zunächst aufgrund des Vergangenheitsverbrauchs ein Produktionsprogramm mit Hilfe einer Bedarfsvorhersage ermittelt werden soll und eine anschließende Auflösung des hierbei errechneten Baugruppenbedarfs in seine Ausgangsmaterialien stattfindet.

4.321 Das PICS-Lagerdispositionssystem

Dieses Subsystem von PICS geht mit seinen Funktionen der Bedarfsvorhersage und Disposition über ähnliche uns bekannte Industriesysteme hinaus. Es lehnt sich weniger an seinen Vorgänger MINCOS an, als an das handelsorientierte Programm IMPACT, das schon seit Jahren als Einzelprogramm auf dem Markt ist und besonders in der Markenartikelindustrie Eingang gefunden hat. MINCOS konnte dagegen als Programm zur Bedarfsvorhersage bestenfalls die Bedürfnisse eines Hilfs- und Betriebsstofflagers abdecken. Mit PICS-IC ist es möglich, wesentlich darüberhinauszugehen und z. B. die Steuerung umfangreicher Ersatzteillager oder Absatzprognosen für Primärbedarf vorzunehmen. Eine Begrenzung auf die Belange der Fertigungsindustrie dürfte gerade bei diesem PICS-Untersystem nicht mehr gegeben sein.

[3] Vgl. The Production Information and Control System, IBM Data Processing Application, E 20-0280-2, S. 91 ff.

Das PICS-Lagerdispositionssystem besteht aus einer Reihe von Programmen und Unterprogrammen zur Bedarfsvorhersage, Bestandsrechnung und -analyse und Disposition[4].

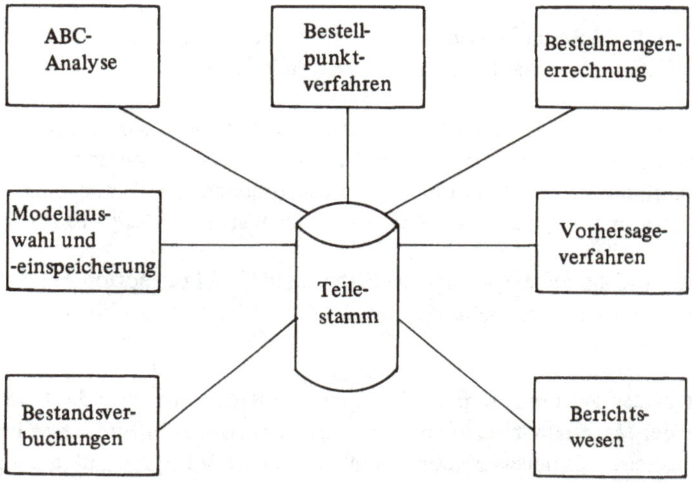

Abb. 12. Überblick über die Programmteile des PICS-Lagerdispositionssystems

Der Anwender hat die Möglichkeit, sich die von ihm gewünschten Programmroutinen herauszusuchen und zu einem individuellen Bausteinsystem zusammenzusetzen. Im einzelnen werden in PICS-IC die aufgezählten Bausteine bzw. Gruppen von Bausteinen angeboten:

ABC-Analyse (Lageranalyse): In einer speziellen Programmroutine kann eine Klassifikation der Teile nach dem ABC-Prinzip durchgeführt werden. Der Benutzer legt selbst fest, welche Abgrenzung er zwischen den gewählten Wertklassen vornehmen will. Die Ergebnisse der Einteilung speichert er für jede Sachnummer in der Teilestammdatei. Die ABC-Einteilung läßt sich für eine Reihe von Auswertungen vorteilhaft einsetzen: Für eine Lageranalyse, zur Festlegung der Höhe von Sicherheitsbeständen, zur Bestimmung der geeigneten Form der Bedarfsermittlung u. ä.

[4] Vgl. für die anschließenden Ausführungen folgende IBM-Veröffentlichungen: System /360 Lagerdisposition (Inventory Control) Anwendungsbeschreibung, IBM Form 80 516-0; IBM System /360, Lagerdisposition (Inventory Control) Programmbeschreibung, IBM Form 80 786-0; Fritz Groß, Materialdisposition mit PICS; in: IBM Nachrichten 202, August 1970, S. 352 ff.

Auswahl des geeigneten Vorhersagemodells: Wird der Bedarfsverlauf aus dem Verbrauch der Vergangenheit ermittelt, kann er bei einer Sachnummer in folgenden Formen (Modellen) auftreten:

- horizontal
- mit zu- oder abnehmendem Trend
- saisonal schwankend, jedoch ohne Trend
- saisonal schwankend, jedoch mit Trend
- ohne deutlich ausgeprägte Form (unbestimmt)

Der Zweck des Programms Modellauswahl ist ein Vorschlag für die erstmalige Festlegung des für eine Sachnummer zweckmäßigen Vorhersagemodells. In größeren Intervallen sollte dann zu späteren Zeitpunkten eine Wiederholung des Programmlaufs erfolgen, um zu prüfen, ob noch das richtige Bedarfsmodell zum Einsatz kommt.

Zur Festlegung der Modelltypen muß der Anwender dem Programm die Verbrauchswerte der Vergangenheit mitteilen. Nur wenn mindestens über zwei Jahre hinweg Verbrauchsinformationen gesammelt worden sind, kann die Prüfung auch auf Saisonschwankungen ausgedehnt werden.

Als Ergebnis der Rechnung erhält der Disponent die Modellparameter. Ist er mit dem Ergebnis der Berechnung zufrieden, wird es in den Stammsatz der Sachnummer eingespeichert.

Bedarfsvorhersage und Modellüberprüfung: Im Mittelpunkt dieses Programms steht die periodische Bedarfsvorhersage. Sie benutzt in erster Linie die Verfahren der exponentiellen Glättung ohne und mit Trend- und Saisonberücksichtigung. Daneben kann eine Prüfung erfolgen, ob das vorhandene Vorhersagemodell noch der Bedarfsentwicklung entspricht. Als Ergebnis dieser Kontrolle hat der Disponent die Möglichkeit, Korrekturen der Vorhersage vorzunehmen.

Bestellpunktverfahren: Die Auslösung eines Bestellvorschlags erfolgt in PICS-IC beim Erreichen des Bestellpunkts. Die Prüfung, ob der Bestellpunkt erreicht ist, kann nach jeder Lagerbewegung oder periodisch durchgeführt werden.

Zwei Zeitbestandteile sind in PICS berücksichtigt, die zusammen den Zeitpunkt der Nachbestellungen ergeben:

- der Bedarf während der Wiederbeschaffungszeit
- der zusätzlich erforderliche Sicherheitsbestand

Der Bedarf während der Wiederbeschaffungszeit ergibt sich aus dem gespeicherten Bedarfsmodell und der im Teilestamm enthaltenen Lieferzeit.

Umfangreiche Möglichkeiten bietet das PICS-Lagerdispositionssystem zur Festlegung eines Sicherheitsbestands. Es sind mehrere Verfahren hierfür enthalten. Besonders zu erwähnen ist die Möglichkeit zur Ermittlung des Sicherheitsbestands aufgrund der Stück- und der Auftragslieferbereitschaft.

Bestellmengenrechnung: Gute modulare Auswahlmöglichkeiten bietet die Bestellmengenfestlegung. Der Benutzer kann sich für eine Reihe möglicher vorgegebener Formeln entscheiden oder selbst ein Verfahren der Bestellmengenrechnung in das PICS-Lagerdispositionssystem einbauen. Folgende Möglichkeiten sind standardmäßig enthalten:

– die Festlegung einer konstanten Losgröße

– die Andlersche Wurzelformel

– die gleitende wirtschaftliche Losgröße

– der sog. Stück-Perioden-Ausgleich; diese Formel ist ähnlich der gleitenden WILO. Es werden die Rüstkosten den Lagerungskosten für die erst später benötigten Mengen gegenübergestellt. Der Vorteil des Verfahrens gegenüber der gleitenden WILO liegt darin, daß der Beginntermin eines Loses in eine Periode mit hohem Bedarf gelegt wird. Auf diese Weise ergeben sich niedrigere Lagerkosten.

Bestandsführung und Berichtswesen: Für verbrauchsgesteuerte Sachnummern findet die Bestandsführung im Rahmen des Lagerdispositionssystems statt. Mögliche Ausgaben sind eine Lagerbestandsliste und ein sog. Lageraktionsbericht.

Simulationen: PICS erlaubt es dem Anwender, zur Prüfung einer optimalen Lagerhaltungspolitik Simulationen verschiedener Art durchzuführen. So läßt sich z. B. errechnen, in welchem Umfang Sicherheitsbestände zweckmäßig sind, welcher Glättungsfaktor α die geringsten Abweichungen erbringt oder welches Bedarfsvorhersageverfahren vorteilhaft ist.

4.322 Das PICS-Bedarfsermittlungssystem

Das PICS-Bedarfsrechnungssystem entspricht in seinem Grundcharakter dem früheren MOSCOR-System. Doch enthält es einige wesentliche Änderungen und Verbesserungen und ist insgesamt flexibler als dieses vorhergehende IBM-Programm zur Nettobedarfsermittlung.

Das Bedarfsrechnungssystem enthält zwei Möglichkeiten:

– die periodische Bedarfsermittlung (Vollauflösung des Bedarfs)
– die Ermittlung von Bedarfsänderungen (sog. Differenzplanung)

Bei beiden Möglichkeiten wird das Dispositionsstufensystem angewendet. Die Dispositionsstufen werden durch den Stücklistenprocessor ermittelt und in den Teilestammsätzen gespeichert.

Brutto- und Nettobedarfsermittlung: Es kann eine Brutto- und eine Nettobedarfsermittlung durchgeführt werden[5]. Der Nettobedarf wird aus dem Brutto-

[5] Vgl. für die anschließenden Ausführungen folgende IBM-Veröffentlichungen: PICS Einführungsschrift, IBM Form 80 524; IBM System /360, Bedarfsrechnungssystem Requirements Planning, Anwendungsbeschreibung, IBM Form 80 726-0; *Fritz Groß,* Materialdisposition mit PICS, a. a. O.; PICS Unterlagen der Schule für Fertigungsindustrie, IBM Form 81 912-1.

bedarf nach der folgenden Rechenmethode ermittelt:

Bruttobedarf + Reservierungen ./. Lagerbestand = Nettobedarf 1
Nettobedarf 1 + Ausschuß ./. offene Bestellungen = Nettobedarf 2
Losgrößenermittlung und Vorlaufverschiebung

Technische Änderungen werden bei der Bedarfsermittlung berücksichtigt. Der Umstellungstermin, zu dem eine Stücklistenänderung wirksam werden soll, ist im Teilestammsatz oder im Erzeugnisstruktursatz festgehalten.

Verarbeitung von Bedarfsänderungen durch eine Differenzplanung: Wesentlich eleganter und zeitsparender als bei MOSCOR läßt sich in PICS-Bedarfsrechnung eine Differenzplanung durchführen. Sie berücksichtigt nur den sich ändernden Primärbedarf. Es kann auch Minusbedarf verarbeitet werden.

Die Möglichkeit der schnellen Verarbeitung von Bedarfsänderungen ist besonders für solche Industriebetriebe vorteilhaft, die auf kurzfristige Marktschwankungen sofort mit Nachbestellungen oder Stornierungen reagieren müssen. Ist nur eine zeitaufwendige periodische Bedarfsermittlung möglich, können mit einem Modularprogramm die Hauptprobleme einer solchen Dispositionsstelle nicht gelöst werden.

Dialogverarbeitung: Nach der Abarbeitung einer Dispositionsstufe durch das Bedarfsrechnungsprogramm steht dem Disponenten die Möglichkeit offen, sich den aufgelaufenen Bedarf einer Sachnummer ausgeben zu lassen. Ist ihm die Kapazitätssituation seines Betriebs bekannt, könnte er z. B. vor der weiteren Auflösung einer Baugruppe einen manuellen Belastungsausgleich durchführen oder einen Zusatzbedarf manuell hinzufügen.

Durch benutzereigene Zusatzprogramme kann an der für eine interaktive Verarbeitung vorgesehenen Stelle auch ein maschineller Belastungsausgleich durchgeführt werden. Zu diesem Zweck müssen auch die Arbeitsgang- und Arbeitsplatzdaten im Zugriff stehen.

Vorlaufverschiebung: Auch bei der Vorlaufverschiebung im Rahmen der Stücklistenauflösung bietet PICS eine Reihe von Auswahlmöglichkeiten an:

- einen konstanten Vorlauf für alle Sachnummern
- einen teileabhängigen Vorlauf
- einen mengenabhängigen Vorlauf
- eine Vorlauferrechnung aufgrund des Arbeitsplans

Durch eine Angabe im Struktursatz läßt sich eine Vorlaufberichtigung erreichen. Diese Möglichkeit ist vorteilhaft, wenn z. B. ein Teil in einer bestimmten Verwendung nicht montiert, sondern lose beigefügt wird.

Trendplanung: Durch die Vorlaufverschiebung über mehrere Stücklistenstufen hinweg kann für ein Teil einer unteren Dispositionsstufe der sich durch die Auflösung ergebende Bedarf nicht ausreichen, um die gesamte Wiederbeschaffungszeit abzudecken. Für diesen Fall sieht PICS-RP eine Trendplanung für die restlichen Perioden des Wiederbeschaffungszeitraums vor. Als Standardroutine ist vorgesehen, daß 50% des vorhergehenden Durchschnittsbedarfs in die restlichen Periodenfelder eingesetzt werden. Meist dürfte der Anwender allerdings ein exakteres Vorhersageverfahren wünschen. Er muß es selbst programmieren, kann jedoch ein vorgesehenes Benutzerexit verwenden.

Erstellung einer Verbindungsdatei: Während der Bruttobedarfsermittlung werden auf Wunsch des Anwenders die aktiven Erzeugnisstrukturen auf eine besondere Datei übernommen, die sogenannte Verbindungsdatei:

Beispiel

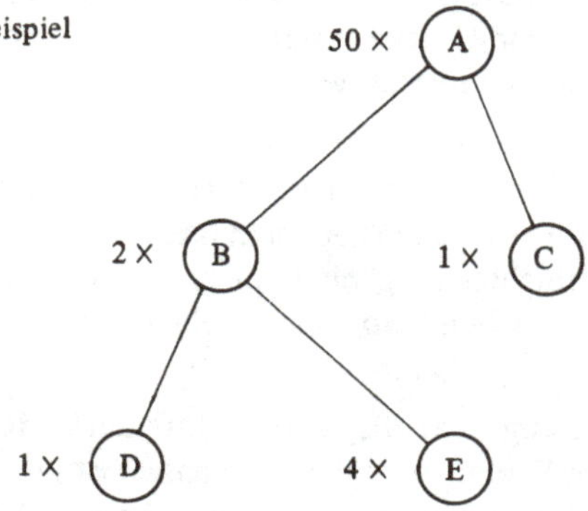

Werden 50 Stück A benötigt, speichert das Programm folgende Sätze ab: 50 A – 100 B, 50 A – 50 C, 100 B – 100 D, 100 B – 400 E

Bei der Kapazitätsplanung werden aus den Angaben der Verbindungsdatei Netze über die aktiven Strukturen eines Auftrags erstellt. Aufgrund dieser Netze können bei der Kapazitätsterminierung zeitliche Verschiebungen von Aufträgen unter Berücksichtigung der Komponenten und Verwendungen durchgeführt werden.

Ausnahmemeldungen für den Disponenten: Eine vorteilhafte Weiterentwicklung in PICS-Bedarfsplanung besteht gegenüber anderen bekannten Modularprogrammen darin, daß während eines Bedarfsermittlungslaufs standardmäßig eine Reihe Ausnahmemeldungen ausgedruckt werden, wenn sich Ausnahmesituationen aufgrund des Programmablaufs ergeben. Der Disponent kann sich nach dem Maschinenlauf auf diese Besonderheiten konzentrieren und muß sie nicht erst selbst aus den ausgedruckten Bedarfsmeldungen entnehmen.

Beispiele für Ausnahmehinweise[6]:

> Eine Bruttobedarfseingabe konnte nicht verarbeitet werden, weil der Endtermin außerhalb des definierten Planungshorizonts liegt.
>
> Obwohl der gesamte Bruttobedarf durch Lagerbestände gedeckt werden kann, besteht zusätzlich für dieses Teil ein offener Auftrag.

[6] Die Beispiele wurden der Anwendungsbeschreibung IBM System /360, Bedarfsrechnungssystem, IBM Form 80 726-0 entnommen.

Für eine bestimmte Periode besteht ein offener Auftrag. Doch deckt er nicht den Bruttobedarf dieser Periode ab.

Durch die Vorlaufverschiebung fällt Bedarf in die Vergangenheit. Dieser Bedarf wurde vom Programm in die erste Periode eingespeichert.

Es besteht ein Bedarf nach dem Umstelltermin einer technischen Änderung. Dieser ist nicht bei den geplanten Aufträgen berücksichtigt.

4.323 Die Grobkonzeption des PICS-Einkaufssystems

Das Modularsystem PICS enthält eine Grobkonzeption für ein geplantes Subsystem Einkauf (Purchasing)[7]. Es enthält folgende Moduln:

- Die Bestellschreibung. Mit ihr verbunden ist der Ausdruck einer Bedarfsübersicht über die Sachnummer, für die eine Bestellung ausgeschrieben wird. Gleichzeitig stanzt das Programm eine Auftragsbestätigungskarte und eine Karte für den Wareneingang und die Qualitätskontrolle aus.
- Eine tägliche Verarbeitung der Einkaufsbewegungen. Gedacht ist hierbei an die Verarbeitung der Wareneingänge, Auftragsbestätigungen usw., den Ausdruck einer Eingangsliste und einer Bestellbestandsübersicht über alle Sachnummern, bei denen sich eine Änderung des Bestellstatus ergeben hat.
- Eine wöchentliche oder dekadische Bestellüberwachung mit gleichzeitigem Ausdruck von Mahnungen und eines „Action Report". Er enthält Hinweise darüber, bei welchen Sachnummern der Einkäufer irgendwelche Schritte unternehmen muß.
- Statistikprogramme, die in einem monatlichen Rhythmus ablaufen. Sie enthalten einen Ausdruck über das Einkaufsobligo, die Bewertung von Lieferanten und Hinweise über den Umfang der Einkaufstätigkeit.

Das skizzierte Purchasing-Konzept lehnt sich an die allgemeine PICS-Datenbank an und benutzt als zusätzliche Dateien eine Lieferantendatei, eine Datei der offenen Einkaufsbestellungen und eine Stammdatei mit Einkaufsstatistiken.

Da keine engen Verbindungen des Beschaffungswesens zur übrigen Materialwirtschaft gegeben sind, ergeben sich für die meisten PICS-Anwender bisher keine Nachteile, daß das Subsystem Beschaffungswesen noch nicht realisiert ist. Wegen des großen Interesses, das neuerdings in mittleren und größeren Industriebetrieben am praktischen Einsatz der Datenverarbeitung im Einkauf oder sogar am Aufbau umfangreicher Einkaufsinformationssysteme besteht, wäre es allerdings wünschenswert, wenn dieser Zweig des Modularsystems PICS fertiggestellt und den Anwendern der übrigen Systemteile angeboten würde.

[7] Die folgenden Hinweise stammen aus der Schrift: The Production Information and Control System, IBM Date Processing Application, E 20 0280-2.

4.33 IMMAC – Modularprogrammsystem für die Materialbewirtschaftung (NCR)

Unter der Bezeichnung IMMAC (Inventory Management and Material Control) bietet NCR ein Programmsystem an, das den Bereich der bedarfs- und verbrauchsgesteuerten Materialwirtschaft umfaßt[8]. Eine Ausweitung auf Nachbarbereiche, z. B. die betriebliche Zeitwirtschaft, die Auftragsabwicklung und die Kostenrechnung, liegt bisher nicht in dokumentierter Form vor, ist jedoch vorgesehen.

Das magnetplattenorientierte IMMAC besteht – wie aus dem Gesamtdatenflußplan, Abb. 13, hervorgeht, aus den Abschnitten

Teilestamm- und Stücklistenverwaltung
Lagerbestandsfortschreibung und -kontrolle
Stücklistenauflösung
Berichtswesen und ABC-Analyse

Der in IMMAC enthaltene Stücklistenprocessor enthält nur eine Verkettung für Stücklisten, dagegen nicht für Arbeitspläne. Das System enthält eine interessante und brauchbare Möglichkeit zur Speicherung von Variantenstücklisten. Während Gleichteile einer Typenreihe für alle Variantenstücklisten nur einmal gespeichert werden, wird für jede Variantenposition ein zusätzlicher Positionssatz angelegt. Er kann durch ein für jede Variantenstückliste vergebenes Variantenkennzeichen erkannt und der richtigen Variantenstückliste zugeordnet werden[9].

Das Untersystem „Tägliche Lagerfortschreibung und -kontrolle" führt Änderungen der Teilestammdatei und Lagerbuchungen durch. Die Art der Auflistungen – Protokolle aller Bewegungen oder eine Beschränkung auf Besonderheiten – kann vom Benutzer bestimmt werden.

Die Stücklistenauflösung wird in der üblichen Form nach Dispositionsstufen durchgeführt. Das System enthält nur eine periodische Bedarfsermittlung, keine Programmroutine zur Verarbeitung für Bedarfsänderungen.

Aus dem IMMAC-System läßt sich für eine lang- und kurzfristige Berichterstattung eine Reihe verschiedenartiger Auswertungen gewinnen. Beispiele:

- eine Übersicht über die offenen Aufträge, deren Fälligkeit bevorsteht
- der Umfang des Einkaufsobligos
- eine ABC-Analyse
- eine Übersicht über die Umschlagshäufigkeit des Lagers

[8] Die folgenden Ausführungen stammen aus: NCR Management Information, IMMAC, Basissystem für Stücklistenauflösung, Nettobedarfsermittlung, Lagerkontrolle, NCR Augsburg 1971.

[9] Vgl. *E. Rief,* Standardsystem für die Materialwirtschaft, IMMAC, Inventory Management and Material Control, Augsburg o. J., S. 21.

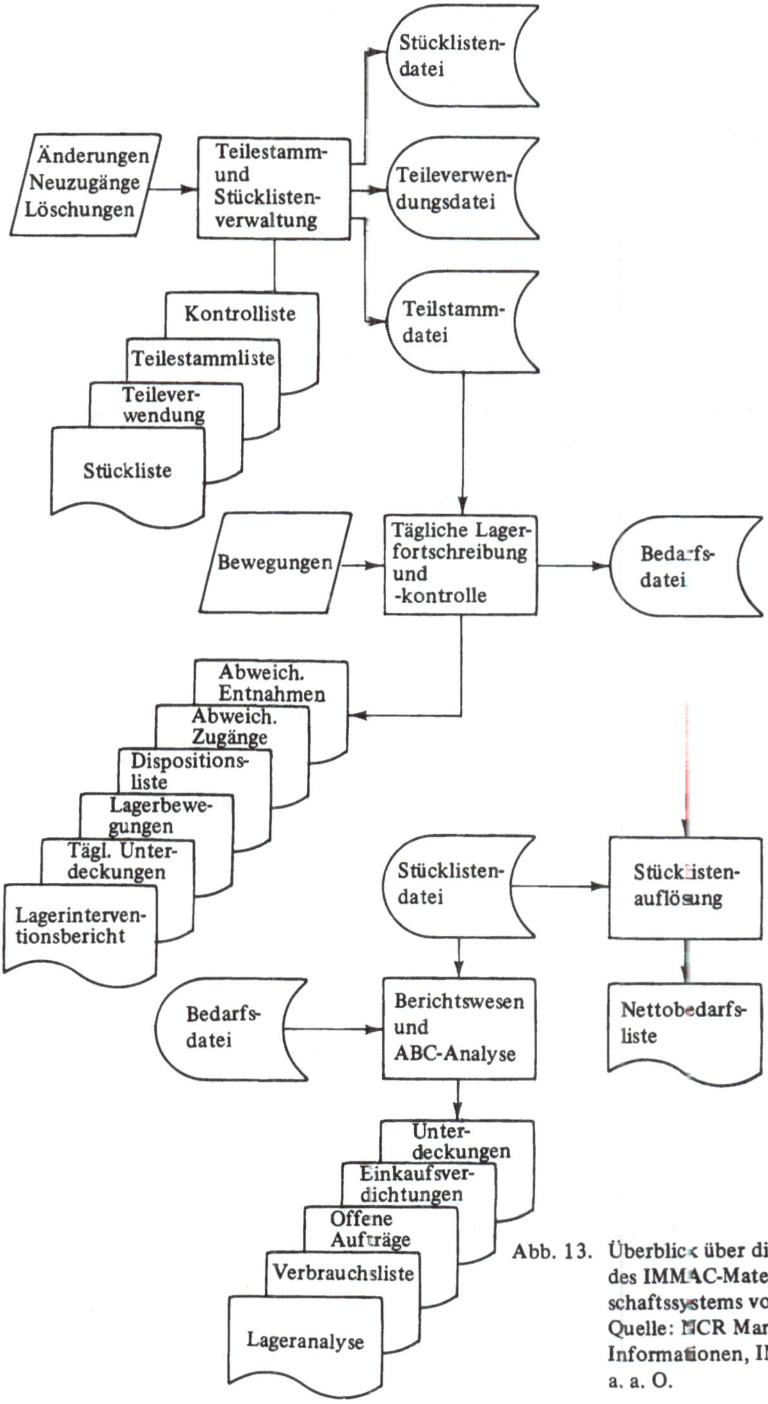

Abb. 13. Überblick über die Module des IMMAC-Materialwirtschaftssystems von NCR. Quelle: NCR Management Informationen, IMMAC a. a. O.

4.34 Das Lagerinformationssystem PICT (Philips)

Für die Computerserie P 1000 hat Philips das Lagerinformationssystem PICT (Philips Inventory Control Techniques) entwickelt[10]. Die minimale Konfiguration für den Einsatz dieses Modularprogrammpakets ist eine P 1100 mit 3 Plattenspeichern.

Die Einsatzbreite von PICT umfaßt die Bestandsführung, Bedarfsvorhersage und Disposition verbrauchsgesteuerter Artikel, Halbfabrikate, Teile und Rohmaterialien. Die Programme verfolgen das Ziel, eine von der Geschäftsleitung vorgegebene Lieferbereitschaft mit einer möglichst geringen Kapitalbindung und einer Kostenminimierung zu realisieren. PICT beantwortet die beiden wesentlichen Fragen: Wann muß bestellt werden? Wieviel muß bestellt werden?

Das Gesamtsystem von PICT besteht aus drei Programmgruppen mit den folgenden möglichen Einzelprogrammen:

Steuer-, Dateiverwaltungs- und Ergänzungsprogramme:

- Steuerprogramm
- Dateiverwaltung
- Bedarfsfortschreibung
- Fortschreibung der Lagerkontrollparameter

Arbeitsprogramme:

- Zeitreihenanalyse
- Signalisierung und Vorhersage
- Bestimmung der Lagerkontrollparameter
- Bestandskontrolle

Bewertungsprogramme:

- Effizienzsimulation
- Effizienzreport
- Lagerstatusreport

Das *Steuerprogramm* ist wegen des modularen Aufbaus von PICT zur Einsatzsteuerung der verschiedenen Programme notwendig. Die Dateiverwaltungsprogramme dienen zur Fortschreibung der beiden benutzten Dateien und der Tabellen.

Die *Arbeitsprogramme* übernehmen die Aufgabe der Bedarfsvorhersage und Disposition. Als Zeitreihenanalyse wird die ein- bis zweimal jährlich durchzufüh-

[10] Vgl. für die folgenden Ausführungen: Philips, Inventory Control Techniques PICT, Philips Electrologica, Düsseldorf 1970; Philips, P/1000 PICT, Dok.-Nr. 5112 900 10412, Philips Electrologica, Düsseldorf 1971.

rende Untersuchung des Saisonverlaufs bezeichnet. Im Programm „Signalisierung und Vorhersage“ werden nach vier möglichen Modellen periodische Vorhersagen durchgeführt. Als Vorhersagemethoden stehen folgende Verfahren zur Verfügung:

die exponentielle Glättung ohne Trendberücksichtigung
die exponentielle Glättung mit Trendberücksichtigung
die exponentielle Glättung mit Trendkorrektur (bei ungewissem Verlauf)
die progressive Korrektur (bei plötzlichen Niveauänderungen)

Vor jeder Vorhersage prüft das Programm die Qualität der bisherigen Vorhersage und gibt Ausreißer bekannt, so daß eine manuelle Bearbeitung durch den Disponenten stattfinden kann.

Im Modul „Bestimmung der Lagerkontrollparameter“ berechnet das Programm monatlich den Bestellpunkt und die optimale Bestellmenge. Um eine weitgehende Anpassung an den Nachfrageverlauf zu erreichen, werden für jede Woche des Monats gesonderte Bestellpunkte bestimmt.

Die Bestandskontrolle kann kontinuierlich nach jedem Lagerabgang oder periodisch erfolgen. Hierbei erfolgt ein Vergleich des dispositiven Lagerbestands mit dem Bestellpunkt. Bei Unterschreitung des Bestellpunkts wird ein Bestellvorschlag ausgegeben, der in seiner Höhe entsprechend der in einem Betrieb zweckmäßigen Bestellmethode variieren kann.

Die Bewertungsprogramme sind nicht unbedingt erforderlich, können jedoch eine wertvolle Ergänzung darstellen. Mit Hilfe der Effizienzsimulation können Fragen über die Auswirkungen einer bestimmten Lagerhaltungspolitik beantwortet werden. Der Effizienzreport berechnet Meßzahlen z. B. über die durchschnittliche Kapitalbindung und die erreichte Lieferbereitschaft. Der Lagerstatusreport weist auf Besonderheiten hin, die sich bei einem Artikel ergeben haben (Beispiel: Lagerhüter).

4.35 Die Materialwirtschaftsprogramme des Modularsystems BASIS (Siemens)

Das Materialwirtschaftssystem innerhalb von BASIS ist dadurch charakterisiert, daß die meisten Programme nur sequentiell ablaufen. Der Anwendungsbereich des Programmpakets läßt sich damit nicht auf Betriebe ausweiten, bei denen eine kurzfristige und evtl. interaktive Bedarfsverarbeitung notwendig ist, z. B. eine umgehende Beurteilung der Auswirkungen neuer Aufträge oder Stornierungen. Auf der anderen Seite ermöglicht die sequentielle Arbeitsweise, daß eine Massendatenverarbeitung, wie sie beispielsweise bei einer periodischen Bedarfsvollauflösung stattfindet, u. U. wesentlich zeitgünstiger zu bewältigen ist als beim Einsatz des Randomverfahrens. Diese Erfahrungen ergaben sich bereits vor Jahren beim Vergleich selbsterstellter sequentieller Auflösungsprogramme mit Modularprogrammen, die den Direktzugriff verwenden. Ein maßgeblicher Gesichtspunkt ist dabei die Zahl der vorhandenen Fertigungsstufen, die zu verarbeiten sind.

Als Begründung für die Festlegung der Verarbeitungsweise werden von Siemens die Einsparungsmöglichkeiten bei den Peripheriegeräten und eine mögliche höhere Verarbeitungsgeschwindigkeit angegeben. Der zuerst genannte Punkt dürfte durch die Entwicklung preisgünstiger Großraumspeicher mit einem Datendirektzugriff nicht mehr ganz zutreffend sein.

Der durch die sequentielle Organisation teilweise einfachere Programmaufbau dürfte bei Anwendern des Programmkomplexes eine etwas schnellere Einführung zulassen, als dies bei einem komplizierteren Randomsystem der Fall wäre.

4.351 Überblick über die Zusammenhänge der Materialwirtschaftsprogramme des BASIS-Systems

BASIS[11] umfaßt folgende Einzelprogramme, die teilweise in den Programmen der Dispositionsstammdatenverwaltung, der Fertigungsdisposition und der Fertigungsfeinplanung enthalten sind:

die Führung und Fortschreibung des Primärbedarfs
eine stochastische Bedarfsermittlung und Verbrauchsdisposition
die Auflösung von Stücklisten (Nettobedarfsermittlung)
die Bestandsrechnung

Die überwiegende Zahl der Eingabedaten in den Programmkomplex wird von der Dispositionsstammdatei zur Verfügung gestellt. Rückmeldedaten werden über die FAB-Datei eingegeben, die bei der Fertigungsfeinplanung entsteht.

Ein sehr enger Zusammenhang ist zwischen den Programmen der Fertigungsdisposition und der sich anschließenden Fertigungsgrobplanung dadurch gegeben, daß erst nach der Prüfung der Terminsituation in BASIS-FG der Ausdruck der Ergebnisse der Fertigungsdisposition erfolgen kann. Auf diese Weise können Terminkorrekturen sofort berücksichtigt werden, wenn Starttermine von Aufträgen in die Vergangenheit gefallen sind.

4.352 Die Führung und Pflege des Primärbedarfs

In diesen Programmen wird der gesamte Primärbedarf (Kundenaufträge, Ersatzteilaufträge, Produktionsprogramm) je Sachnummer mengen- und termingerecht

[11] Die Ausführungen sind folgenden Anwendungs- und Programmbeschreibungen entnommen:
Paul S. Pütter, Peter Ruetz, Manfred Schliep, BASIS 4004/35 bis 55, Bausteinsystem für integrierte Fertigungssteuerung, Verfahrensübersicht, Siemens AG, Schriftenreihe data praxis, Bestellnummer D 14/4043; Siemens, BASIS 35-DS, Programmkreis für die Dispositionsstammdatenverwaltung, Programmbeschreibung München o. J.; Siemens, BASIS 35-FD, Programmkreis für die Fertigungsdisposition, Programmbeschreibung, München 1972.

sequentiell fortgeschrieben. Aus den gespeicherten Primärbedarfssätzen ist der verursachende Kundenauftrag oder der aus dem Produktionsprogramm kommende Auftrag zu erkennen, so daß eine Verfolgung des Sekundärbedarfs bis zum detaillierten Primärbedarf möglich ist.

4.353 Bestandsführung, Bedarfsvorhersage und Bestellüberwachung

Die Führung des Lager-, Bestell-, Werkstatt- und Vormerkbestands erfolgt sequentiell in periodischer Folge. Die Lager- und Auftragszugänge stammen für Eigenfertigungsaufträge aus dem Programmkomplex der Fertigungsfeinplanung. Die Lager- und Bestellzugänge für Fremdbezugsteile werden durch die Bestellüberwachung zur Verfügung gestellt.

Für Eigenfertigungsteile führt BASIS Werkstattbestände und zur Abgrenzung der Lagerentnahmen bei einer Nettobedarfsermittlung auch Vormerkungen.

Die Bedarfsvorhersage für verbrauchsgesteuerte Sachnummern kann mit Hilfe des Verfahrens der gleitenden Mittelwertbildung oder der exponentiellen Glättung ohne und mit Trendberücksichtigung erfolgen. Eine Bestellung wird nach dem bei den meisten Programmen üblichen Verfahren der Ermittlung und des Vergleichs von Soll- und Isteindeckungstermin einer Sachnummer ausgelöst (Bestellrhythmusverfahren).

4.354 Deterministische Bedarfsermittlung

Im Mittelpunkt des Subsystems Fertigungsdisposition steht wie üblich ein Stücklistenauflösungsprogramm, das zugleich eine Nettobedarfsermittlung durchführt. Um die Belange sämtlicher Fertigungstypen zu berücksichtigen und die Voraussetzungen für eine exakte Fertigungsgrobplanung und Fertigungsfeinplanung zu schaffen, werden in dem Programm Bedarfsermittlung für bedarfsgesteuerte Sachnummern des Programmsystems BASIS Einzelbedarfswerte verarbeitet und abgespeichert.

In der deterministischen Bedarfsermittlung werden die im Programm „Primärbedarfsfortschreibung" auf den neuesten Stand gebrachten Primärbedarfswerte – ausgehend von den Endprodukten und gegen den Fertigungsfluß (analytische Auflösung) – von Dispositionsstufe zu Dispositionsstufe mit Hilfe der Dispositions-Datei aufgelöst[12].

[12] Die folgenden Ausführungen und die Tabelle sind der Schrift: *Paul S. Pütter* u. a., BASIS 4004/35 bis 55, Bausteinsystem für integrierte Fertigungssteuerung, a. a. O., entnommen.

Hierbei wird in jeder Dispositionsstufe für jede Sachnummer folgende Mengenrechnung mit Hilfe des im Programm „Bestandsrechnung" auf den aktuellen Stand gebrachten Lager-, Auftrags- und Bestellbestands durchgeführt:

Bruttobedarf (Primär- und/oder Sekundärbedarf	200
+ Zusatzbedarf (Ersatzteilbedarf) – Lagerbestand – Auftragsbestand = 55 – (erwarteter Ausschuß $\frac{55 \times 10}{110} = 5)$*	10 30 50
Zwischensumme	130
+ Prozentueller Zusatzbedarf (Ausschuß) z. B. 10%	13
Nettobedarf (Sekundärbedarf)	143
Losgrößenbildung (Kriterien)	NEIN
Ermittelte Auftragsmenge (Nettobedarf – Sekundärbedarf)	143
* bei 10% Ausschuß	

Aus der Sicherheitszeit und dem komprimierbaren Anteil der Übergangszeit wird je Sachnummer eine Einzelpufferzeit ermittelt. Diese Einzelpufferzeit dient in der Fertigungsgrobplanung und der Fertigungsfeinplanung zur Regulierung der Gesamtdurchlaufzeiten bei Fertigungsverzug. Die Einzelpufferzeiten werden während der Auflösungsrechnung zu sog. Kettenpufferzeiten zusammengezogen.

Bei der Bedarfsermittlung wird ein Auftragsbedarfssatz in einer sog. AB-Datei gebildet. Er besteht aus dem errechneten Auftragssatz für eine Sachnummer und den durch diesen Auftrag abzudeckenden Bedarfswerten. Das Prinzip der AB-Datei ist es, jeweils die aktive Verwendung – d. h. die verursachenden Bedarfswerte – für jeden gebildeten Auftrag zu fixieren. Dadurch ist es möglich, bei der Fertigungsgrobplanung bzw. Fertigungsfeinplanung entstandene Terminverschiebungen bis zum verursachenden Auftrag (Kundenaufträge, Ersatzteilaufträge, Produktionsprogramme) stufenweise termin- und mengengerecht zu verfolgen.

4.36 ALDIN – das UNIVAC-Materialwirtschaftssystem in UNIS

Innerhalb des Gesamtsystems der Fertigungssteuerung übernimmt ALDIN (automatisches Lagerdispositionssystem für Industriebetriebe) die Aufgaben der Lager- und Materialwirtschaft.

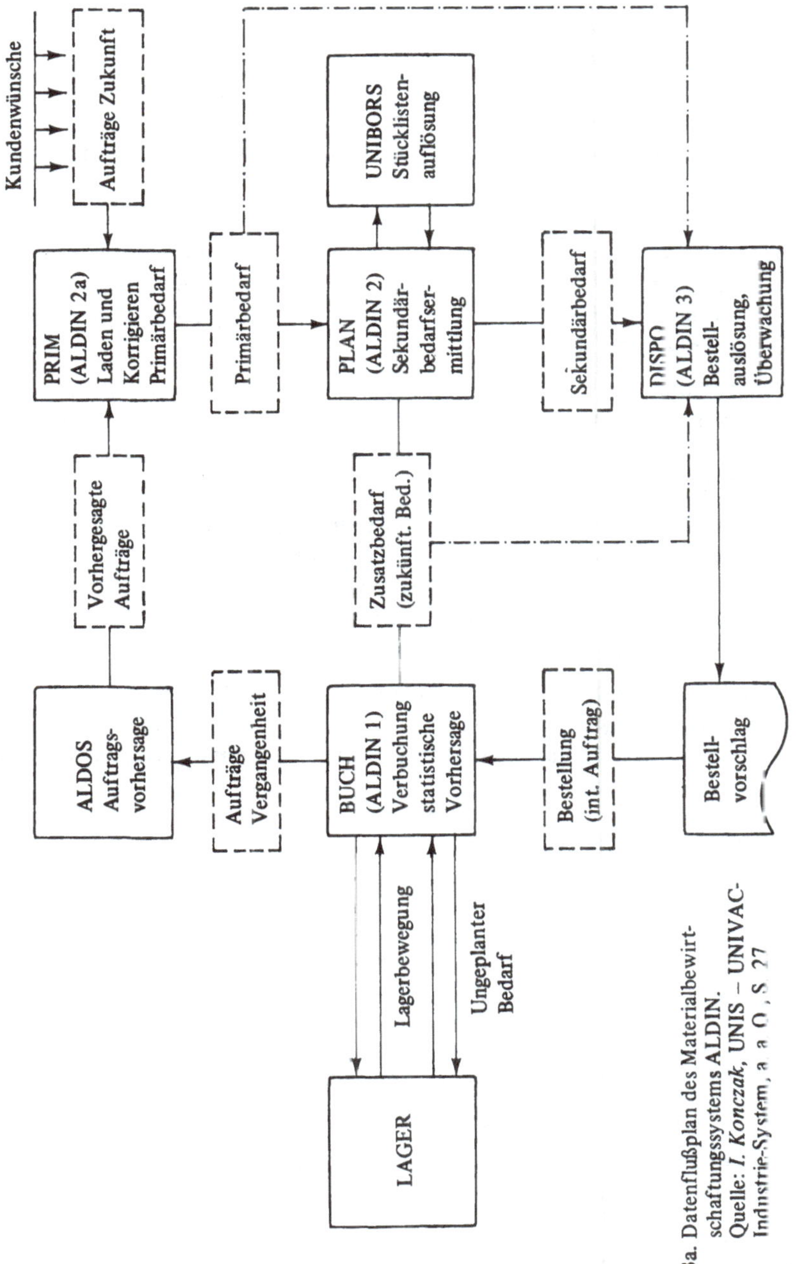

Abb. 13a. Datenflußplan des Materialbewirtschaftungssystems ALDIN.
Quelle: *I. Konczak*, UNIS – UNIVAC-Industrie-System, a. a. O., S. 27

4.361 Überblick

ALDIN teilt sich in eine Reihe von Einzelmoduln auf[13]. Voraus geht ihm ALDOS, das eine Absatzprognose durchführt. ALDIN 1 nimmt die Aufgaben der Bestandsführung wahr, ALDIN 2 führt eine Stücklistenauflösung durch und ALDIN 3 beschäftigt sich mit den Fragen der Bestelldisposition und optimalen Lagerhaltung.

Der aufzulösende Primärbedarf besteht entweder aus schon bekannten Kundenaufträgen oder kann mittels mathematisch-statistischer Verfahren aus Daten der Vergangenheit in die Zukunft extrapoliert werden. Für die Ermittlung des Bedarfs auf der Basis von Vergangenheitswerten bietet sich das Modularprogrammsystem ALDOS an.

Das Programm ALDIN 1 übernimmt die Aufgaben der Lagerberstandsführung. Außerdem ermittelt es aus dem ungeplanten Bedarf, der am Lager entsteht, einen Zusatzbedarf, der zusätzlich zum Primärbedarf in die Nettobedarfsermittlung eingeht.

Die Sekundärbedarfsermittlung wird von ALDIN 2 mit Hilfe des Stücklistenprocessors UNIBORS durchgeführt. Es wird der um den Zusatzbedarf erhöhte Primärbedarf in seine Bestandteile (Baugruppen, Einzelteile) aufgelöst. Der gesamte vorliegende Bedarf wird von ALDIN 3 zur Errechnung der Bestellmenge und des Bestellzeitpunkts verwendet. Das Ergebnis ist ein Bestellvorschlag.

Zur Lagerbestandsplanung führt das Programmodul ALDIN 4 eine ABC-Analyse durch. Schließlich besteht noch ein universelles Statistikprogramm, ALDIN 5, das es dem Benutzer erlaubt, sich selbst beliebige Auswertungen aus den vorhandenen Dateien zu erstellen.

4.362 ALDIN 1 – Bestandsführung

Das Programm übernimmt folgende Aufgaben:

- Verbuchung von Bestellungen, Lagerbeständen, Werkstattbeständen und Vormerkungen und Bewertung der Bewegungen
- Ausschußfortschreibung
- Fortschreiben der Vorhersagedaten, Bedarfsvorhersage und Überwachung von Vorhersageabweichungen
- Ausgabe von Verschrottungsvorschlägen

Ein besonderes Programm – PRIM – dient zum Laden und Korrigieren der Primärbedarfswerte in der Planwertdatei (Primärbedarfswerte).

[13] Vgl. für die folgenden Ausführungen die Übersichts- und Anwendungsschriften: *I. Konczak*, UNIS – UNIVAC-Industriesystem, Einführungsschrift, a. a. O.; UNIS – UNIVAC-Industriesystem, Lager- und Materialwirtschaft mit ALDIN (Einführungsschrift), BA 21800, Frankfurt/Main 1972.

4.363 ALDIN 2 – Deterministische Bedarfsermittlung

Dieses Programm ermittelt für bedarfsgesteuerte Teilenummern durch eine Stücklistenauflösung den Sekundärbedarf und speichert ihn in der Form einer Zeitreihe in die Planwertdatei. Je angesprochene Baugruppe werden vor der Bedarfsübertragung auf die Komponenten eine Brutto- und Nettobedarfsermittlung durchgeführt. Mit Hilfe einer Programmvariante kann ein Korrekturlauf zur Bedarfsplanung durchgeführt werden. In ihm kann eine Beschränkung der Bedarfsauflösung auf bestimmte Sachnummern erreicht werden.

4.364 ALDIN 3 – Disposition

Dieses Programm übernimmt folgende Aufgaben:

- Überprüfung offener Bestellungen und Feststellung, ob eine Stornierung, Umterminierung oder Mahnung nötig ist
- Vorschlag neuer Bestellungen in wirtschaftlicher Menge und zu optimalen Lieferterminen
- Berechnung statistischer Werte

Die Auslösung eines Bestellvorschlags kann in ALDIN nach verschiedenen Methoden erfolgen. Die erste Methode berücksichtigt den Bedarf der Wiederbeschaffungszeit und stellt ihn dem Bestand und den offenen Bestellungen gegenüber. Beim zweiten Verfahren bleibt der Bedarfsverlauf unberücksichtigt. Eine Bestellung wird ausgelöst, wenn Bestand und offene Bestellmenge unter einen fixen Bestellpunkt abgesunken sind.

4.4 Erfahrungen mit Modularprogrammen in der Materialwirtschaft und typische Umstellungsschwierigkeiten

Ein großer Teil der vorliegenden Praxiserfahrungen beim Einsatz von Standard- und Modularprogrammen in den Bereichen der betrieblichen Materialwirtschaft stammt noch von den älteren Programmen, vorwiegend von den weit verbreiteten Programmkomplexen MOSCOR und MINCOS, die als integriertes System der Materialwirtschaft zur Anwendung kamen. Außerdem gehen sie teilweise auf Stand-Alone-Programme zurück, die für eine Stücklistenauflösung, Bedarfsvorhersage oder die Bestandsführung verwendet wurden.

Die Erfahrungen sind sehr gemischt und nicht in allen Fällen eindeutig positiv. Das zeigte sich in zahlreichen Seminaren und Erfahrungsaustauschkreisen über Modularprogramme, die der Verfasser bei verschiedenen Seminarzentren im In-

und Ausland abgehalten hat. Doch ergab sich bei intensiveren Befragungen oft sehr schnell, daß mehrere unterschiedliche Gründe daran beteiligt sein konnten. Gewiß lagen die Mißerfolge teilweise darin begründet, daß die Programme selbst noch nicht flexibel und modular genug waren, um den spezifischen Bedürfnissen der Interessenten gerecht werden zu können. Häufiger allerdings noch stellte sich heraus, daß grundlegende Voraussetzungen für den Einsatz der Modularprogramme nicht vorhanden waren, da die Probleme einer sinnvollen Bestandsplanung und Materialdisposition unterschätzt oder gar nicht verstanden worden waren und daß viel zu hohe Erwartungen an die Materialwirtschaftsprogramme gestellt worden waren.

Gerade die betriebliche Materialwirtschaft mit ihren vielfältigen unterschiedlichen Funktionen läßt es nur in besonders günstig gelagerten Fällen zu, daß die angebotenen Programme in einer Standardablauffolge ohne große Überlegungen zum Einsatz kommen können. Was nützt ein erstklassiges Ablaufschema für eine Stücklistenauflösung, wenn es nicht gelingt, den Primärbedarf in eine maschinell verarbeitbare Form zu bringen, wie dies in der Maschinenbauindustrie immer wieder der Fall ist? Um eine betriebseigene passende Materialwirtschaftskonzeption zu erhalten, sind meist umfangreiche Vorüberlegungen, Änderungen bestehender Abläufe und zusätzliche Eigenprogramme nötig, um individuelle Probleme abzudecken.

Erfolgreich beim Aufbau einer integrierten Materialwirtschaft mit Standard- und Modularprogrammen waren in den vergangenen Jahren in der Hauptsache solche Industriebetriebe, die wenig von „Störungen" des Marktes und der Konstruktion infolge von technischenÄnderungen berührt wurden. Erst die neueren Modularsysteme dürften zusammen mit dem inzwischen gesammelten Know How in der Lage sein, auch kompliziertere Problemstellungen zu bewältigen.

4.41 Erfahrungen bei der Umstellung der Bestandsführung

Meist steht der Aufbau einer elektronischen Teilestammdatenorganisation und Bestandsführung am Anfang einer elektronischen Materialwirtschaft. Insgesamt besteht die Auffassung, daß Bestandsführungsprobleme verhältnismäßig einfach seien und das Gebiet schnell auf EDV übernommen werden könne, was programmtechnisch gewiß auch meist der Fall ist.

Trotzdem ergaben sich gerade bei der Umstellung der Bestandsführung mit Modularprogrammen in der Praxis oft unerwartete Schwierigkeiten und umfangreiche Änderungen der angebotenen Standardabläufe. Analysiert man die Ursachen, stößt man zuerst auf eine Reihe von vereinfachten Annahmen, die in den Programmen getroffen wurden und die in der praktischen Anwendung zu Programmänderungen und -zusätzen geführt hat.

Ein typisches Beispiel bildet der Warenzugang. Fast alle Bestandsprogramme gehen davon aus, daß es sich bei einem Zugang um eine Vollieferung, Teil- oder Schlußlieferung handeln kann. Für die mit der Lagerzugangsbuchung verbundene Entlastung des Bestellbestands ist diese Unterscheidung notwendig. Die Programme machen es erforderlich, daß der Wareneingangsmitarbeiter das Kennzeichen Teil- oder Schlußlieferung angibt. Damit dies überhaupt möglich ist, sind einige weitgehende Voraussetzungen unumgänglich (solange keine Terminals installiert sind):

- Von jeder Bestellung muß im Wareneingang eine Kopie abgestellt sein, auf der alle Teillieferungen abgetragen werden.
- Der Wareneingang ist zumindest so stark zu zentralisieren, daß eine bestimmte Teilenummer nur in der für dieses Teil vorgesehenen Eingangsstelle in Empfang genommen werden darf.

Es hat sich als zweckmäßiger und weniger aufwendig erwiesen, wenn das Bestandsprogramm wie folgt geändert wird: Aufgrund einer durchgeführten ABC-Klassifizierung wird bei A-Teilen eine 100%ige Belieferung erwartet, bei B-Teilen ist eine Abweichung von 5% und bei C-Teilen von 10% nach oben und unten zugelassen. Liegt die Liefererfüllung innerhalb dieser Toleranzgrenzen, wird der Bestellbestandssatz nach einem Monat Wartezeit (bei nicht vollständiger Erfüllung) automatisch gelöscht.

Ein anderes Problem ergibt sich durch die nicht selten erforderliche doppelte Verbuchung von Wareneingängen: Es ist eine unmittelbare Verbuchung nach dem Eingang der Ware notwendig, damit das Ausschreiben maschineller Mahnungen unterdrückt wird. Andererseits kann eine endgültige Zugangsbuchung nur beim Eingang der Ware im Lager erfolgen, da erst zu diesem Zeitpunkt eine Verfügbarkeit gegeben ist. Diese Präzisierung fehlt in den uns bekannten Programmen und muß vom Benutzer nachträglich eingebaut werden.

Fast immer ist in Standard- und Modularprogrammen der Bestandsrechnung die Führung von Werkstattbeständen vorgesehen. Gewiß bringt sie Vorteile für Unternehmen, die eine kurzfristige Erfolgsrechnung vorgesehen haben. Aber überwiegend gehen die Ambitionen noch nicht so weit und damit erübrigt sich auch die nicht sehr einfache Führung der Werkstattbestände. Sie macht bei der Fertigstellung eines Auftrags eine einstufige Stücklistenauflösung während der Bestandsführung zur Abbuchung der Komponenten vom Werkstattbestand erforderlich. Die Verwendung von Werkstattbeständen sollte bei Modularprogrammen entgegen den bisherigen Praktiken nur *eine* der angebotenen Alternativen sein.

Das Gros der Probleme liegt bei der Bestandsführung außerhalb der Programmanpassung bei der Lösung der betrieblichen Probleme. Ist zuvor keine Lagerbestandsführung vorhanden gewesen, dürfte es kaum möglich sein, sie schlagartig nach der Einführung von Ein- und Ausgangsbelegen zu erreichen. Wie träge jede Organisationsänderung vor sich geht, wurde in Betrieben ersichtlich, in denen vor dem Einsatz von Programmen zuerst geschlossene Läger, eine intakte Belegorganisation und ein geordneter vereinheitlichter Informationsfluß geschaffen werden mußten.

Die Vielzahl oft nur kleiner Programmänderungen sei an folgendem Beispiel dargestellt, das von der Datenerfassung her nicht einfach zu bewerkstelligen ist: Zur Durchführung einer Nettobedarfsermittlung ist die Führung von Vormerkungen notwendig. Ihre Abbuchung geschieht automatisch mit der Verbuchung der Lagerentnahme. Leider stimmen Soll- und Istentnahme nicht immer überein. Um nicht Restbestände der Vormerkungen als nicht definierbaren „Bodensatz" auf unbestimmte Zeit mitzuschleppen, ist ein Betrieb gezwungen, einen besonderen Rückmeldebeleg zu schaffen, der zur Abbuchung solcher Vormerkungen führt, die nicht zu einer Entnahme geführt haben. Üblicherweise sind für diesen alltäglichen Vorgang sowohl im Bestandsführungs- als auch im Bedarfsermittlungsprogramm vom Anwender eines Modularprogramms hierfür erst die Voraussetzungen zu schaffen.

Einen heiklen Punkt, der in Modularprogrammen sehr unterschiedlich gelöst ist, stellt die wertmäßige Bestandsführung dar. Die gebotenen Möglichkeiten reichen für die Praxis nicht immer aus, insbesondere wenn ein Unternehmen noch nicht mit Verrechnungspreisen und Preisabweichungen arbeitet, sondern sich mit einer Durchschnittspreisrechnung in der Materialabrechnung begnügt.

4.42 Erfahrungen mit Modularprogrammen der Bedarfsvorhersage

Die umfangreichen Formeln und Berechnungen, die zur Durchführung einer komplexen Bedarfsvorhersage notwendig sind, ergeben eine ideale Grundlage für Standard- und Modularprogramme. Die Erfahrungen mit einer computerunterstützten Bedarfsvorhersage sind bisher allerdings sehr unterschiedlich.

Am erfolgreichsten sind Bedarfsvorhersageverfahren bisher bei den einfachen Anwendungsfällen einer Verbrauchssteuerung gewesen, wie sie z. B. in größerem Umfang zur Steuerung von Hilfs- und Betriebsstofflagern und einfachen Ersatzteillagern aufgebaut wurde. Gegenüber einer ohnehin oft nur von zweitklassigen Mitarbeitern „nebenbei" durchgeführten manuellen Disposition nach einem groben Durchschnittsverfahren bedeutete die Anwendung des computerfreundlichen exponentiellen Glättungsverfahrens, das fast allen bekannten Modularprogrammen zugrunde liegt, einen ziemlichen Fortschritt. Der Einsatz dieses Verfahrens setzte lediglich die Einsicht voraus, daß es nur dort sinnvoll sein konnte, wo der Umfang und die Gleichförmigkeit des Verbrauchs eine Bedarfsvorhersage auf mathematisch-statistischer Basis zuließen[14]. Das bedeutete eine Aussonderung und andersartige Behandlung von Teilen mit niedrigem und ungleichmäßigem Verbrauch. Für sie hat sich die in Modularprogrammen als weitere Alternative meist enthaltene Vorhersage nach einem arithmetischen Durchschnittsverfahren mit gleichzeitiger Festlegung von Mindestbeständen als bester Kompromiß erwiesen.

Der Trend geht bei den Vorhersageprogrammen heute zu einem umfangreicheren Angebot an Möglichkeiten der Lagerplanung, der Modellauswahl, der Festlegung von Sicherheitsbeständen und der Modellüberwachung. Typisch hierfür sind die in PICS-Lagerdisposition gebotenen Möglichkeiten. Ihnen stehen aber die neueren Systeme anderer Softwareersteller kaum zurück. Nun ist bestimmt eine Beschränkung der Auswahlmöglichkeiten der Vorhersagemodelle auf ein Glättungsverfahren ohne Trendberücksichtigung, wie das immer noch teilweise der Fall ist, nicht ausreichend. Auf der anderen Seite dürfen wir nicht vergessen – was die neuesten Erfahrungen deutlich zeigen –, daß komfortable umfangreiche Bedarfsvorhersageverfahren trotzdem nicht immer in der Lage sind, bei gleichbleibender Lieferbereitschaft eine Senkung der Bestände zu erreichen. Die Anforderungen an das Vorhersagesystem eines umfangreichen Markenartikel- oder Ersatzteillagers steigen progressiv an. Selbst stark ausgebaute modulare Vorhersagesysteme reichen in ihren Möglichkeiten nicht aus, wenn z. B. ein terminlich unterschiedliches Osterfest oder Auswirkungen einer eigenen Werbekampagne (der üblicherweise eine solche der Konkurrenzfirmen folgt) in einer Bedarfsvorhersage ihren Niederschlag erhalten sollen. In vielen Fällen konnten deshalb standardisierte Vorhersageprogramme nicht die oft hochgesteckten Ziele befriedigen.

Der erfolgreiche Einsatz von umfangreichen Bedarfsvorhersagesystemen setzt Mitarbeiter voraus, welche die Formeln verstehen und durchschauen können. Bei Ausnahmesituationen muß eine manuelle Reaktion erfolgen (z. B. bei einem Knick der Vorhersagekurve aus irgendeinem Grund)[15]. Schließlich muß eine ständige Pflege der Dispositionsparameter erfolgen.

[14] Darauf wird in dem Erfahrungsbericht über den Einsatz von PICS-Lagerdisposition der ITT Austria besonders verwiesen. Vgl. *Helmut Rothböck*, Erfahrungen bei der Einführung von PICS, in: IBM Nachrichten 206, April 1971, S. 733 ff.

[15] Auf die Wichtigkeit einer Analyse und Bereinigung von Entnahmespitzen und auf eine enge Verbindung der Disposition zum Vertrieb, um besondere Ereignisse rechtzeitig zu erfahren, weist *W. Huber* in seinem Erfahrungsbericht über die Einführung einer automatischen Lagerdisposition hin. Vgl. *Walter Huber*, Erfahrungen bei der Einführung von PICS im Hause Friedrich Deckel, Präzisionsmaschinenbau, München, Seminarunterlage des IBM-Seminars „Erfahrungen über die Einführung von PICS“, Murnau 1970.

4.43 Erfahrungen bei der deterministischen Bedarfsermittlung

Zur Durchführung einer Stücklistenauflösung hat sich beim Einsatz von Modularprogrammen das analytische Dispositionsstufenverfahren durchgesetzt. Es ist zweifellos die vorteilhafteste Auflösungsmethode, solange Verfahren auf der Basis eines Matrixverfahrens nicht für einen allgemeinen Einsatz praxisreif sind. Für eine saubere stufenweise Stücklistenauflösung mit gekoppelter Nettobedarfsermittlung bieten heute alle größeren Computerfirmen brauchbare Standard- und Modularprogramme an.

Leider reicht dieses Zufriedenheitsniveau nur für einen kleineren Teil der potentiellen Anwender solcher Programme aus. Sobald die Forderungen an ein Bedarfsermittlungsprogramm darüberhinausgehen, sind die Erfahrungen bisher sehr differenziert. Aus verschiedenerlei Gründen führte die Prüfung solcher Programme in den vergangenen Jahren zur Ablehnung ihres Einsatzes. Das war besonders dann der Fall, wenn sich folgende Mängel zeigten:

- Neben einer periodischen Bedarfsauflösung ist bei marktnahen Unternehmen auch eine kurzfristige Auflösung von Bedarfsänderungen (neue Aufträge, Umterminierungen oder Stornierungen) notwendig. Dieser schwierige Programmteil fehlte bei den älteren Bedarfsrechnungsprogrammen meist. Das z. B. bei MOSCOR vorhandene synthetische Auflösungsverfahren zur Bewältigung von Bedarfskorrekturen fand wenig Anklang und war vom Ablauf her zeitaufwendig. Beim Fehlen eines brauchbaren Bedarfsänderungsprogramms verblieb den Materialdisponenten die schwierige Arbeit der manuellen Bedarfsermittlung zwischen den periodischen Programmabläufen. Sie wurde dadurch noch komplizierter, daß die Ergebnisse dieser manuellen Tätigkeit zusätzlich dem Datenverarbeitungssystem mitgeteilt werden mußten.
- Unzureichend gelöst war auch die Bedarfsermittlung bei der Verwendung von Variantenstücklisten in Plus-Minus-Form oder bei Typenstücklisten mit mehreren Mengenspalten. Sowohl in der Stücklistenorganisation als auch bei der Bedarfsermittlung waren hier so viele Änderungen der angebotenen Programme notwendig, daß uns kein Fall bekannt ist, in dem diese Frage mit Modularprogrammen als gut gelöst bezeichnet werden kann.
- Ein Ablehnungsgrund für Modularprogramme war bisher u. a. auch die unzulängliche Behandlung von Bedarf, der in die Vergangenheit gefallen war. Er wurde z. B. bei MOSCOR lediglich in einem besonderen Bedarfsfeld einer Sachnummer ohne einen Vermerk kumuliert, in welchem Umfang er bereits in die Vergangenheit gefallen war.

Überwiegend sind die Bedarfsermittlungsprogramme nach Angabe ihrer Ersteller für Einzelfertigung, Serienfertigung und Mischfertigung in gleicher Weise geeignet. Läßt ein Programm jedoch nur die Speicherung des Sekundärbedarfs nach

Menge/Periode zu, dürfte es für Betriebe der kundenauftragsbezogenen Einzel- und Kleinserienfertigung weniger geeignet sein, wenn dort der Bedarf für eine Sachnummer nach Aufträgen auseinandergehalten werden muß.

Ein anderes immer wieder auftretendes Problem eines Einzelfertigers hat dort den Einsatz eines Modularprogramms für die Bedarfsermittlung unmöglich gemacht: Es war in dem Unternehmen üblich, einen Teil des Bedarfs selbst zu fertigen und den Rest dazuzukaufen. Diese Trennung ließ sich mit Hilfe des Modularprogramms nicht bewerkstelligen.

Lösbar, aber als eine der häufigeren Programmänderungen hat sich die Berücksichtigung sog. übersprungener Gruppen[16] herausgestellt. Es geht hierbei darum, daß eine Baugruppe innerhalb einer Erzeugnisstruktur zwar vorhanden ist, aber bei der Bedarfsermittlung übergangen werden soll. Die verschiedensten Ursachen können dafür maßgeblich sein.

Bei der Bedarfsauflösung über mehrere Fertigungsstufen kann sich ergeben, daß der Bedarf der unteren Fertigungsstufen nicht den ganzen Wiederbeschaffungszeitraum abdeckt. Hier war es bei einfacheren Programmen notwendig, für diese Zeitstrecke auf der Basis des vorliegenden Bedarfs eine Bedarfsvorhersage durchzuführen.

Zusammenfassend ergab sich bei einer Problemanalyse im Rahmen der Prüfung der Anwendbarkeit von Modularprogrammen der Bedarfsermittlung oft ein Katalog von Forderungen, der sich durch Modularprogramme nicht erfüllen ließ. Er schreckte nicht selten von der Einführung dieser Programme ab und führte zu einer eigenen Lösung. Sind solche Firmen dadurch besser gefahren? Meist nicht. Die Überschätzung der mit eigener Kraft vorhandenen Möglichkeiten führte bisher nicht selten dazu, daß der Programmkomplex Nettobedarfsermittlung überhaupt nicht fertiggestellt wurde. Brauchbare Problemlösungen und eine leichtere Modifizierbarkeit der Programme sind für viele Betriebe erst durch die neueren verbesserten Modularkonzeptionen der Materialwirtschaft gegeben.

4.44 Erfahrungen mit Dispositionsprogrammen

Die Prüfung und Auslösung eines Bestellvorschlags durch die Gegenüberstellung des Soll- und Isteindeckungszeitraums hat sich bewährt und bedeutete gegenüber der vorher üblichen Mindestbestandsfeststellung ohne Berücksichtigung des Bedarfs einen erheblichen Fortschritt.

Mit dieser Durchrechnung kann zugleich auch eine Prüfung auf Umterminierung, Stornierung u. ä. vorgenommen werden, ein Punkt, der bei einer manuellen Abwicklung oder beim Einsatz einfacher Programme nicht genügend berücksichtigt wurde.

[16] Sie werden manchmal auch als Pseudoteile bezeichnet.

Für die Bestellmengenrechnung bieten die Modularprogramme eine Palette von Möglichkeiten zur Auswahl an: Feste Losgrößen, Periodenzusammenfassung, meist die Andlersche Formel und in jedem Fall die Formel für die gleitende wirtschaftliche Losgröße. Die Errechnung der günstigsten WILO bei jeder Bestellterminrechnung hat sich nicht immer bewährt, da sich dadurch ziemliche Schwankungen der Losgrößen ergeben können und keine Abstimmung auf vorhandene Transportmittel gegeben ist. Anwender der Programme empfehlen deshalb immer wieder, die Losgrößenformeln nur in Abständen von 1/2 bis 1 Jahr zur Kontrolle bestehender Losgrößen zu verwenden.

Nicht selten verzichten die Anwender überhaupt auf die Anwendung der in den Modularprogrammen angebotenen Formeln und verwenden eigene Formeln für die Losgrößenfestlegung, die eine bessere Kontrolle der Losgrößen ermöglichen sollen. Beispiel: Anwendung des ABC-Prinzips, um den Umfang der Bedarfszusammenfassung festzulegen mit zusätzlicher Bestimmung von Minimal- und Maximalgrößen und -perioden bei einzelnen Sachnummern.

Ein Mangel der gleitenden WILO besteht darin, daß sie bei Grenzbedingungen versagen kann. Beispiel:

Periode	1	2	3	4
Bedarf	400	200	5	700
Erreichte Losgröße	600		705	
Sinnvolle Losgröße	605			700

Durch zusätzliche Abfragen, die in der Formel eingebaut werden, läßt sich dieser Mangel beheben. Er führte neuerdings zur Erarbeitung einer ähnlichen Formel, in die der sog. Look-Ahead- und Look-Back-Gesichtspunkt eingearbeitet wurde.

4.5 Einführungsaufwand und Wirtschaftlichkeit von Modularprogrammen der Materialwirtschaft

Für die Umstellung der betrieblichen Materialwirtschaft auf EDV gilt ebenso wie in jedem anderen Unternehmensbereich der Grundsatz, daß das neue Verfahren zumindest langfristig wirtschaftlicher sein muß als die vorherige Abwicklung. Dieses Prinzip ist auch beim Einsatz von Modularprogrammen zu beachten.

4.51 Bemerkungen zum Einführungsaufwand

Die Berechnung des Umstellungsaufwands und des voraussichtlichen Nutzens ist bei einem so komplexen Bereich mit seinen unterschiedlichen Funktionen außerordentlich schwierig und auch keineswegs exakt möglich. Die Ermittlung von Aufwand und Nutzen ist noch am leichtesten möglich, wenn ein bestimmtes isoliertes Gebiet umgestellt wird, z. B. eine Materialabrechnung außer Haus oder beim Einsatz eines Geräts der mittleren Datentechnik. In jedem Fall sind die Einzelbereiche der Materialwirtschaft bei einer Wirtschaftlichkeitsrechnung als Ganzes samt der zugrunde liegenden Materialdatenbank zu sehen.

Der Aufbau eines integrierten Systems der Materialwirtschaft zieht sich über mehrere Jahre hinweg. Mit der als Basis erforderlichen Stücklistenorganisation sind mindestens 2,5 Jahre anzusetzen, bei einer umfangreichen Organisation dürften zur Realisierung und Konsolidierung 3–4,5 Jahre vergehen. Die Zeitspanne darf deswegen nicht zu kurz angesetzt werden, weil zwischen den einzelnen Umstellungsschritten Ruhepausen für die Fachabteilungen sich als sehr nützlich erwiesen haben.

Wieviele Funktionen und Auswertungen von der Umstellung der Materialwirtschaft betroffen sein können, zeigt die Umstellungsskizze in Abb. 14. Sie verdeutlicht daneben, daß auch bei weitgehendem Einsatz von Standard- und Modularprogrammen viele zusätzliche Eigenprogramme insbesondere für Auswertungen und Randgebiete notwendig sind. Der dargestellte Umstellungsplan ist nur als typisches Beispiel aufzufassen, nicht als einzig mögliche Schrittfolge.

Als wichtiger Gesichtspunkt sollte beachtet werden, daß die Anpassung der Programme in den meisten Fällen wesentlich weniger Aufwand verursacht und Schwierigkeiten bereitet als die ihr vorausgehende Schaffung einer vernünftigen und allgemein akzeptierten Konzeption und die parallel zu der Programmanpassung und -erstellung erfolgende Durchforstung und Systematisierung der Betriebsorganisation samt einer für die Datenverarbeitung zweckmäßigen Datenbereinigung und -aufbereitung[17]. Die Zusammenstellung von Steuerdaten und die zweckmäßige Festlegung von Ausgangsgrößen z. B. für eine Bedarfsvorhersage, die Verbesserung des Informationsflusses für eine aktuelle Lagerbestandsführung und eine enge Zusammenarbeit mit den angrenzenden Abteilungen sind nur sukzessive zu erreichen und ziehen sich oft über viele Monate hin. Solange diese mühselige Phase der Konsolidierung nicht abgeschlossen ist, sollten keine voreiligen negativen Schlüsse über die Datenverarbeitung und den Einsatz von Standardsoftware gezogen werden!

[17] *H. Rothböck* weist in seinem PICS-Erfahrungsbericht zur Einführung des Lagerdispositionssystems darauf hin: „Wenn keine Voraussetzungen (Materialbelegfluß) vorhanden sind, liegen 60–70% des Projektaufwands zusätzlich in der Betriebsorganisation". *H. Rothböck,* Erfahrungen bei der Einführung von PICS, a. a. O., S. 737.

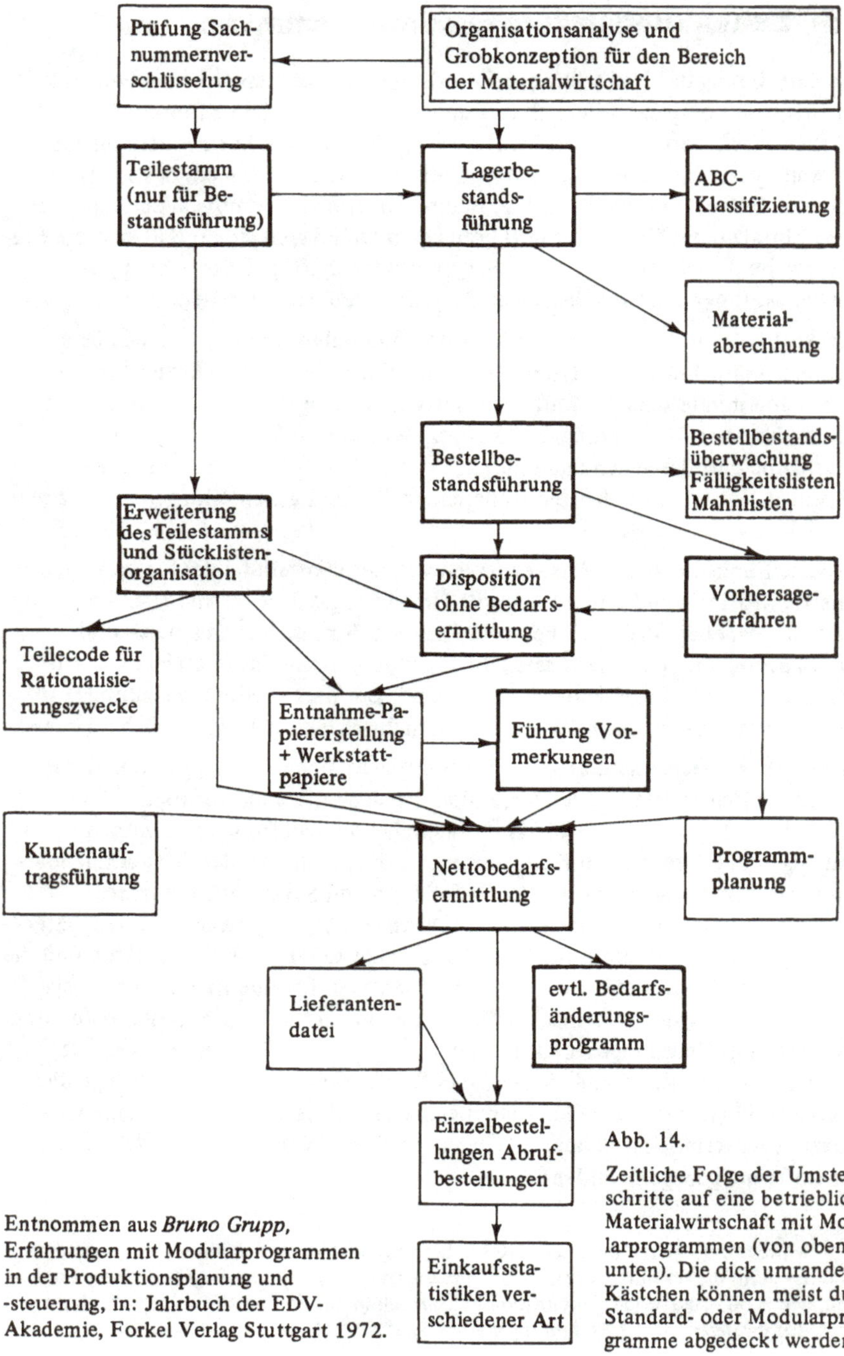

Abb. 14.

Zeitliche Folge der Umstellungsschritte auf eine betriebliche Materialwirtschaft mit Modularprogrammen (von oben nach unten). Die dick umrandeten Kästchen können meist durch Standard- oder Modularprogramme abgedeckt werden

Entnommen aus *Bruno Grupp*, Erfahrungen mit Modularprogrammen in der Produktionsplanung und -steuerung, in: Jahrbuch der EDV-Akademie, Forkel Verlag Stuttgart 1972.

4.52 Welcher Nutzen ist zu erreichen?

Die Abschätzung des Nutzens ist bei der Umstellung der Materialwirtschaft noch weitaus schwieriger als die des Einführungsaufwands. In keinem Fall ist es möglich, alle Nutzenfaktoren zu quantifizieren und eine vollständige Wirtschaftlichkeit vorweg zu errechnen. Vielmehr ist eine Unterscheidung in quantifizierbare und nicht quantifizierbare Nutzenpositionen vorzunehmen. Grundsätzlich ergeben sich durch den Einsatz von Modularprogrammen keine anderen Nutzenerwägungen als bei der Verwendung eigenerstellter Programme.

Folgende wesentliche Zielsetzungen lassen sich anstreben:

Bedarfsermittlung:

- Schnellere und exaktere Ermittlung des Sekundärbedarfs durch eine Stücklistenauflösung
- Unterstützung des Vertriebs durch die Erstellung einer Absatzprognose aus Vergangenheitswerten
- Exaktere Vorhersagemöglichkeiten für Sekundär- und Tertiärbedarf
- Möglichkeit schneller Reaktionen bei Bedarfsänderungen

Lagerdisposition:

- Möglichkeit einer individuellen Lagerplanung und -steuerung durch eine Klassifizierung der Teilegruppen
- Möglichkeit der Berechnung des erforderlichen Sicherheitsbestands bei einer festgelegten Lieferbereitschaft
- Bessere Kontrolle des Lagers durch aktuelle Lagersituationsberichte
- Möglichkeit von Lagerbestandssenkungen durch eine gezielte Lagerplanung und -überwachung
- Möglichkeit der Durchführung von Simulationsrechnungen, um die Auswirkungen einer gewünschten Lieferbereitschaft, eines bestimmten Sicherheitsbestands oder einer geplanten Losgrößensystematik vorher erkennen zu können
- Durchführung der Lagerdisposition mit einem möglichst geringen Personalaufwand

Eine Kostenbeeinflussung läßt sich im Bereich der Materialwirtschaft in erster Linie bei folgenden Posten erreichen:

Abbau von Lagerbeständen

Abbau von Werkstattbeständen (in Arbeit befindlicher Aufträge)

Schnellerer Lagerumschlag

Geringere Kosten zur Beschaffung von Fehlteilen

Höhere Lieferbereitschaft[18]

Erhöhung der Personalproduktivität im Dispositionsbereich und in der Bestandsführung

Die möglichen Einsparungen sind für jeden Betrieb individuell zu schätzen. Es empfiehlt sich, die Einsparungen aufzuteilen in die Kategorien sicher, wahrscheinlich und möglich. Dringend zu warnen ist vor der Übernahme „branchenüblicher Erfahrungswerte beim Einsatz von Modularprogrammen" oder vor der ebenso falschen Überlegung: „Wenn ein vergleichbarer Referenzbetrieb, den wir besucht haben, seine Bestände um 35% senken konnte, müßte bei uns wenigstens die Hälfte drin sein. . .".

Personalreduzierungen sind im Materialbereich durchaus möglich, jedoch überwiegend nur langfristig und dann, wenn nach der Umstellung eines Aufgabenbereichs eine Neuordnung der Strukturorganisation und eine laufende Verbesserung der Ablauf- und Arbeitsplatzorganisation stattfindet. Insbesondere sollte das Prinzip des Management by Exception für den Ausdruck der vielerlei Listen der Lagerbestandsführung und Disposition Anwendung finden, um die Überwachungstätigkeit möglichst stark einschränken und gezielt vornehmen zu können.

In den vergangenen Jahren hat sich gezeigt, daß der Einsatz isolierter Standard- und Modularprogramme oft nicht den erwarteten Erfolg gebracht hat. Die Ursachen liegen fast immer darin, daß eine parallele Ausrichtung der Büroorganisation, die dem eingesetzten Modularprogramm vor- und nachgelagert ist, unterblieb, so daß das Programm vom Betrieb nicht „assimiliert" wurde. Es führte in einer Reihe von Stellen zu Mehrarbeit, besonders für die Datenbereitstellung.

Unzufrieden waren nicht selten solche Anwender, die ein Programmpaket zum Einsatz brachten, das jedoch gegenüber den detaillierten manuellen Ausnahmeregelungen, die z. B. in der Disposition zuvor bestanden, sich als zu grob erwies. Solche Nachteile zeigten sich besonders bei den älteren Programmkonzeptionen, die vom Inhalt her nicht in allen Punkten so ausgebaut, flexibel und anpassungsfähig waren, daß sie den Ansprüchen einer Betriebsorganisation genügten.

[18] Sechs Monate nach Einführungsbeginn von PICS-Lagerdisposition konnte beispielsweise ITT Austria folgende zahlenmäßige Verbesserungen ausweisen: Verhältnis Gesamtlager zum Umsatz im Jahr zuvor 33,7%, im Folgejahr 31,1%; Verbesserung der Verfügbarkeit des notwendigen Materials von 60 auf 80% der Materialbezugslisten, die in ihrer Gesamtheit ausgefaßt werden konnten; hinzu kamen eine Senkung des Werkstattbestands und der unbewegten, nicht verwendbaren Teile. Vgl. *H. Rothböck,* Erfahrungen bei der Einführung von PICS, a. a. O., S. 738.

Es ist zu erwarten, daß die Wirtschaftlichkeit der neueren, stärker integrierten Programmkonzeptionen wesentlich besser sein wird. Das liegt aber nicht nur an den Programmen selbst, sondern ebenso an der inzwischen gereiften Erkenntnis, daß eine betriebliche Materialwirtschaft auch beim Einsatz von Standard- und Modularprogrammen nicht kurzfristig mit geringem Aufwand realisierbar ist. Von der Seite der angebotenen Programme her ist besonders auf den Vorteil hinzuweisen, daß bei der Datenausgabe vom Ausnahmeprinzip in erweitertem Umfang Gebrauch gemacht werden kann und die Verknüpfung der einzelnen Programmkomplexe z. B. zwischen Material- und Zeitwirtschaft besser durchdacht worden ist.

4.6 Checkliste zur Prüfung der Eignung von Modularprogrammen der Materialwirtschaft

Prüfen Sie vor dem Einsatz von Standard- und Modularprogrammen, ob die in der folgenden Aufzählung genannten Voraussetzungen gegeben sind oder sich erfüllen lassen! Überlegen Sie, ob weitere betriebsspezifische Fragen vorliegen, die mit Modularprogrammen evtl. schwierig zu lösen sind oder grundsätzlich einer Umstellung des Materialwirtschaftsbereichs im Wege stehen könnten. Sprechen Sie offene Punkte mit dem Softwarespezialisten ihrer Computerfirma oder einem EDV-Berater durch! Die schrittweise Umstellung der Einzelbereiche der Materialwirtschaft sollte erst beginnen, wenn für alle wesentlichen Probleme eine Lösungsmöglichkeit erkannt worden ist.

Konzeption und Zusammenhänge

01 Bestehen über den vorgesehenen Umfang der betrieblichen Materialwirtschaft feste Vorstellungen? Sind diese in einer Rahmenkonzeption festgehalten? Sind in dieser die wesentlichen Anforderungen an die vorgesehenen Programme enthalten? Gehen auch die gegenseitigen Verflechtungen aus dieser Übersicht hervor?

02 In welcher Form besteht eine Verbindung zwischen der Materialwirtschaft und der Zeitwirtschaft? Lassen sich die Probleme integriert und trotzdem schrittweise lösen? Welcher Bereich sollte bei der Umstellung Priorität haben?

03 Kann der gesamte Sekundärbedarf aus Kundenaufträgen ermittelt werden oder ist die Teilefertigung und Materialbeschaffung ganz oder teilweise durch ein Produktionsprogramm abzudecken? Wer erstellt diesen Plan? In welcher Form kann der Vertrieb für Absatzschätzungen herangezogen werden? Wer trägt die Verantwortlichkeit für Fertiglagerbestände?

04 Besteht ein integrierter Übergang von der Kundenauftragsverwaltung zur Bedarfsermittlung? Ist der kundenbezogene Primärbedarf in die Modularprogramme der betrieblichen Materialwirtschaft einbezogen oder muß dieser Zusammenhang vom Anwender selbst geschaffen werden?

05 Wer legt die Politik für die Ersatzteilhaltung fest? Wer gibt an die betriebliche Materialwirtschaft den Bedarf an Ersatzteilen auf? Sollen Ersatzteile und Produktionsteile getrennt bewirtschaftet werden? Wie soll in diesem Fall die Belegsteuerung erfolgen?

06 Besteht ein grober Überblick über die Maschinenlaufzeit beim Einsatz der Materialwirtschaftsprogramme? Besteht hierfür auf dem zur Verfügung stehenden Datenverarbeitungssystem in ausreichendem Umfang Kapazität?

Anwendungsprogramme

07 Bestehen mehrere Alternativprogramme, die eingesetzt werden könnten? Gibt es neben der vielleicht umsonst zur Verfügung stehenden Anwendungssoftware von Computerfirmen speziellere Standard- oder Modularprogramme, die auf dem Markt erworben werden könnten? Sind überhaupt die wesentlichen Quellen für den Bezug von Anwendungssoftware bekannt?

08 Decken die vorgesehenen Modularprogramme der Materialwirtschaft alle wesentlichen Funktionen ab? Wenn nicht: Wie groß ist der Aufwand der selbst zu erstellenden Programme?

09 Sind die vorgesehenen Modularprogramme bereits für alle vorgesehenen Aufgaben vorhanden? Welche Erfahrungen liegen aus anderen Unternehmen vor, welche die Programme benutzen? Über welche hauptsächlichen Mängel wird geklagt? Welcher Einführungszeitraum und -aufwand ergab sich für die Umstellung der einzelnen Funktionen?

10 Sind die einzelnen Programme miteinander integriert, d. h., benutzen sie z. B. die gleiche Datenbank?

11 Handelt es sich um Bausteinprogramme oder ist ein starrer Ablauf der Programme vorhanden? An welchen Stellen hat der Benutzer die Möglichkeit, Eingriffe und Änderungen vorzunehmen? Benutzerexits; Auswahlmöglichkeiten bei Moduln?

12 Sind die Modularprogramme in einer Programmiersprache geschrieben, die auch vom Benutzer verwendet wird? Können Zusätze und Änderungen in einer anderen Programmiersprache geschrieben werden?

13 Liegt für die vorgesehenen Modularprogramme eine ausreichende Dokumentation (Programmbeschreibung) vor, die von den Mitarbeitern der Anwenderfirma verstanden werden kann?

14 Ist nur ein sequentieller Ablauf der Programme möglich? Welche Programmlaufzeiten ergeben sich? Welche Laufzeiten ergeben sich bei wahlfreier Verarbeitung der Eingabedaten, soweit dies aufgrund der Datenorganisation möglich ist?

15 Enthalten die Programme eine Verfügbarkeitskontrolle, welche die Verfügbarkeitsprüfung nach absteigender Dringlichkeit vornimmt?

Personal, Schulung, Termine, Wirtschaftlichkeit

16 Sind für die vorgesehenen Umstellungsarbeiten in ausreichendem Umfang qualifizierte Mitarbeiter vorhanden, welche die notwendigen Datenverarbeitungskenntnisse, Organisationserfahrungen, eine ausreichende Kenntnis des Betriebs und einen weitreichenden Einblick in die vorgesehenen Modularprogramme besitzen?

17 In welchem Umfang ist eine Mitarbeit qualifizierter Systemberater der Lieferfirma der Modularprogramme bei Aufgaben der Systemanalyse und der Programmanpassung zu erwarten? Kostenlose Mithilfe? Tragbarer Stundensatz bei Mithilfe gegen Entgelt? Welche Erfahrungen liegen von anderen Anwendern über die Qualität der Systemberater vor? Wie lange dauert es, bis qualifizierte Mitarbeiter der Computerfirma im Bedarfsfall verfügbar sind?

18 Existiert ein Schulungsplan, der eine gründliche Ausbildung der für die Aufgaben vorgesehenen EDV-Mitarbeiter und der Kontaktpersonen vorsieht?

19 In welchem Umfang finden über die Anpassung der Modularprogramme Seminare der Herstellerfirma für Systemanalytiker und Programmierer statt? Wäre es aus Kostengründen zweckmäßiger, ein Seminar in der eigenen Firma abzuhalten?

20 Liegt ein realistischer Terminplan für die Einführung der einzelnen Programme vor? Sind hierbei die gegenseitigen Abhängigkeiten berücksichtigt?

21 Für welche Probleme wird durch den Einsatz von Materialwirtschaftsprogrammen eine Lösung erwartet? Sind diese Erwartungen realistisch?

22 Welche quantitativen Einsparungen können als sicher, wahrscheinlich und möglich erwartet werden?

Bestandsplanung und Bestandsabrechnung

23 Ist die Gewähr für eine aktuelle und vollständige Erfassung der Lagerbewegungen gegeben (Voraussetzung für eine Nettobedarfsermittlung)?

24 Besteht die Möglichkeit, Planungsvorgänge im Rahmen des Modularsystems vorher auf ihre Auswirkungen zu simulieren (Beispiel: Bestandsentwicklung aufgrund einer festgelegten Lieferbereitschaft u. ä.)?

25 Sind in die Lagerbestandsführung Kontrollrechnungen eingebaut, welche ein überdurchschnittliches Ansteigen von ungeplanten Entnahmen oder einen verspäteten Wareneingang kurzfristig dem Disponenten melden?

26 Besteht Klarheit über die Art einer wertmäßigen Materialabrechnung? Welche Zusammenhänge mit anderen vorhandenen oder geplanten Programmen des Rechnungswesens müssen beachtet werden?

27 Kann im Rahmen der Bedarfssteuerung auch die Disposition für verbrauchsgesteuerte Teile vorgenommen werden oder ist hierfür ein gesonderter Programmlauf notwendig?

28 Welche Möglichkeiten einer stochastischen Bedarfsermittlung sind gegeben? Sind die Vorhersagemodelle bereits erprobt? Sind sie für die Anwenderfirma zweckmäßig? Welche Möglichkeiten der Abwandlung würden bestehen?

29 Können im Wareneingang die für eine Bestandsführung geforderten Voraussetzungen geschaffen werden? – Zentralisierung, Feststellung, ob Teil- oder Schlußlieferung, sofortige Weitergabe von Eingangsbelegen?

30 Häufig ist die Rückmeldung fertiger Aufträge aus dem Betrieb ein Schwachpunkt des Belegflusses. Besteht die Möglichkeit, einen vollständigen und aktuellen Belegrückfluß zu erreichen? Ist dies auch zu erreichen, wenn Werkstücke nicht zur Weiterbearbeitung über ein Zwischenlager laufen?

31 Muß auch eine Bestandsführung für die in der Packerei und im Versand befindlichen Bestände durchgeführt werden (Forderung des Rechnungswesens zur kurzfristigen Erfolgsrechnung)?

Bedarfsrechnung und Disposition

32 Sind die für den Einsatz von Modularprogrammen der Materialwirtschaft erforderlichen Voraussetzungen auf dem Gebiet der Stücklistenorganisation bereits geschaffen worden?

33 In welcher Form muß der Primärbedarf für das Bedarfsmittlungsprogramm zur Verfügung gestellt werden? Karten, Bänder, Magnetplatte?

34 Wird der Bedarf nach Terminen je Bedarf oder nach Bedarfsperioden zusammengefaßt oder sind beide Möglichkeiten gegeben? Was ist für den Benutzer zweckmäßiger?

35 Wird bei der Bedarfsermittlung der übergeordnete Bedarf in allen seinen aktiven Verwendungen so festgehalten, daß bei Kapazitätsengpässen auf niedrigen Fertigungsstufen festgestellt werden kann, welcher Primärbedarf hiervon betroffen ist?

36 Welche Möglichkeiten der Vorlaufverschiebung können angewendet werden? Pauschaler Vorlauf, Übernahme der Vorlaufdaten aus dem Arbeitsplan usw.?

37 Können durch das Modularprogramm Bedarfsänderungen zeitsparend abgewickelt werden oder ist nur eine Vollauflösung des Primärbedarfs möglich? Lassen die Anwenderprobleme eine Beschränkung auf die letzte Lösung zu?

38 Ist bei technischen Änderungen eine rechtzeitige Bedarfskorrektur möglich, ohne daß eine neue Vollauflösung des Bedarfs erforderlich ist?

39 Können während der Bedarfsermittlung ein Abgleich mit der zur Verfügung stehenden betrieblichen Kapazität und ein maschineller Kapazitätsausgleich durchgeführt werden? Sind die vorgesehenen Methoden für den Anwender der Programme sinnvoll?

40 Wie wird Bedarf behandelt, der bei der Auflösung der Stücklisten in die Vergangenheit fällt? Ist das vom Modularprogramm angewandte Verfahren für den Benutzer akzeptabel? Ergeben sich auf diese Weise bei der Terminierung und Werkstattsteuerung Engpässe?

41 Sollen alle Sachnummern in einem gemeinsamen Programmlauf disponiert werden oder wäre es zweckmäßiger, für die Verbrauchsplanung (Ersatzteile, Hilfs- und Betriebsstoffe) einen getrennten Programmkreis aufzubauen? – Nummerung, Vorgehensweise, getrennte Verantwortlichkeit?

42 Welche Formen der Losgrößenunterstützung sind standardmäßig in das Modularsystem eingebaut? Sind sie für die Zwecke des Unternehmens anwendbar?

43 Soll eine Zusammenfassung des Bedarfs zu Teilefamilien erfolgen? Ist dies mit Hilfe der vorgesehenen Modularprogramme standardmäßig möglich? Wenn nein: Ist es möglich, daß der Benutzer diese Zusatzroutinen in ein Programm einbaut?

44 Wie werden manuelle Dispositionen eingegeben und vom Bestellbestandsprogramm verwaltet?

45 Ist eine Steuerungsmöglichkeit in der Materialdisposition nach dem ABC-Prinzip möglich?

46 Welche Möglichkeiten der Trendplanung bestehen, wenn der sich durch eine Bedarfsauflösung ergebende Sekundärbedarf aufgrund der Vorlaufverschiebung nicht den gesamten Zeitraum der Wiederbeschaffungszeit abdeckt?

47 Enthalten die Materialwirtschaftsprogramme auch Funktionen für den Einkauf oder ist eine Erweiterung der Programme in dieser Richtung geplant?

48 Welche Arten von An-/Auslaufmöglichkeiten treten im Unternehmen auf? Welche davon können vom Modularprogramm abgedeckt werden?

49 Sind im Zusammenhang mit der deterministischen Bedarfsermittlung technische Fertigungsreihenfolgen festzulegen oder Verschnittprobleme zu lösen?

Besteht eine Möglichkeit, solche Zusatzroutinen in das Bedarfsrechnungsprogramm als Unterprogramm einzuschieben?

50 Müssen bei der Bedarfsvorhersage Trends oder Saisonschwankungen berücksichtigt werden? Enthält das Modularprogramm diese Vorhersagemöglichkeiten?

5. Betriebliche Zeitwirtschaft mit Modularprogrammen

Neben den Funktionen der Materialwirtschaft steht im Industriebetrieb die Zeitwirtschaft bei der Umstellung auf EDV im Mittelpunkt der Bemühungen. In einer Reihe kleinerer Maschinenbaubetriebe kann sie bereits über ein Dienstleistungsrechenzentrum zum Einsatz kommen, wenn sich in anderen Betriebsbereichen die Anwendung der Datenverarbeitung noch als verfrüht erweist. In einem solchen Fall ist das Vorliegen von Modularprogrammen meist die einzige Möglichkeit, eine kurzfristig realisierbare Lösung für Probleme einer besseren und aktuelleren Werkstattübersicht zu finden.

Auch beim Einsatz eines Terminierungsprogramms auf einem eigenen Datenverarbeitungssystem sind Modularprogramme häufig unentbehrlich. Das ist besonders dann der Fall, wenn in ein Terminierungsprogramm folgende Punkte einbezogen werden sollen:

- Die Berücksichtigung von Kapazitätsgrenzen und ein vom Computer durchgeführter Belastungsausgleich
- Die Verknüpfung einzelner Arbeitsgänge und Aufträge zu einem Gesamtnetz
- Der Aufbau von Warteschlangen aufgrund von Prioritätsregeln
- Eine Verfügbarkeitskontrolle vor dem Start von Werkstattaufträgen unter Berücksichtigung von Prioritätsregeln

5.1 Zusammenhänge und Arbeitsabläufe in der betrieblichen Zeitwirtschaft

Die Zeitwirtschaft bildet zusammen mit der Materialwirtschaft den Gesamtbereich der Produktionsplanung und -steuerung. Die Verknüpfung dieses Subsystems der Fertigungssteuerung zu den benachbarten Betriebsbereichen zeigt Abb. 15. Besonders enge Verbindungslinien bestehen zum vorgelagerten Organisationskreis der Materialwirtschaft. Doch liefert die Zeitwirtschaft auch wichtige Eingabedaten für die Betriebsabrechnung und die Kundenauftragsabwicklung mit Verkaufsabrechnung.

Der Organisationsbereich der Zeitwirtschaft besteht aus der Führung der Werkstattbestände, einer Durchlaufterminierung und Kapazitätsterminierung, der Verfügbarkeitskontrolle vor dem Start von Aufträgen, der Auftragsfreigabe, der

Werkstattpapiererstellung und der Fertigungsüberwachung. Randfunktionen dieser Aufzählung, z. B. eine Verfügbarkeitskontrolle oder maschinelle Werkstattpapiererstellung, können auch außerhalb der Zeitwirtschaft abgewickelt werden.

Es bestehen zwei unterschiedliche Möglichkeiten des Zusammenwirkens der Einzelfunktionen, die sich auch bei den angebotenen Modularprogrammen zeigen werden. Ist der Bereich der Zeitwirtschaft in sich abgeschlossen, wie das hauptsächlich bei den älteren Modularsystemen des Terminwesens der Fall ist, ist meist der in Abb. 15 dargestellte Zusammenhang der Programme gegeben.

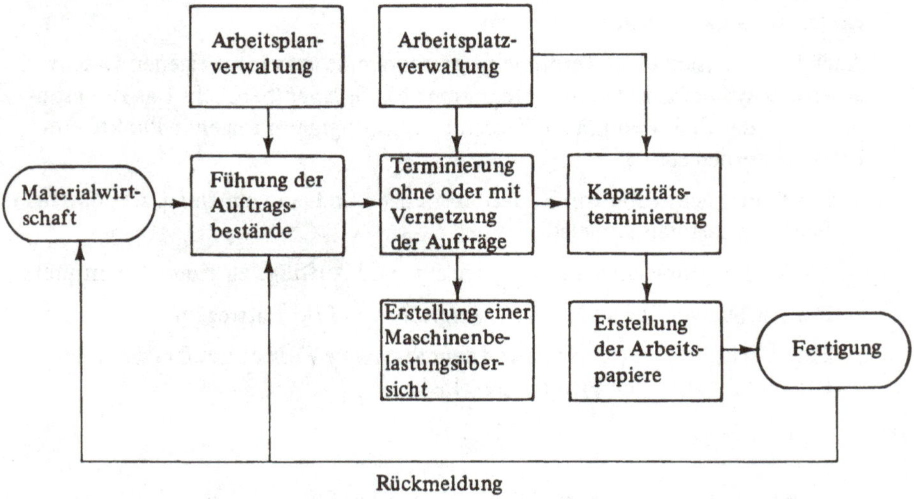

Abb. 15. Zusammenhang der Zeitwirtschaftsprogramme, wenn keine Integration mit der industriellen Materialwirtschaft gegeben ist

Der Organisationsbereich der Materialwirtschaft liefert hierbei als wesentliche Eingabedaten in die Zeitwirtschaft Betriebsaufträge. Sie werden anhand der gespeicherten Arbeitspläne nach Arbeitsgängen aufgelöst und sequentiell im Speicher der geplanten und offenen Werkstattaufträge geführt. Die gespeicherten Aufträge werden einer Terminierung unterzogen. Aus dieser kann der Anwender eine Übersicht über den Auftragsablauf und die Maschinenbelastung gewinnen. Zur Terminierung ist zusätzlich eine Arbeitsplatzdatei notwendig. Im Anschluß an die Durchlaufterminierung ist eine Feinterminierung möglich. Wird sie lediglich als kurzfristige Feinsteuerung durchgeführt, besteht sie in einer Reihenfolgefestlegung der zur Fertigung anstehenden Arbeitsgänge vor jedem zur Verfügung stehenden Arbeitsplatz entsprechend einer im Programm festgelegten Prioritätsfolge.

Wesentliches Ergebnis der Feinterminierung ist eine Arbeitszuteilungsliste. Außerdem ist es möglich, anschließend die Arbeitspapiere zu erstellen. Doch ist auch die Regelung anzutreffen, daß die nicht terminierten Arbeitspapiere bereits zuvor über EDV oder mit Hilfe einer abgestellten Matrize über ein Vervielfältigungsgerät erstellt werden. Fertiggestellte Arbeitsgänge und ganze Aufträge werden an die Datei der Werkstattauftragsbestände rückgemeldet. Bei fertigen Aufträgen wird außerdem die Materialwirtschaft (die dort geführte Auftragsdatei) benachrichtigt.

Eine Verbesserung der Ergebnisse der Terminierung kann erreicht werden, wenn die Arbeitsgänge eines Auftrags oder zusammengehöriger Aufträge in der Form eines Netzwerks miteinander verknüpft werden (s. Abb. 16). Die Netzverbindungen werden entweder bereits mit den Arbeitsgangdaten zur Auftragsbestandsführung eingegeben oder sie werden aufgrund von Angaben, die in einer Verbindungsdatei enthalten sind, in einem sich an die Durchlaufterminierung anschließenden Programm erzeugt.

Beim Vorliegen einer Vernetzung, die bei längerfristigen Aufträgen sinnvoll ist, ist es zweckmäßig, eine Kapazitätsterminierung ganzer Betriebsaufträge bereits mittelfristig als Erweiterung der Durchlaufterminierung vorzunehmen.

Ein günstigerer Gesamtablauf läßt sich erreichen, wenn eine Trennung der Funktionen der Belastungsplanung und der Auftragsauslösung und -überwachung vorgenommen wird. Durch diese Trennung kann erreicht werden, daß im Anschluß an eine Bedarfsermittlung auch eine Prüfung durchgeführt werden kann, ob die Werkstattkapazität für die geplanten Aufträge ausreicht. Unabhängig

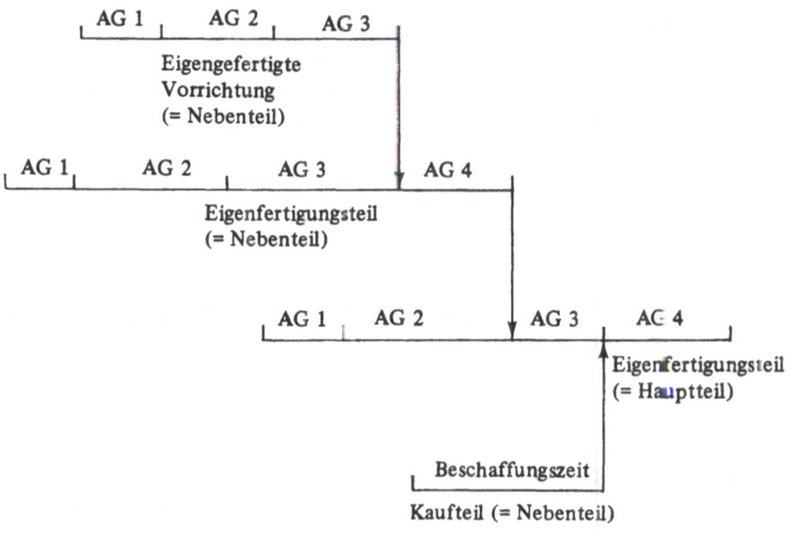

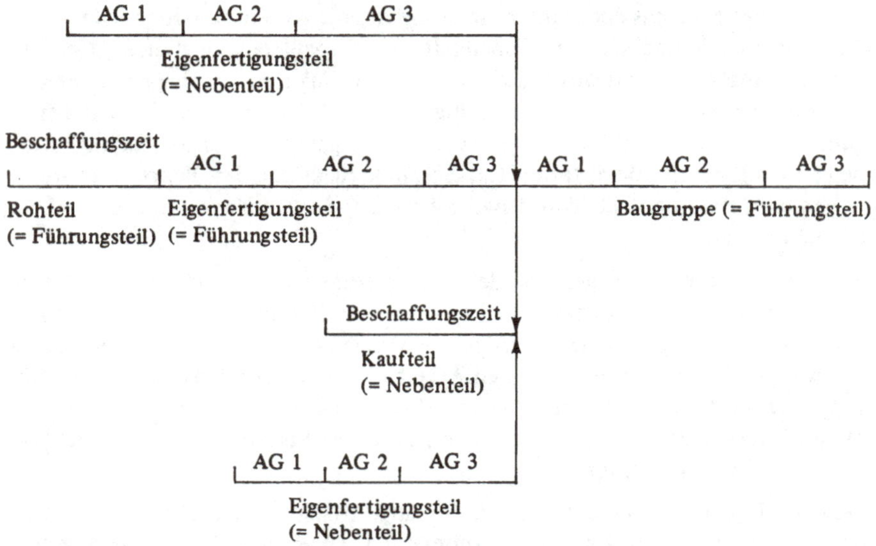

Abb. 16. Möglichkeiten der Vernetzung von Aufträgen. Im ersten Fall können die Verknüpfungen über den Arbeitsplan, im zweiten Beispiel auch aus der Erzeugnisstruktur der Stückliste gewonnen werden

davon kann in einem vom Unternehmen festgelegten Turnus eine Freigabe von Aufträgen erfolgen. Sie können zuvor einer Verfügbarkeitskontrolle unterzogen werden. Nur die freigegebenen Aufträge werden in einer Auftragsbestandsdatei geführt, in welche die Rückmeldungen der Arbeitsgänge erfolgen. Es besteht die Möglichkeit, diese Datei kurzfristig aufgrund der aufgelaufenen Dringlichkeit der Arbeitsgänge neu zu ordnen und eine Arbeitszuteilungsliste auszudrucken.

In den Organisationskreis Zeitwirtschaft kann eine Reihe von Auswertungsprogrammen eingebaut werden. Aus ihnen lassen sich z. B. eine Personalbedarfsvorschau und diverse Fertigungsstatistiken über den Ausstoß, die Ausschußhöhe, den Umfang der Nacharbeit und der Nachbezüge, über den erzielten Leistungsgrad, über Rückstände usw. gewinnen.

5.2 Übersicht über die Modularprogramme der Zeitwirtschaft

Die Entwicklung integrierter Programmsysteme der Zeitwirtschaft ist bisher noch nicht soweit fortgeschritten wie in der Materialwirtschaft. Bis heute (Ende 1972) sind noch nicht alle Computerfirmen in der Lage, integrierte Modularprogrammsysteme der Kapazitätsplanung und -steuerung anzubieten, die den gesamten Bereich abdecken. Etwas häufiger sind einfachere Standardprogramme anzutreffen, die sich jedoch nur unter bestimmten Voraussetzungen von einem begrenzten Benutzerkreis einsetzen lassen.

Die in der folgenden Tabelle aufgezählten Programme sind nur teilweise in der Praxis erprobt. Es liegt auch noch nicht für alle Programme eine ausreichende Programmdokumentation vor, die eine detaillierte Programmbeurteilung ermöglichen würde.

Firmenname	Programmbezeichnung	Funktion und Bemerkungen
Honeywell Bull	MIACS 100	Durchlaufterminierung mit Prioritätsregelung
	MIACS 200/2000	Kapazitätsterminierungsprogramm
	MIACS 400/6000	Für Netzterminierung Einsatz des MPM-Verfahrens[1]
IBM	CAPOSS	Angekündigtes Kapazitätsterminierungsprogramm; lizenzpflichtig
	CLASS 30	Kapazitätsterminierungsprogramm; Einsatzmöglichkeit für Datenverarbeitungssysteme ab 360-25
	CLASS 20	Kapazitätsterminierungsprogramm für die Computermodelle 360-20
	CLASS System /3	Kapazitätsterminierungsprogramm für das System /3
	PICS-CP und SFC	Kapazitätsterminierungsprogramm; Werkstattsteuerung
ICL	PROMPT	Bandorientiertes Terminierungsprogramm
	POWER	Kapazitätsterminierung
SIEMENS	BASIS FG und FF	Programme für eine Durchlauf- und Feinterminierung
	ASS	Auftragssteuerungs-Standardprogramm
	DIAS	Standardprogrammsystem, das BASIS ähnlich ist
UNIVAC	UNITEK	Auftragsbestandsführung und Durchlaufterminierung
	TPS II	Kapazitätsterminierungsprogramm

Die von allen Computerfirmen angebotenen Netzwerkprogramme (z. B. PCS, LESS, SINETIK usw.) bleiben außerhalb unserer Ausführungen.

[1] MPM = Metra Potential Method, ein spezielles Netzwerkverfahren.

5.3 Kurzdarstellung bekannter Modularprogrammpakete der Zeitwirtschaft

Die anschließende Darstellung von Stand-Alone-Programmen und integrierten Modularsystemen des Terminwesens beschränkt sich auf einige Programmsysteme bekannter Computerhersteller, die bereits eine breitere Anwendung haben oder bei denen eine solche zu erwarten ist.

5.31 Das Kapazitätsterminierungsprogramm in MIACS 200 (Honeywell Bull)

MIACS enthält für die in ihm zusammengefaßten Einzelsysteme unterschiedlich aufgebaute Terminierungsprogramme. Wir beschränken uns entsprechend der Darstellung der Materialwirtschaftsprogramme auf das Kapazitätsterminierungssystem MIACS 200 (genannt SAL 200). Dieses Terminierungsprogramm, das bis auf einige Besonderheiten dem IBM-Terminierungsprogramm CLASS vom Aufbau her ähnlich ist, kam bereits bei Industriebetrieben zum Einsatz[2].

Das MODUL SAL 200 des Modularsystems MIACS 200 führt eine Durchlauf- und Kapazitätsterminierung durch und besteht im einzelnen aus folgenden Phasen:

- einer Maschinengruppenverwaltung
- Auftragsbestandsverwaltung
- einer Reorganisationsphase
- einer Kapazitätsterminierung

Mit Hilfe von Verbindungsangaben kann ein Netzwerk aufgebaut werden, das erforderliche Zusammenhänge zwischen unterschiedlichen Aufträgen herstellt. Das Programm berücksichtigt bei der Errechnung der einzelnen Start- und Endtermine dieses Auftragsnetz.

Im Anschluß an die Errechnung realistischer Start- und Endtermine unter Berücksichtigung der Kapazitätsgrenzen (langfristige Kapazitätsterminierung) kann eine Feinplanung durchgeführt werden. Sie beinhaltet eine Maschinenbelegung für einen ausgewählten Zeitraum. Damit wird die Reihenfolge der Arbeitsgänge auf den einzelnen Arbeitsplätzen anhand von Arbeitsgangprioritäten festgelegt.

[2] Eine ausführliche Programmdokumentation soll im 4. Quartal 1972 erscheinen. Die Ausführungen stammen aus einer Kurzdarstellung der Programmbausteine in Honeywell Bull MIACS Gesamtorganisation (siehe a. a. O.), aus mündlichen Informationen und aus einem Bericht der Anwenderfirma Hilti AG, *Schaan*, Anwendung des Honeywell Kapazitätsterminierungssystems bei der Hilti AG.

Als Arbeitsgangprioritäten kommen z. B. ein Zeitverzug oder -puffer, die aufgelaufene Kapitalbindung und die Regel der kürzesten Operationszeit zum Einsatz.

5.32 CLASS (IBM)

Das in den vergangenen Jahren bekannteste Terminierungsprogramm ist das CLASS-Programm (Capacity Loading and Scheduling System). Es handelt sich um ein Stand-Alone-Programm, das erst in der neuesten Version, dem CLASS für das System /3, eine Verbindung zur Datenbank des Stücklistenprocessors erhalten hat. Wir beschränken unsere Kurzdarstellung auf die bekannteste CLASS-Version, das CLASS 30[3]. Es besteht aus mehreren Phasen. Sie können nacheinander oder nur teilweise (z. B. bis zur Durchlaufterminierung oder bis zur langfristigen Kapazitätsterminierung) eingesetzt werden. Das Zusammenspiel der einzelnen Programmabschnitte ergibt sich aus Abb. 17. Nicht möglich ist beim Einsatz von CLASS ein isolierter Programmablauf einer bestimmten Phase, z. B. der kurzfristigen Kapazitätsterminierung, ohne daß die vorhergehenden Programmteile durchlaufen werden. Diese Weiterentwicklung enthält dagegen das neuere Programm CAPOSS.

Der sequentiell organisierte Auftragsspeicher enthält alle in das Programmsystem eingegebenen geplanten und offenen Werkstattaufträge. Vor jeder Terminierung wird der gespeicherte Auftragsbestand um Neuzugänge an Aufträgen (aufgelöst nach Arbeitsgängen) und Fertigmeldungen erledigter Arbeitsgänge und ganzer Aufträge korrigiert. Die *Maschinengruppenverwaltung* führt die Verwaltung der Maschinengruppensätze durch. Hier ist es besonders wichtig, stets die eingegebenen Kapazitäten auf dem neuesten Stand zu halten, was bei starken Kapazitätsschwankungen aufwendig sein kann.

Im Programmteil *Durchlaufterminierung* wird jeder Arbeitsgang des Auftragsbestands vom Starttermin aus in Richtung Zukunft ohne Berücksichtigung von Kapazitätsgrenzen terminiert. Eine mögliche Überlappung und Splittung von Aufträgen wird beim Vorliegen entsprechender Schlüssel berücksichtigt. Fallen Auftragsstarttermine in die Vergangenheit, kann eine Reduzierung der Übergangszeiten stattfinden. Hat ein Benutzer Verbindungskarten eingegeben, erstellt das Programm ein Netzwerk der miteinander verbundenen Aufträge. Als Ergebnis der Durchlaufterminierung erhält der Benutzer auf Wunsch eine Maschinenbelegungsübersicht für jede Maschinengruppe und einen Auftragsablaufplan.

Bei der sich anschließenden langfristigen Kapazitätsterminierung findet eine simultane Einplanung der Aufträge nach Auftragsprioritäten auf die verfügbare

[3] Die folgenden Ausführungen stammen aus einer Reihe von Anwenderbeschreibungen und folgenden IBM-Unterlagen: CLASS, IBM Modularprogramm für die Kapazitätsterminierung, Einführungsschrift, IBM Form 80 713-0; Kapazitätsterminierung 360/30 Vorabdokumentation Version 7.

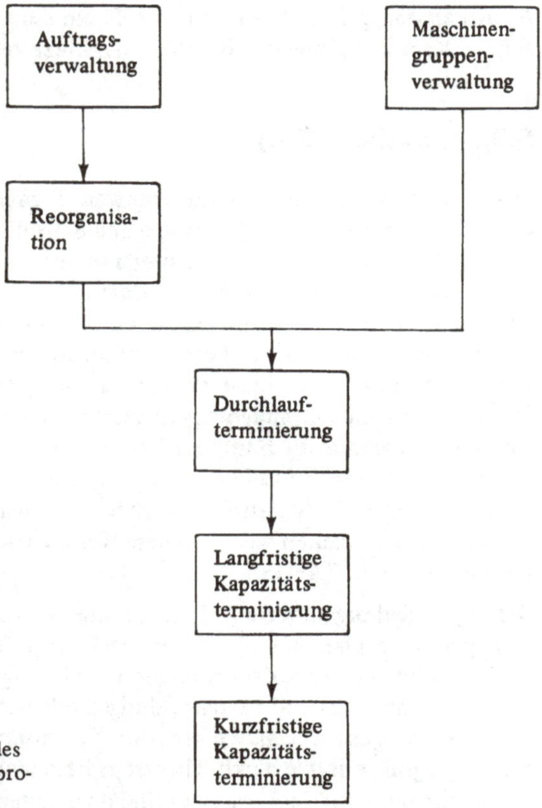

Abb. 17. Ablauffolge der Phasen des Kapazitätsterminierungsprogramms CLASS

Kapazität der Maschinengruppen statt. Bei Engpässen führt das Programm eine Verschiebung von Arbeitsgängen oder das Ausweichen auf Ersatzmaschinengruppen durch. Ergebnis der langfristigen Kapazitätsterminierung sind realistische Start- und Endtermine für alle Aufträge.

Die kurzfristige Kapazitätsterminierung dient der Feinplanung aller Arbeitsgänge für die vom Benutzer festgelegte Feinsteuerungsperiode. Sie beträgt meist 5 oder 10 Tage. Bei der Feinplanung wird die günstigste Reihenfolge der Fertigung an den zur Verfügung stehenden Maschinen ermittelt. Grundlage für diese Entscheidung bilden eine Reihe von Arbeitsgangprioritäten, nach denen die zur Bearbeitung anstehenden Arbeitsgänge gewichtet und in eine Warteschlange eingereiht werden. Die wichtigste Ausgabe der Feinterminierung ist eine Maschinenbelegungsübersicht. Sie kann den Werkstattmeistern als Arbeitsanweisung dienen. Daneben können ein kurzfristiger Auftragsablaufplan, eine Rückstandsliste, eine Materialbereitstellungsliste und eine Übersicht über die aufgelaufene Kapitalbindung ausgedruckt werden. Einen Überblick über wichtige Ausgaben geben Abb. 18a–c.

D08 M A S C H I N E N - B E L A S T U N G DREHBANK 41 ST 3113 SEITE 22

WOCHE	TERMIN-EINHEIT VON BIS	VERF. KAPAZ.	KAPAZ. BEDARF FR.ST.	KAPAZITAETSBEDARF BEI SPAETESTMOEGL. START	NICHT NUTZBARE KAPAZITAET BEI FRUEHESTMOEGL. START	FEHLENDE KAPAZITAET TROTZ MAX. VORZIEHENS
		STD	STD	STD	STD	STD
4	8040-8049	60,0	163,1	39,2	0,0	0,0
5	8050-8059	60,0	115,0	124,6	0,0	43,8
6	8060-8069	60,0	20,1	41,4	0,0	0,0
7	8070-8079	60,0	45,0	30,1	0,0	0,0
8	8080-8089	60,0	46,3	29,6	0,0	0,0
9	8090-8099	60,0	55,7	58,2	0,0	0,0
10	8100-8109	60,0	75,5	116,8	0,0	19,9
11	8110-8119	60,0	77,8	102,6	0,0	42,6
12	8120-8129	60,0	17,5	43,4	0,0	0,0
13	8130-8139	60,0	0,0	26,5	0,0	0,0
	SUMMEN	600,0	616,0	612,4	0,0	106,3

Abb. 18a. Ausschnitt aus einer Maschinenbelastungsübersicht als Ergebnis einer Durchlaufterminierung
Quelle: CLASS, IBM Modularprogramm für die Kapazitätsterminierung, Einführungsschrift, IBM Form 80 713-0. COPYRIGHT mit freundlicher Genehmigung der IBM Deutschland

```
                                                                              EWR  F07      196       20/01/68
F07    AUFTRAGS-ABLAUF                 GEGENSTAND              ERL.ABG.GFS. VERSCH.         AL-           TL AG NE    AT    ET   LT
AUFTR.  STICHWORT      GR-NR  TEIL-NR   AG  MA-GR  KOSTEN BEARB-Z SP  STD  STCK ANF-END  ST RED TER PI PE BED  DIFF

403745  SIACE           2170      902   20*  3037   1655   60,41  1          1           0 40      16     1              8072
                                        21*  0449     14    1,00  1          1           0 40      16     1              8095
                                        24*  3615    973   38,33  1          1           0 40      16     1              8103
                                        26*  3405     57    2,70  1          1           0 40      16     1              8119

                                  906  BLECH                        0     16                    3      4     6     6   741  805  806
                                        00*  0703     00   16,00  1          2 040-044   0 40   2  11       0     6    8046

                             946    5  BOHRLEHRE                    0      8                    3      4     7     7   741  805  806
                                        00*  0463     00    8,00  1          1 042-044   0 40   1  11       0     5    8047

                             946   14  DORN                         4     49        5-          3      4   21-   21-   741  803  806
                                      . 02*  3556    873   45,00  1          3 046-054   0 40   2  13       0    6-    8040

                        2171      125  QUERWELLE                    0      1                    4      4     6   17-   741  803  806
                                        00*  0449     14    1,00  1          1 046-046   0 40   1  12       1     1    8047

                                  126  ROHR                         5      6                    4      4   17-   17-   741  803  806
                                        03*  3113     26    1,66  1          1 040-040   1 40   1  12       0          8040
        VERKN.MIT 403745 2171     125   00

                                  203  BLECH                       16     66        5-          5      4   49-   49-   741  803  806
                                        01*  3037    548   20,001A 1    6    1 040-043   0 40      13       0          8040
                                        02*  0449    221   15,50  1          1                                         8052
```

Abb. 18b. Maschinenbelegungsübersicht und Auftragsablaufplan als Ergebnis der kurzfristigen Kapazitätsterminierung
Quelle: CLASS, IBM Modularprogramm für die Kapazitätsterminierung, Einführungsschrift, IBM Form 80 713-0
COPYRIGHT mit freundlicher Genehmigung der IBM Deutschland

```
                                                                                         EWR   F08      104       20/01/68

 MASCH-GR.   3113      ANZ   1   KAPAZITAET   60 STD/WOCHE                                      3113  DREHBANK   41 ST

                                              0          5,0        10,0        15,0        20,0
    WOCHE       TE         VERF.     BELEGT   .      .      .      .      .      .      .        LEERZEIT
                           STD     STD    PROZ ..............................................     STD   PROZ
  1968  04  0 - 1          12,0    12,0   100  .----------------------------I                     0,0     0
  1968  04  2 - 3          12,0    12,0   100  .----------------------------I                     0,0     0
  1968  04  4 - 5          12,0    12,0   100  .----------------------------I                     0,0     0
  1968  04  6 - 7          12,0    12,0   100  .----------------------------I                     0,0     0
  1968  04  8 - 9          12,0    12,0   100  .----------------------------I                     0,0     0
  1968  05  0 - 1          12,0     4,2    35  .----------                  I                     7,8    65
  1968  05  2 - 3          12,0     0,0     0  .                            I                    12,0   100
  1968  05  4 - 5          12,0     0,0     0  .                            I                    12,0   100
  1969  05  6 - 7          12,0     0,0     0  .                            I                    12,0   100
  1969  06  8 - 9          12,0     0,0     0  .                            I                    12,0   100
            SUMME         120      64,2                                                          55,8

 VON           NACH FOL   E SP. ALTER  TE                                SO LFD                                      GEPL  PR      RESTL.   3113
  MG   A-E     MG   ANF   M ST.  TL AG VERZ STICHWORT      AUFTR  GR      NR    GEGENSTAND    AG  STCK BEARB.Z.   MG   IN E R AG ZT.   BETR.MITT.

 5420F 0-0    5004 049    1 040  1  1 109- NOWSHERA       490734     5      2 STABWALZE     05*    1     2,50            17 5 4  2 320
 5420F 0-0                1 040  4  1  17- SIACE          403745  2171    126 ROHR          03*    1     1,66            12 4 4      0
                                       VERBINDUNG MIT                     125               00                  0449
 3604F 0-1    0449 046    1 040  1  1      CELL           697001    37 608 95 ROTORWELLE    03     1     2,74             7 3 4  1   5
 3604F 1-1    0449 047    1 040  1  1   6- CELL           697001    37 608 96 ROTORWELLE    03*    1     1,83             8 3 4  2   5
 0704F 1-1                1 048  1  1   7                 412322  2101    124 ROHR          01     1     1,30             4          0
                                       VERBINDUNG MIT                     123               00                  0449
 0704F 1-2    3535        1 052  1  1  11  FURFURAL  6    650003     2     65 WELLE         01     1     7,33                   3   5
 3900F 2-0    3113        1 050  2  1   8  SCHMEHAUS      311335   510     76 BOLZEN        02    88    46,93             3 4   4 121

ARBEITSVORRAT
 0704F        0449          081  1         OTTILIA        100822            2 WELLE         01     1     4,08               3   4   7
 3900F        3113          052  2         SCHMEHAUS      311335   510     75 BOLZEN        02    88    47,43             3 4   4 121
 3900F        3403          122  2         SCHMEHAUS      311335   514     16 BOLZEN        02     8    11,16               4   1   0
 0704F        3404          092  1         SCHEER         412329  2151      4 ROHR          01     1     1,58               3   1   0
 0704F                          1         SCHEER                  4020    903 STANGE                    3,50
                                                                    2     20 ROH
```

Abb. 18c. Ausschnitt aus einer Auftragsablaufübersicht als Ergebnis einer langfristigen Kapazitätsterminierung
Quelle: CLASS, IBM Modularprogramm für die Kapazitätsterminierung, Einführungsschrift, IBM Form 80 713-0. COPYRIGHT mit freundlicher Genehmigung der IBM Deutschland

5.33 CAPOSS (IBM)

Als Nachfolge für das Kapazitätsterminierungsprogramm CLASS hat IBM Anfang 1972 das Lizenzprogramm CAPOSS (Capacity Planning and Operation Sequencing System) angekündigt. CAPOSS ist nach den vorliegenden Unterlagen einerseits ein in sich abgeschlossenes Anwendungsprogramm. Das Programm läßt sich auf Anlagen der IBM-Systeme /360 und /370 einsetzen[4].

Der Einsatzbereich von CAPOSS geht über die engere Fertigungsindustrie hinaus und umfaßt auch die Grundstoff- und Textilindustrie, wenn das Problem darin besteht, eine große Anzahl von Tätigkeiten einer begrenzten Kapazität zuzuordnen. Insbesondere verweist IBM auf die Eignung von CAPOSS zur Lösung von spezifischen Produktionssteuerungsproblemen in Unternehmen der Grundstoffindustrie, z. B.:

- *Lösung von Reihenfolgeproblemen:* Dadurch ist eine Minimierung der Umbauzeiten möglich.
- *Lösung von Komplettierungsproblemen:* Dadurch können auch Komplettierungsfragen bei Glühöfen, Schmelzöfen und anderen Aggregaten planungstechnisch berücksichtigt werden.
- *Lösung von Zwangsabnahmeproblemen:* In der Grundstoffindustrie kommt es sehr häufig vor, daß ein Fertigungslos zwischen zwei Arbeitsgängen keine Liegezeit verträgt. Das Los muß, sobald der Arbeitsgang n abgeschlossen ist, unbedingt an dem Aggregat, an dem der Arbeitsgang n + 1 durchzuführen ist, freie Kapazität vorfinden.

CAPOSS hat einen Aufbau, der CLASS ähnelt. Doch sind klarere Unterteilungen getroffen worden. Die Ersteller des Programms haben eine Reihe neuer Begriffe festgelegt, die teilweise aussagekräftiger als bei CLASS sind.

Einen Überblick über das Programm gibt der Datenflußplan in Abb. 18. Wie bei CLASS stehen am Anfang der Programmabläufe die Auftrags- und Arbeitsplatzgruppenverwaltung. Der Auftragsbestand wird sequentiell verarbeitet. Das erste Arbeitsprogramm stellt die Durchlaufterminierung dar, der sich für einen kürzeren Zeitraum eine Kapazitätsbedarfsplanung anschließen kann. Aus dem Auftragsbestand kann im Programm Subseterzeugung ein Teilauftragsbestand herausgeschnitten werden, der – ähnlich wie bei PICS – einer Auftragsfreigabe unterzogen werden kann.

Für einen Auftragsausschnitt kann unabhängig von den Programmen der Auftragsbestandsführung und Durchlaufterminierung eine Arbeitsgangterminierung

[4] Die Ausführungen über CAPOSS sind den beiden Anwendungsbeschreibungen entnommen: IBM System /360 and System /370 Capacity Planning and Sequencing System, General Information Manual, GH 12 – 5105-0; IBM System /360 und System /370, Capacity Planning and Sequencing System (Abkürzung: CAPOSS) Anwendungsbeschreibung.

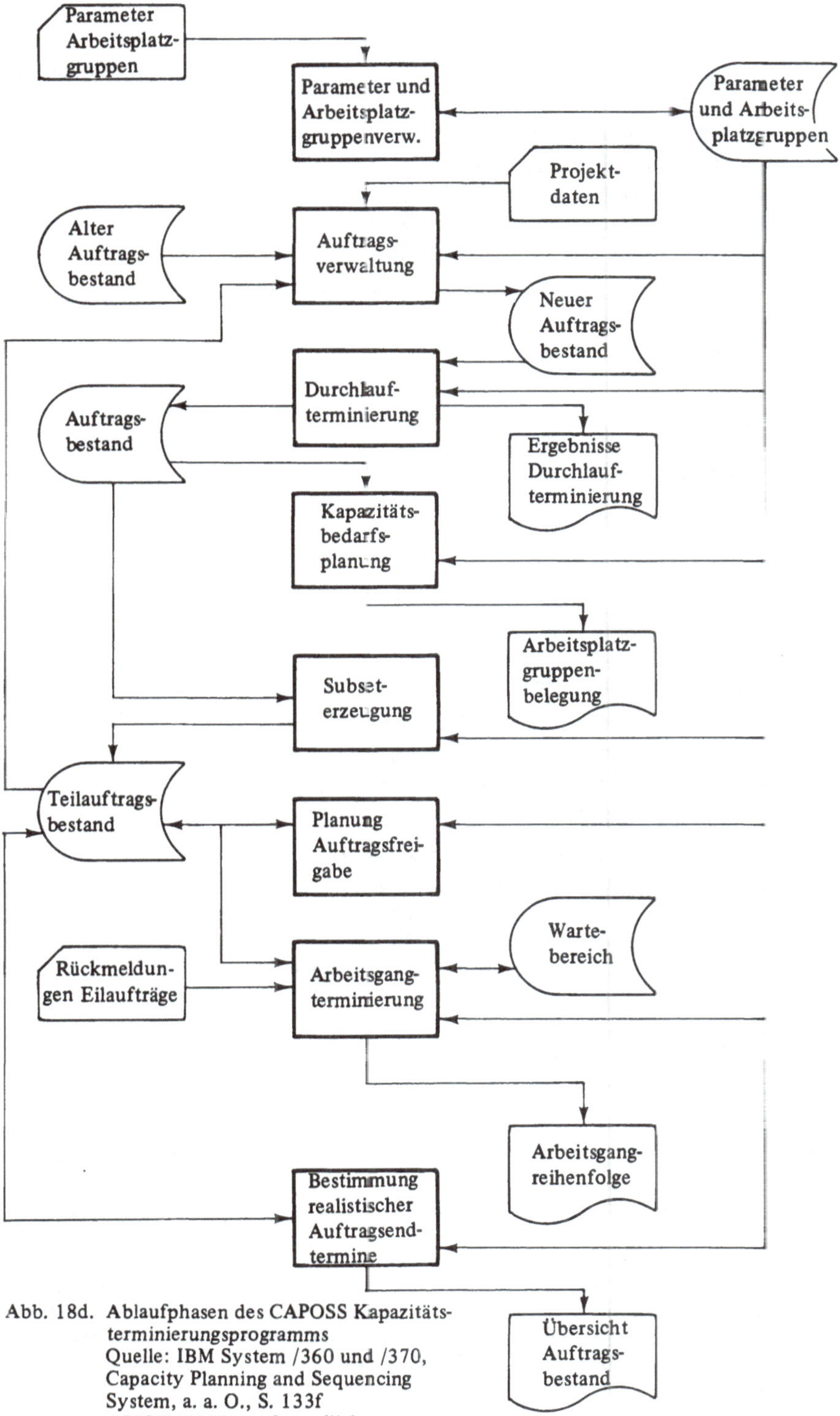

Abb. 18d. Ablaufphasen des CAPOSS Kapazitätsterminierungsprogramms
Quelle: IBM System /360 und /370, Capacity Planning and Sequencing System, a. a. O., S. 133f

und die Bestimmung realistischer Auftragsendtermine (= Feinterminierung unter Berücksichtigung gegebener Kapazitäten) durchgeführt werden. Es ist also z. B. eine tägliche Verarbeitung dieser Programme möglich, was bei CLASS außerordentlich zeitaufwendig gewesen wäre. Bei der kurzfristigen Arbeitsgangterminierung kann das Programm auch zusätzliche Eilaufträge berücksichtigen.

Aufträge lassen sich zu komplexen Netzen zusammenfassen, so daß genaue Endtermine auf allen Stufen der Planung bis hin zur Auslieferung des Endprodukts festgehalten werden können.

5.34 PICS-Kapazitätsplanung und Werkstattsteuerung (IBM)

Das Untersystem PICS-Kapazitätsplanung (genannt: CP oder CPS) umfaßt folgende Phasen:

Aufbereitung der in die Kapazitätsplanung einbezogenen Arbeitsbestände
Auf Wunsch Vernetzung der Arbeitsgänge
Durchlaufterminierung
Kapazitätsterminierung

Die Programme, die lizenzpflichtig sind, greifen auf die allgemeine PICS-Datenbank zurück. Die Informationen, die für eine Vernetzung notwendig sind, können aus dem Programmkreis der Bedarfsermittlung gewonnen werden (Aufbau einer Verbindungsdatei)[5].

Das Subsystem der Kapazitätsplanung beschränkt sich auf eine mittelfristige Belastungsplanung, die jeweils nach einer Bedarfsermittlung in einem Rhythmus von beispielsweise 10 Tagen ablaufen sollte. Die Aufgaben der Arbeitszuteilung und Fertigungsüberwachung werden von dem PICS-Subsystem der Werkstattsteuerung wahrgenommen. Beide lassen sich unabhängig voneinander oder gemeinsam einsetzen.

5.341 PICS-Kapazitätsplanung

Bei dem Subsystem PICS-Kapazitätsplanung besteht die Möglichkeit, sich auf eine Durchlaufterminierung zu beschränken oder im Anschluß an sie eine Kapazitätsterminierung durchzuführen. Es ist nicht unbedingt erforderlich, vor dem Einsatz dieses PICS-Subsystems die Nettobedarfsermittlung auf EDV zu übernehmen. Doch ist es dann nicht möglich, auf eine während der Stücklistenauf-

[5] Vgl. für die Ausführungen folgende Literaturquellen:
IBM /360 Kapazitätsplanung Anwendungsbeschreibung, IBM Form 80 617-0; System /360 Shop Floor Control, Application Description Manual GH 20-0753-0; *Fritz Groß*, Die Kapazitätsplanung in PICS, in: IBM Nachrichten 204 Dezember 1970, S. 544 ff.; Shop Floor Control, Data Base Manual, GH 20-0754-1; Produktions-, Informations- and Steuerungssystem PICS, Einführungsschrift 80 524-0.

lösung erstellte Verbindungsdatei zurückzugreifen. Diese ist eine Voraussetzung für die Kapazitätsterminierung.

Terminierung der geplanten Betriebsaufträge: PICS-CP führt als ersten Schritt eine Terminierung der geplanten Werkstattaufträge durch. Dazu werden folgende Daten benötigt:

die Arbeitspläne
die Arbeitsplätze
die im Teilestamm oder Unterteilestamm enthaltenen geplanten Aufträge
der Bestand der offenen Werkstattaufträge

Unter Berücksichtigung von Splittung und Überlappung errechnet das Programm vorläufige Start- und Endtermine für jeden Arbeitsgang.

Verknüpfung der Aufträge zu Netzen: Im Anschluß an die Terminierung kann eine Verknüpfung von unter- und übergeordneten Aufträgen erfolgen, wenn zuvor während der Bedarfsermittlung eine Datei der aktiven Strukturen aufgebaut worden ist. Eine Vernetzung ist vorteilhaft, wenn bei der Kapazitätsterminierung die Bedarfsverursacher bekannt sein müssen, um die Ausgangsbedarfe für zusammengefaßte Losgrößen feststellen zu können.

Bei der Vernetzung werden gleichzeitig die Pufferzeiten innerhalb eines Auftragsnetzes errechnet. Es handelt sich dabei um die Zeitdifferenz zwischen dem spätesten Beginntermin der übergeordneten Sachnummer und dem frühesten Endtermin des untergeordneten Auftrags. Fällt ein spätester Starttermin in die Vergangenheit, wird eine Reduzierung der Übergangszeiten zwischen den Arbeitsgängen vorgenommen. Es ist möglich, vom Programm einen Ausnahmebericht zu erhalten, der ausweist, welche Aufträge mit ihrem Starttermin ursprünglich in die Vergangenheit fielen.

Ergebnisse der Durchlaufterminierung: Als Ergebnis der Durchlaufterminierung kann eine Maschinenbelastungsübersicht ausgedruckt werden, die für jede Maschinengruppe in grafischer Form den Kapazitätsbedarf enthält.

Kapazitätsterminierung: Der Durchlaufterminierung kann sich eine Kapazitätsterminierung anschließen. Bei Überbelastungen an einer Arbeitsplatzgruppe bestehen folgende Möglichkeiten des Belastungsausgleichs:

- Terminverschiebungen im Rahmen des bei der Vernetzung errechneten Zeitpuffers
- eine Erhöhung der Normalkapazität auf eine angegebene Höchstkapazität
- Ausweicharbeitsgänge und Ausweicharbeitsplatzgruppen
- Verschiebungen über den Späteststarttermin hinaus.

Die Aufträge werden bei der Kapazitätsterminierung nach ihrer Dringlichkeit eingeplant. Diese wird durch Prioritätsregeln bestimmt. PICS-CP bietet dem

Anwender eine Auswahlmöglichkeit, ob eine Einplanung zum frühest- oder spätestmöglichen Termin und ob eine Einplanung ganzer Netzwerke gewünscht wird.

5.342 PICS-Werkstattsteuerung

Das Subsystem der Werkstattsteuerung greift auf die geplanten und offenen Werkstattaufträge zurück und benötigt dazu die Datenbank mit Teilestammdaten, Stücklisten und Arbeitsplänen. Es hat folgende Programmroutinen zum Inhalt:

die Kontrolle der Verfügbarkeit von Aufträgen und die Auftragsfreigabe
die Erstellung der Werkstattpapiere
die Werkstattbestandsverwaltung
die Basis für Abfragen des Fertigungsbereichs
die kurzfristige Feinterminierung

Verfügbarkeitskontrolle und Auftragsfreigabe: Bei der Verfügbarkeitskontrolle wird geprüft, ob den zu startenden Aufträgen in ausreichendem Maß Komponenten in der Form von freien Lagerbeständen oder laufenden Aufträgen gegenüberstehen. Die Prüfung der Verfügbarkeit wird nach absteigender Priorität der Aufträge durchgeführt.

Ist ein Auftrag durch Komponenten gedeckt, folgen die anschließenden Schritte:

Freigabe des Auftrags
Übernahme in den offenen Auftragsbestand
Reservierung der Komponenten

Ist keine Volldeckung vorhanden, wird der Auftrag in eine Fehlteileliste aufgenommen.

Werkstattpapiererstellung: Als Werkstattpapiere werden erstellt:

Materialentnahmepapiere
Arbeitsbegleitpapiere
Arbeitsgangscheine
Fertigmeldungen
Lagerzugangspapiere

Werkstattauftragsverwaltung und Abfragen: Die fertigen Arbeitsgänge, Materialentnahmen und Lagerzugänge werden in diesem Programm in der Werkstattauftrags- und der Teilestammdatei verbucht. Abgeschlossene Aufträge werden in eine besondere Datei übernommen und stehen von dort aus z. B. für die Kostenrechnung zur Verfügung. Aus den gespeicherten Unterlagen lassen sich Abfragen über den Arbeitsfortschritt und Störungen des Fertigungsablaufs gewinnen.

Kurzfristige Ablaufplanung und Arbeitszuteilung: Beim täglichen Betriebsablauf ergeben sich durch innere und äußere Störungen (verspätete Einkaufslieferungen, Krankheit, Werkzeugbruch u. ä.) laufend Veränderungen gegenüber der geplanten

Ablauffolge der Betriebsaufträge. Sie machen eine kurzfristige Korrektur erforderlich. Diesem Zweck dient das Programmodul der kurzfristigen Ablaufplanung. Es erfolgt eine tägliche oder zweitägliche neue Durchrechnung der Arbeitsgangprioritäten und die Festlegung einer zweckmäßigen Arbeitsablauffolge. Ergebnis der Feinplanung ist ein Arbeitsablaufplan. Er sagt aus, welche Arbeitsgänge in welcher Reihenfolge zu bearbeiten sind. Weiterhin läßt sich ein Auftragsfortschrittsbericht ausdrucken. Er weist den Stand der Bearbeitung eines Auftrags aus. Zur Zeit der Drucklegung dieses Buches war das in diesem Abschnitt genannte Programmodul noch nicht verfügbar.

5.35 Die Zeitwirtschaftsprogramme des BASIS-Systems (Siemens)

Durch die Geschlossenheit des BASIS-Systems können die Programme der Zeitwirtschaft nur zum Einsatz gebracht werden, wenn auch die Materialwirtschaftsprogramme angewendet werden. Eine isolierte Einsatzmöglichkeit wäre nicht zweckmäßig.

Nach den bisher[6] vorliegenden Unterlagen sind die Funktionen der Zeitwirtschaftsprogramme in BASIS nicht ganz so weitgehend wie bei anderen Kapazitätsterminierungsprogrammen. Das betrifft in erster Linie den automatischen mittelfristigen Belastungsausgleich, auf den das BASIS-Programmsystem zugunsten ausschließlicher manueller Ausgleichsmaßnahmen verzichtet.

5.351 Fertigungsgrobplanung

Die Fertigungsgrobplanung läuft zweckmäßigerweise nach jeder Fertigungsdisposition ab. Sie greift auf die während der Fertigungsdisposition aufgebaute Auftrags- und Bedarfsdatei zurück. In ihr stehen alle geplanten Fertigungsaufträge samt den sie veranlassenden Bedarfssätzen. Der Fertigungsgrobplanung fallen zwei Hauptaufgaben zu:

- die Ermittlung von Aufträgen, deren Starttermine in der Vergangenheit liegen und die Verringerung von Pufferzeiten bei solchen Aufträgen
- die Erstellung einer Belastungsübersicht und anschließende Ermittlung von Aufträgen, bei denen sich Kapazitätsengpässe ergeben

Als ersten Arbeitsschritt ermittelt die Fertigungsgrobplanung die Aufträge, die bei der Bedarfsermittlung durch die Vorlaufverschiebung mit Startterminen in die Vergangenheit gefallen sind. Das Programm versucht, durch Reduzierung von

[6] Bis Ende 1972

Die Ausführungen sind folgender Unterlage entnommen: *Paul S. Pütter, Peter Ruetz, Manfred Schliep,* BASIS 4004/35 bis 55, Bausteinsystem für integrierte Fertigungssteuerung, Verfahrensübersicht, Siemens AG, Bestell-Nr. D 14/4043, Schriftenreihe „data praxis".

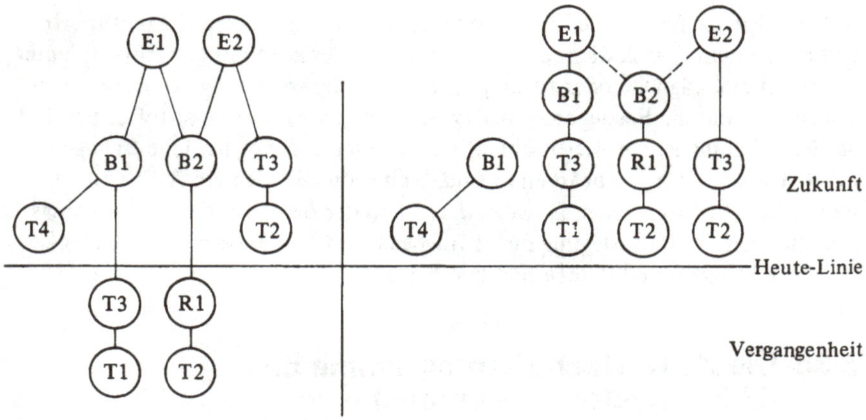

Abb. 19. Reduzierung von Kettenpufferzeiten bei Aufträgen, deren Starttermin bei der Nettobedarfsermittlung in die Vergangenheit gefallen sind.
Quelle: *Pütter* u. a., BASIS 4004/35 bis 55, Verfahrensübersicht, a. a. O., S. 21

Kettenpufferzeiten, die während der Fertigungsdisposition errechnet worden sind, solche Aufträge über die „Heute-Linie" zu bringen und damit einen realistischen Anfangstermin zu erreichen (s. Abb. 19).

Der zweite Arbeitsschritt besteht in der Erstellung und im Ausdruck einer Arbeitsplatz-Belastungsübersicht. Sie zeigt für einen vom Benutzer ausgewählten Zeitabschnitt die durch Aufträge vorliegende Kapazitätsbelastung. Bei Überbelegung eines Arbeitsplatzes kann das Programm Ausweicharbeitsplätze belegen.

5.352 Fertigungsfeinplanung

Das Programm der Fertigungsfeinplaung entnimmt aus der Auftrags- und Bedarfsdatei nur einen vom Benutzer bestimmten zeitlichen Abschnitt. Für diese Ausschnittdatei (genannt „FAB-Datei"), wird eine Einplanung über die vorgesehenen Arbeitsplätze durchgeführt. Ergibt sich bei der Arbeitsplatzbelegung eine Überbelastung, versucht das Programm diese durch eine Belegung von Ausweichmaschinen, durch ein terminliches Vorziehen von Aufträgen, durch eine Auftragssplittung oder zuletzt durch eine Verschiebung von Aufträgen in Richtung Zukunft abzubauen. Beim Vorziehen von Aufträgen wird selbstverständlich auf davor liegende Aufträge Rücksicht genommen.

Anschließend erstellt das Programm die Werkstattpapiere für die neu eingeplanten Aufträge. Als weitere Aufgabe übernimmt die Fertigungsfeinplanung die Auftragsfortschrittsüberwachung. Die aus dem Betrieb kommenden Arbeitsgang-Beginnmeldungen, Lagereingangsmeldungen, Nacharbeits- und Ausschußmeldungen u. ä. werden verarbeitet, und es werden Rückstandsübersichten und Mahnungen ausgegeben. Soweit die Rückmeldungen für die Fertigungsdisposition interessant sind, werden sie an diesen Verarbeitungskreis weitergegeben.

5.36 Termin- und Kapazitätsplanung mit UNITEK (UNIVAC)

Im Rahmen des UNIVAC-Modularsystems UNIS für die Datenverarbeitungssysteme der 9000er Serie soll der Programmkreis UNITEK (= UNIVAC Termin- und Kapazitätsplanung und -steuerung) auf dem Gebiet der Termin- und Kapazitätsplanung folgende Punkte behandeln[7]:

1. Verwaltung der Fertigungsauftragsdatei, Arbeitsplandatei und Maschinengruppendatei
2. Durchlaufterminierung von einzelnen Aufträgen und Auftragsnetzen
3. Kapazitätsbedarfsermittlung
4. Auftrags- und Arbeitsgangprioritäten
5. Kapazitätsterminierung von einzelnen Aufträgen und Auftragsnetzen
6. Maschinenbelegung
7. Weitere Auswertungen

UNITEK kann als integrierter Bestandteil des UNIS-Gesamtsystems zum Einsatz kommen. Doch läßt sich die Systemkombination auch als unabhängiges selbständiges Programmsystem für die Terminierung und Kapazitätsplanung einzelner unverbundener einstufiger Fertigungsaufträge einsetzen.

Die in Assemblersprache geschriebenen Programme stehen allen Benutzern der Serie 9000 im Rahmen der gebündelten Preispolitik kostenlos zur Vergügung. Bis Mitte 1972 lag eine Anwendungsdokumentation für UNITEK, Teil 1, vor, welche im wesentlichen die Punkte 1 bis 3 zum Inhalt hat. Unsere Kurzdarstellung beschränkt sich auf diesen Anwendungsbereich.

Zur Abwicklung von UNITEK werden als Grunddateien benötigt:

die Betriebsauftragsdatei
die Arbeitsplandatei
die Maschinengruppendatei

Zur Speicherung der Daten ist mindestens eine Magnetplatteneinheit zur Speicherung der Maschinengruppendatei erforderlich. Alle übrigen Dateien werden sequentiell verarbeitet, so daß hierfür sowohl Bänder als auch Platten verwendet

[7] Die folgenden Ausführungen sind der Schrift entnommen:
Gottfried Stephan, UNIVAC-Systeme für die Industrie, Terminierung und Kapazitätsplanung mit UNITEK, Teil 1, BA 18 900, Frankfurt/Main 1971.

werden können. Die Arbeitsplandatei kann sich auf Magnetband oder Magnetplatte befinden, oder es werden die benötigten Arbeitspläne für jeden Fertigungsauftrag neu erstellt und zusammen mit den Auftragsdaten in das System eingegeben.

Es findet eine Terminierung einzelner unverbundener Fertigungsaufträge statt. Zur Verkürzung der Durchlaufzeit können Splittung, Überlappung und eine Reduzierung von Wartezeiten berücksichtigt werden.

Die Druckausgabe ist in UNITEK vollständig vom Verarbeitungsteil getrennt. Die Arbeitsplatzgruppendatei liefert für jede Arbeitsplatzgruppe eine Belastungsübersicht, in der für jede Planungsperiode der berechnete Kapazitätsbedarf der verfügbaren Kapazität gegenübergestellt wird. Es besteht die Möglichkeit, die Arbeitsplatzgruppen zu Hauptgruppen zusammenzufassen. Aus der Fertigungsauftragsdatei können Auflistungen verschiedener Art gewonnen werden, z. B. Auftragsfortschritts- und Rückstandslisten.

5.4 Erfahrungen mit Modularprogrammen der Zeitwirtschaft und typische Umstellungsprobleme

Der Umfang an Erfahrungen, der mit Modular- und Standardprogrammen der Zeitwirtschaft gesammelt werden konnte, ist wesentlich geringer als auf dem Gebiet der Materialwirtschaft. Der Löwenanteil entfällt hierbei auf den Einsatz des IBM-Terminierungsprogramms CLASS. Wir legen deshalb hauptsächlich die mit diesem Programm gemachten typischen Erfahrungen dar[8]. Sie lassen sich auch auf andere, ähnlich aufgebaute Terminierungsprogramme übertragen.

CLASS ist ebenso wenig wie die anderen Terminierungsprogramme, die sich bisher im praktischen Einsatz befinden, ein Optimierungsprogramm, wie wir sie mehrfach in der Hochschulliteratur dargestellt finden, wobei solche Modelle allerdings bisher sich praktisch nicht einsetzen ließen, weil sie oft in der Anwendung zu kompliziert sind, nicht selten mit vereinfachten Annahmen arbeiten und viele Erfordernisse der Praxis unberücksichtigt lassen.

[8] Der Verfasser hatte die Gelegenheit, als Leiter von zwei Erfahrungsaustauschkreisen der Maschinen- und Apparatebauindustrie die Möglichkeiten des Terminierungsprogramms CLASS und die sich ergebenden Einsatzprobleme ausführlich kennenzulernen und zu diskutieren.

Im grundsätzlichen Ablauf hat CLASS den gleichen Aufbau wie einige andere Terminierungsprogramme:

① Es erfolgt zunächst eine Durchlaufterminierung, bei der auch Netze gebildet werden können.

② Ihr kann sich eine langfristige Kapazitätsterminierung anschließen, bei der die Aufträge nach ihrer Dringlichkeit auf die zur Verfügung stehenden Arbeitsplatzgruppen eingeplant werden.

③ Als kurzfristige Steuerungsphase schließt sich eine Feinterminierung an, bei der eine Ordnung der zur Erledigung anstehenden Arbeitsgänge nach Arbeitsgangprioritäten stattfindet und eine Warteschlange vor jeder Maschinengruppe und Einzelmaschine aufgebaut wird.

CLASS kennt in der hauptsächlich angewendeten Version, dem CLASS 30, keine direkten Verbindungen zu einer modularen Datenbank und den Materialwirtschaftsprogrammen, was einerseits als Nachteil anzusehen ist (fehlende automatische Rückkopplungen), andererseits sich als Vorteil für solche Betriebe erweist, die nicht auf eine integrierte Datenverarbeitung warten möchten. CLASS ermöglicht ihnen eine kurzfristige Schwerpunktlösung ohne die in vielen Unternehmen zunächst als Ballast empfundenen Grundlagen für eine Integration der EDV-Anwendungen.

Für den Einsatz des Programms ist nicht einmal eine elektronische Arbeitsplanorganisation erforderlich, obwohl sie selbstverständlich sehr vorteilhaft ist. Eine größere Zahl von Anwendern des Programmpakets hat lediglich die Arbeitspläne auf Kurzlochstreifen übernommen und gewinnt von dort aus die Eingabelochkarten für das Programm[9]. Andere Anwender haben das Verfahren des Zeilenumdrucks beibehalten und erstellen aus den Arbeitsplänen Verbundkarten[10].

Ein großer Vorteil des Programms liegt in seiner flexiblen Eingabe. Durch Verknüpfungskarten können in größerem Umfang, als dies von Laien meist erwartet wird, Fertigungszusammenhänge hergestellt werden, z. B. eine Vernetzung von Aufträgen, die Verbindung von Führungs- und Nebenteilen, das Zusammenführen von Teilen und Arbeitsgängen zu Teilefamilien, die Steuerung von Betriebs-

[9] So z. B. die Firma Montanwerke Tübingen, welche CLASS-20 zum Einsatz gebracht hat. Vgl. *Dieter Zahn* und *Walter Scholter*, Das Fertigungsterminierungsprogramm CLASS-20, in: IBM-Nachrichten 206, April 1971, S. 726 ff.

[10] Das war z. B. bei der Firma Krauß-Maffei AG, München, der Fall. Vgl. *Alfred Runtsch*, Kapazitätsterminierung im Hause Krauß-Maffei AG, München, IBM-Nachrichten 189, 1968, S. 198 ff.

mitteln[11] u. ä. Möchte der Anwender des Programms solche Besonderheiten in größerem Umfang realisieren, hat er allerdings einen evtl. erheblichen Erstellungsaufwand an Verbindungslochkarten zu leisten. In solchen Fällen wäre eine maschinelle Erstellung von Verbindungskarten vorteilhaft, was CLASS standardmäßig nicht bieten kann.

Das Hauptziel von CLASS besteht in einer Minimierung der Durchlaufzeiten und der Kapitalbindung. Wegen dieser Zielsetzungen wird zuerst ein Belastungsausgleich in Richtung Zukunft durchgeführt, wenn ein Netz in den vorgesehenen Perioden keine ausreichende Kapazität vorfindet[12]). Ausdrücklich ist dagegen in PICS-Kapazitätsplanung eine alternative Belastungspolitik vorgesehen.

Wird eine kurzfristige Feinterminierung mit CLASS gewünscht, müssen auch alle zuvor liegenden Phasen ablaufen. Das Programm wird dadurch schwerfällig und laufzeitintensiv. Die Möglichkeit, für einen Ausschnitt des Werkstattbestands eine Feinsteuerung ablaufen zu lassen, bietet z. B. das Nachfolgeprogramm von CLASS, das Programmsystem CAPOSS. Außerdem ist diese Möglichkeit in BASIS-Feinplanung und im PICS-Subsystem Werkstattsteuerung gegeben.

Als Fortentwicklung gegenüber den in CLASS angebotenen Möglichkeiten bietet sich bei neueren Terminierungsprogrammen die Möglichkeit einer vorgeschalteten Verfügbarkeitskontrolle, bevor Werkstattaufträge gestartet werden sollen. Vorteilhaft ist außerdem, wenn sowohl für die Terminierung als auch für andere Zwecke, z. B. eine elektronische Vorkalkulation, dieselbe Arbeitsplandatei verwendet werden kann. Bei CLASS (und ähnlich aufgebauten Programmen anderer Hersteller) war eine Verbindung zu einem allgemeinen Arbeitsplanprocessor einerseits und der für CLASS zweckmäßigen Arbeitsplanorganisation andererseits nicht gegeben.

Mit Modularprogrammen, die nach dem Prinzip von CLASS aufgebaut sind und die als Stand-Alone-Programme ablaufen, läßt sich auch die Steuerung des Rohmaterials und der Einkaufsteile durchführen. Sie werden in gleicher Weise wie Arbeitsgänge terminiert, wobei die Lieferzeit zum Bestelltermin führt. Allerdings sind die Erfahrungen, die hierbei gemacht worden sind, gemischt, da Terminänderungen gegenüber fremden Lieferanten schwieriger durchzusetzen sind wie im eigenen Betrieb.

[11] Darauf weist *Runtsch* im Artikel „Kapazitätsterminierung im Hause Krauß-Maffei AG, München (siehe a. a. O., S. 199 f) hin: „Die Möglichkeit, auch die Betriebsmittel zu steuern, wurde dadurch geschaffen, daß wir einen Zwischenarbeitsgang mit der Endzahl 9 eingeschoben haben. So trägt beispielsweise das Betriebsmittel, das zur Erledigung der Arbeitsfolge 040 nötig ist, die Arbeitsgangnummer 039. Dieses Betriebsmittel wird über einen sog. Pseudoarbeitsplatz gesteuert."

[12] In einer zweiten Schrittfolge der langfristigen Kapazitätsterminierung wird allerdings im Rahmen des Puffers versucht, Auftragsnetze vorzuziehen, um vorhandene Kapazitätslücken in gegenwartsnahen Perioden aufzufüllen.

Die ideale Stückliste für die Vernetzung bei Terminierungsprogrammen von der Art des CLASS-Programmpakets ist die Strukturstückliste, die mehrere Fertigungsstufen vom Erzeugnis bzw. einer Baugruppe bis zum Rohstoff umfaßt. Es handelt sich also nicht um die nach Dispositionsstufen unterteilte Baukastenstückliste, deren typisches Merkmal darin besteht, daß für jede Lagerstufe eine gesonderte Sachnummer vergeben wird, wodurch eine Zusammenfassung von Wiederverwendungsteilen möglich ist. Im Gegensatz dazu können bei einer Strukturstückliste der obigen Form mehrere Fertigungsstufen einer Baugruppe oder eines Teils die gleiche Sachnummer besitzen.

Diese Art der durchgehenden Fertigung mit gleichbleibender Sachnummer ist typisch für die kundenauftragsgebundene Einzelfertigung. Die Erstellung von Baukastenstücklisten entspricht nicht dem Denken der dort tätigen Konstrukteure. Da fertige Teile und Baugruppen nicht auf ein Zwischenlager gehen, kann sich für sie im Extremfall – beim Fehlen von Wiederholteilen – durch eine Umstellung auf ein Baukastenprinzip sogar eine Mehrarbeit ergeben (z. B. durch die Vergrößerung der Zahl der Sachnummern). Hauptsächliches Ziel einer Kapazitätsterminierung ist dort, daß jeder Arbeitsgang eines Auftrags zum vorgesehenen Zeitpunkt freie Kapazität vorfindet. Zur Prüfung dieser Zielsetzung ist ein über den ganzen Auftrag durchgehendes Netz ideal. Untersucht man die Anwender von Kapazitätsterminierungsprogrammen mit Vernetzung, sind es überwiegend tatsächlich solche Einzelfertiger oder Betriebe, die unter den Bedingungen und in der Art der Einzelfertigung arbeiten[13].

Eine Vernetzung, die sich allein zwischen zwei Lagerstufen bewegt, weil Start- und Endtermine der Aufträge bereits in einer elektronischen Materialdisposition festgelegt worden sind, läßt nur in geringem Umfang eine Verschiebung von Kapazitätsbelastungen zu, solange nicht die aktiven Verbindungen zwischen den Lagerstufen bereits bei der Bedarfsauflösung festgehalten werden[14]. Eine solche Weiterentwicklung der Vernetzung finden wir z. B. in PICS und BASIS. In beiden Programmkomplexen werden die entsprechenden Verknüpfungsdaten bei der Stücklistenauflösung gewonnen. Für die Serienfertigung kann eine Kapazi-

[13] Das erste Unternehmen, welches innerhalb des IBM-Kapazitätsterminierungsprogramms mit einer Auftragsvernetzung arbeitete, war die Firma Escher Wyss, Ravensburg. Vgl. *D. Bertram, F. Hartmann,* Kapazitätsterminierung bei Escher Wyss, IBM-Nachrichten 181, 1967, S. 402 ff.

[14] Hierauf weist auch *Hammer* hin: „Im Falle einer lagerbezogenen Serienfertigung, bei der die Bedarfsermittlung und Bestellrechnung durch besondere Standardprogramme ausgeführt werden, ist es Aufgabe des Kapazitätsterminierungsprogramms, die Fertigungsaufträge so einzuplanen, daß eine optimale Kapazitätsauslastung und bestmögliche Termintreue gewährleistet sind. Die Minimierung der Durchlaufzeit und die Einhaltung eines spätesten Starttermins haben in diesem Fall sekundäre Bedeutung." *Helmut Hammer,* Integrierte Produktionssteuerung mit Modularprogrammen, Betriebswirtschaftlicher Verlag Dr. Th. Gabler, Wiesbaden 1970, S. 53 f.

tätsterminierung mit Vernetzung angewandt werden, wenn die miteinander verknüpften Losgrößenaufträge bei unzureichender Kapazität wieder entsprechend der Dringlichkeit der den Losen zugrundeliegenden Bedarfe auseinandergerissen werden können. Eine solche Programmroutine ist in PICS enthalten. Bei BASIS ist die uns vorliegende Dokumentation noch nicht so detailliert, daß sich die dort gewählte Lösung zu diesem Punkt erkennen läßt.

Sollten dagegen PICS oder BASIS für Unternehmen der typischen Einzelfertigung zum Einsatz kommen, müßten beide Modularprogrammsysteme auch die Möglichkeit besitzen, Verknüpfungen, die manuell eingegeben werden oder im Arbeitsplan festgehalten sind, zu verarbeiten. Inwieweit dies in einer integrierten Material- und Zeitwirtschaftskonzeption problemlos möglich sein wird, kann sich erst in der Praxis zeigen.

5.5 Einführungsaufwand und Nutzen der Zeitwirtschaftsprogramme

Der Aufwand zur Einführung von Standard- und Modularprogrammen des Terminwesens ist von folgenden Punkten abhängig:

- Von den bereits vorhandenen Voraussetzungen, z. B. dem Vorliegen von Arbeitsgängen mit einem brauchbaren Zeitenaufbau
- Von der Möglichkeit der Schaffung eines Belegrückmeldewesens
- Von der Art der Zielsetzung: Ob beispielsweise eine einfache Durchlaufterminierung ausreicht oder eine wesentlich anspruchsvollere Kapazitätssteuerung mit automatischem Belastungsausgleich gewünscht wird
- Von der Art der Integration mit anderen Programmbereichen, z. B. der Materialwirtschaft oder Kostenrechnung

Die Umstellung des Terminwesens ohne Berücksichtigung der Materialdisposition und Verfügbarkeitskontrolle hat sich häufig als wenig aufwendig herausgestellt. Folgende Mindestvoraussetzungen sind für den Einsatz eines Terminierungsprogramms zu erfüllen:

Einführung eines Betriebskalenders, der eine rechnerisch einwandfreie Terminrechnung zuläßt

Arbeitspläne und Tabellen, welche die Fertigungszeiten (Rüst- und Stückzeiten, evtl. den Leistungsgrad, Übergangszeiten) zwischen den Arbeitsfolgen und Besonderheiten des Fertigungsablaufs (Überlappung, Splittung, Mehrmaschinenbedienung) enthalten

Angabe der Periodenlängen, die der Terminierung zugrunde liegen sollen

Angabe der Arbeitsplatzeinheiten, für die eine Terminierung durchgeführt werden soll

Angabe der Sollkapazität je Arbeitsplatzeinheit, wenn eine Kapazitätsterminierung durchgeführt werden soll

Betriebsaufträge mit Start- und Endtermin und der zu fertigenden Menge

Festlegungen, was zu veranlassen ist, wenn Starttermine eines Auftrags bei einer Rückwärtsterminierung in die Vergangenheit fallen

Regeln und Leitgrößen über die Art des Kapazitätsausgleichs bei einer Kapazitätsterminierung

In verschiedenen Fällen konnte ein Modularprogramm der Kapazitätsterminierung innerhalb von 6–9 Monaten von einem einzigen Mitarbeiter eines Werks eingeführt werden, wenn die programmtechnischen Anpassungsarbeiten mit Unterstützung eines Rechenzentrums vorgenommen wurden und gegenüber dem standardmäßigen Programmablauf keine Sonderwünsche geltend gemacht wurden[15].

Die Wirtschaftlichkeit des Einsatzes von Terminierungsprogrammen ist verständlicherweise um so größer, in je stärkerem Maß eine Abstimmung mit der Material- und Kapazitätsseite des Betriebs vorgenommen wird, wenn also vor dem Start eines Werkstattauftrags eine Verfügbarkeitskontrolle durchgeführt wurde, um nicht mit Fehlteilen arbeiten zu müssen, und wenn eine langfristige Abstimmung von betrieblicher Kapazität an Maschinen und Personal einerseits und dem Produktionsplan andererseits stattfindet. Übersteigen die Anforderungen an die betriebliche Kapazität ihre Möglichkeiten, kann auch das beste Terminierungsprogramm nicht verhindern, daß Arbeitsrückstände auflaufen.

Wie sich beim bisherigen Einsatz von Modularprogrammen zeigte, muß ein Terminierungsprogramm mit der Art der Fertigung abgestimmt sein. So hat sich z. B. eine kurzfristige Kapazitätsterminierung bei vielen kurzen Arbeitsgängen nicht immer bewährt. Auch sollte der Übergang von einer groben und häufig „gefühlsmäßigen" manuellen Steuerung auf ein nach exakten Regeln arbeitendes Modularprogramm nicht schlagartig erfolgen, sondern in einer schrittweisen Verfeinerung angestrebt werden.

15 Eine Einführungszeit von 6 Monaten wird von der Firma R. Stahl genannt. Vgl. *Wolfgang Kopp* und *Walter Staiger*, Das CLASS-Terminierungsprogramm auf einem System /360-25 im Hause *R. Stahl*, in: IBM-Nachrichten 200, April 1970, S. 139 ff.

Als Ergebnis zahlreicher Diskussionen in Fachseminaren und in Erfahrungsaustauschkreisen können sich durch den Einsatz von Modularprogrammen des Terminwesens folgende Vorteile ergeben:

- *Frühzeitige Belastungsübersicht*

  An erster Stelle der Ergebnisse wird die erreichte frühzeitige Übersicht über die auf den Betrieb zukommenden Kapazitätsbelastungen genannt.

- *Besserer Überblick über die Aufträge in den Werkstätten*

  Mehrfach erfolgte der Einsatz des Programms hauptsächlich deshalb, weil zuvor der Überblick über die in der Werkstatt befindlichen Aufträge verloren gegangen war, wodurch sich ständige Lieferverzögerungen ergeben hatten. Dieser Vorteil wird besonders von Unternehmen mit zahlreichen kleineren Kundenaufträgen (Zubehörindustrie) genannt.

- *Schnellerer Durchlauf der Aufträge*

  Durch den Programmeinsatz werden nur so viele Aufträge in die Werkstätten geschleust, als dort auch tatsächlich benötigt und verarbeitet werden können. Das ergibt einen schnelleren Durchlauf der Betriebsaufträge durch die Werkstätten und führt dazu, daß die Verstopfung mit halbfertigen Aufträgen geringer wird und die Werkstattbestände gesenkt werden können.

- *Abbau von Zwischenlägern*

  Als Puffer für Verzögerungen werden bei einer manuellen Steuerung vorsichtshalber meist umfangreiche Zwischenläger geführt und es wird eine „offene Steuerung" in Sternform durchgeführt, bei welcher die Werkstücke nach jedem Arbeitsgang in ein Pufferlager zurücktransportiert werden. Bei exakter maschineller Terminierung und Fertigungsüberwachung, wie sie durch ein Kapazitätsterminierungsprogramm ermöglicht wird, kann auf eine „geschlossene Steuerung" übergegangen werden, d. h., ein Werkstück wird unmittelbar von einem Arbeitsplatz zum nächsten weitergegeben. Auf diese Weise können Zwischenläger ganz oder teilweise entfallen.

- *Schnellere Reaktionsmöglichkeiten bei Auftragsänderungen*

  Diese Möglichkeit ist besonders bei langfristiger Einzelfertigung wichtig: Welche Auswirkungen ergeben sich im vorhandenen Auftragsbestand, wenn ein Zusatzauftrag eingeschoben wird oder terminliche Änderungen bei Aufträgen durchgeführt werden? Ein Terminierungsprogramm erlaubt es, kurzfristig alle gespeicherten Aufträge der neuen Situation anzupassen. Dieser Vorteil wird in Unternehmen des Großmaschinenbaus sehr hoch bewertet.

- *Personaleinsparungen indirekter Kräfte*

  Einsparungen sind teilweise bei Terminverfolgern, Werkstattschreibern und Karteikräften der vorher vorhandenen Auftragsfortschrittskartei möglich gewesen. Doch dauert es allgemein erfahrungsgemäß 2–3 Jahre, bis sich hier zu Buch schlagende Einsparungen ergeben. Die Ursachen liegen in den zuerst auftretenden Umstellungsschwierigkeiten, personellen Problemen der Umbesetzung und dem langwierigen „Umerziehen" der Meister und Arbeitsvorbereiter auf die neuartigen Informationen und Führungsmittel, die ihnen ein Terminierungsprogramm an die Hand gibt.

- *Bessere Einhaltung der Liefertermine*

  Die genannten Vorteile und eine kurzfristig auf dem neuesten Stand befindliche Rückstandsübersicht führten überwiegend zu einer in mehreren Fällen beachtlichen Erhöhung der Liefertreue. Gerade in der langfristigen Einzelfertigung, wo Lieferverzögerungen mit empfindlichen Konventionalstrafen verbunden sein können, kann dies ein wesentlicher Gesichtspunkt für den Aufbau eines maschinellen Steuerungssystems sein.

- *Kapazitätsausweitung ohne zusätzliche Investitionen?*

  Ein bei den Anwendern und Interessenten von Kapazitätsterminierungsprogrammen unterschiedlich beurteilter Punkt ist die Frage, ob sich durch den Einsatz eines Terminierungsprogramms wesentliche Einsparungsmöglichkeiten an Zusatzinvestitionen und bei den produktiven Arbeitskräften durch eine verbesserte und gleichmäßigere Betriebsauslastung ergeben können. Das dürfte in kleinerem Umfang möglich sein durch folgende Punkte:

  - durch günstigere Losgrößen und eine geringere Zahl von ungeplanten Umrüstvorgängen infolge von „brandeiligen" Aufträgen
  - durch bessere Möglichkeiten einer Teilefamilienfertigung
  - durch den – allerdings nur längerfristig möglichen – Abbau von Neben- und Wartezeiten

  Wo sich eine solche Kapazitätserhöhung ohne Zusatzinvestitionen an Maschinen und Personal erreichen läßt, kann dieser Vorteil evtl. an erster Stelle stehen. Vergessen Sie aber nicht, daß sich gerade dieser

Nutzen nur durch den Einsatz eines geeigneten Modularprogramms *plus* einer besser durchdachten Betriebsorganisation ergeben wird. Praktiker sind der Auffassung, daß eine Produktivitätserhöhung von 5–10% im Rahmen des Möglichen sein dürfte, wenn zuvor bereits eine branchendurchschnittliche Produktivität erreicht worden war.

Eine Quantifizierung des sich beim Einsatz von Terminierungsprogrammen ergebenden Nutzens ist leicht möglich bei der Errechnung der Kapitalbindung, da diese z. B. beim CLASS-Programm laufend fortgeschrieben und nach jedem Terminierungslauf ausgedruckt werden kann[16]. Maximal sind bisher Senkungen der Kapitalbindung bis über 30% bekannt geworden. Weiterhin lassen sich Verkürzungen der Durchlaufzeit, Veränderungen der Ausnutzung von Arbeitsplatzgruppen, die Verringerung von Übergangszeiten zwischen Aufträgen, die Reduzierung von durchschnittlichen Rückständen und Veränderungen im Personalbereich bei indirekten Kräften quantitativ feststellen. Besonders bei dem zuletzt genannten Punkt ist der Personalentwicklung die jeweilige Umsatzentwicklung gegenüberzustellen.

Wird ein Modularprogramm der Kapazitätsterminierung in einem Dienstleistungsrechenzentrum eingesetzt, können sich bei einem umfangreichen Datengerüst beachtliche Laufzeiten ergeben, wodurch von der Häufigkeit des Ablaufs her Grenzen gesetzt sind. Die Laufzeit erhöht sich erfahrungsgemäß stark, wenn umfangreiche Netzwerke verarbeitet werden müssen. Allerdings ist es in den letzten Jahren gelungen, durch Programmverbesserungen beachtliche Laufzeitreduzierungen zu erreichen.

5.6 Checkliste zur Prüfung der Eignung von Modularprogrammen der Zeitwirtschaft

Achten Sie vor einer Entscheidung über den Einsatz von Modularprogrammen der Kapazitätsplanung und -steuerung und der Fertigungsüberwachung darauf, daß über die im folgenden aufgezählten Punkte Klarheit besteht. Schon mehrfach mußte ein Betrieb erleben, daß der Hersteller eines Programms und der an seiner Anwendung interessierte Benutzer z. B. unter Splittung, Überwachung oder Belastungsausgleich völlig unterschiedliche Dinge verstanden hat. Noch wichtiger aber ist es, die Voraussetzungen zum Einsatz von Zeitwirtschaftsprogrammen zu

[16] Auf die sich als Folge der Durchlaufzeitverkürzung ergebende Verringerung des Halbfabrikatebestands stützte sich z. B. die Wirtschaftlichkeitsrechnung, die in der Fa. Krauß-Maffei AG, München, bei der Entscheidung zur Einführung des Kapazitätsterminierungsprogramms vorlag. Vgl. *A. Runtsch,* a. a. O., S. 198.

prüfen, bevor der Vertrag über ein Computersystem abgeschlossen worden ist oder Investitionen anderer Art in die Wege geleitet worden sind.

Konzeption und Zusammenhänge zu anderen Bereichen

01 Besteht im Unternehmen Klarheit über die betrieblichen Anforderungen, die an die geplante elektronische Zeitwirtschaft gestellt werden müssen?

02 Sind die Zeitwirtschaftsprogramme mit der Materialwirtschaft und der Arbeitsplanorganisation integriert? Wenn nein: Welcher Aufwand entsteht durch die Besonderheiten der Datenorganisation? Ist eine Integration in einer späteren Ausbauphase der Programme vorgesehen?

03 Entspricht das dem Modularprogramm zugrundeliegende Terminierungsmodell den Erfordernissen der vorliegenden Fertigungs- und Organisationsstruktur der Werkstätten?

04 Welche periodischen Auswertungen werden von den einzelnen Programmen geliefert? Sind sie für die Werkstattplanung und -steuerung ein zweckmäßiges Instrument? Kann das Prinzip des Management by Exception berücksichtigt werden? Kommt das Programm dem Trend nach einer „beleglosen Fertigungssteuerung" entgegen?

Qualität und Fertigstellungsgrad der Programme

05 Welche Arten der Terminierung sind innerhalb des Modularprogramms möglich? Sind sie für die Bedürfnisse des Betriebs in den nächsten 5 Jahren ausreichend?

06 Sind die Modularprogramme, welche zum Einsatz kommen sollen, bereits vollständig vorhanden oder befinden sie sich im Erstellungsstadium? Für welche Termine bestehen im letzteren Fall verbindliche Zusagen des Computerherstellers? Sind die genannten Termine verläßlich?

07 In welchem Umfang liegen für das vorgesehene Modularsystem bereits Erfahrungen bei anderen Benutzern vor? Handelt es sich um Betriebe, die dem Anwenderbetrieb ähnlich sind? Welcher Aufwand entstand in diesen Betrieben bei der Einführung des Modularprogramms? Sind sie mit den Leistungen der Programme zufrieden? In welchem Umfang waren eigene Zusatzroutinen notwendig?

08 Entspricht das Terminierungsprogramm dem vorliegenden Fertigungstyp (Einzel- bzw. Serienfertigung)?

09 Welche Maschinenlaufzeiten ergeben sich aufgrund des vorhandenen Datengerüstes für die einzelnen Programme? Ist bei der vorgesehenen Frequenz der

Programme genügend Kapazität auf dem Datenverarbeitungssystem im Haus vorhanden? Welche Kosten entstehen bei Datenverarbeitung außer Haus?

10 Welche Computergröße (Umfang des Arbeitsspeichers, Art und Umfang der externen Datenspeicher) ist erforderlich, um das Modularsystem einsetzen zu können?

11 Welche Laufzeitverringerung ließe sich beim Einsatz eines größeren Arbeitsspeichers erreichen?

12 Liegt für die einzelnen Programme der Zeitwirtschaft eine ausreichende Dokumentation vor, die es auch Mitarbeitern, die bisher noch nichts mit Modularprogrammen zu tun hatten, in angemessener Zeit ermöglicht, an der Anpassung der Modularprogramme an die betrieblichen Erfordernisse mitzuwirken?

13 In welchem Umfang werden die Anforderungen durch das geplante Modularsystem standardmäßig abgedeckt? Welche der Forderungen können durch eigene Zusatzroutinen abgedeckt werden, und welche können außerhalb des Modularprogramms im Rahmen der elektronischen Zeitwirtschaft erfüllt werden?

Umstellungspersonal, Schulung, Terminplan, Wirtschaftlichkeit

14 Ist betriebseigenes Personal vorhanden zur Durchführung einer detaillierten Problemanalyse, zum Aufbau der betriebsindividuellen Konzeption, zum exakten Studium des Modularprogramms, zur Programmanpassung, zur Erstellung der erforderlichen Zusatzprogramme, zur sog. „Rundumorganisation“ und zur Einführung der neuen Organisation im Betrieb?

15 In welchem Umfang ist eine kostenlose Mitarbeit qualifizierter Systemberater des Computerlieferanten bei der Einführung der Modularprogramme zu erwarten? Wird eine Mitwirkung gegen Vergütung angeboten? Erstreckt sie sich sowohl auf die organisatorischen Problemlösungen wie auf Programmierfragen und Mithilfe bei Programm- und Systemtests?

16 Wer übernimmt die Ausbildung der betriebseigenen Mitarbeiter? Neben einer programmtechnischen Ausbildung, die beim Ersteller des Modularprogramms erfolgen muß, sollte ein Kurs besucht werden, in welchem die Probleme bei der Umstellung der Zeitwirtschaft auf EDV zur Sprache kommen. Dozent des zweiten Lehrgangs sollte ein möglichst neutraler Organisationsexperte sein, der die Vor- und Nachteile von Standard- und Modularprogrammen kennt.

17 Welcher Aufwand in Mannmonaten wird für die einzelnen Projekte der Zeitwirtschaft geschätzt? Welche Gesamteinführungszeit ergibt sich aufgrund

eines alle Einzelprojekte umfassenden Terminplans, der auch die gegenseitigen Abhängigkeiten der Teillösungen berücksichtigt?

18 Ist eine stufenweise Einführung der Programme möglich, ohne daß sich während der Aufbauphase zusätzliche Aufwendungen ergeben?

19 Sind die Zielsetzungen, die an das Terminierungsprogramm gestellt werden, realistisch? Kann kein Fertigungssteuerungsexperte des eigenen Unternehmens diese Frage beantworten, sollte ein unabhängiger Industrieberater (Softwarefachmann) zur Beratung dieser Frage herbeigezogen werden.

Typische Sachprobleme

20 Wieviele Arbeitsplatzgruppen und wieviele Arbeitsplätze innerhalb einer Arbeitsplatzgruppe können maximal in das Modularsystem hereingenommen werden?

21 Kann die „Belastungspolitik" des vorgesehenen Kapazitätsterminierungsprogramms vom Anwender gesteuert werden (Wunsch nach möglichst später oder früher Belastung)?

22 Wird Überlappung und Splittung – soweit sie für den Betrieb in Frage kommt – zwangsweise oder nur bei Zeitnot eingeplant?

23 Besteht eine Möglichkeit, unterschiedliche Fertigungsarten für ein Teil maschinell zu berücksichtigen? Wie ist die Verbindung zur Materialdisposition?

24 Wird die Materialbedarfsermittlung vom Terminierungsprogramm vorgenommen? Soll hiervon Gebrauch gemacht werden? Wie wäre bei einer getrennten Materialdisposition die Verbindung zwischen Lieferterminen/Fertigstellungsterminen aus der Materialwirtschaft und aus der Zeitwirtschaft?

25 Welche Arten des Belastungsausgleichs kommen im Unternehmen vor? Können sie sinnvoll auch von dem Modular- oder Standardprogramm der Terminierung durchgeführt werden?

26 Wie werden durch das Programm Rückmeldefragen gelöst? Welche Informationen müssen zu welchem Zeitpunkt und in welcher Form rückgemeldet werden?

27 Ist die Werkstattpapiererstellung im Programm in einer für das Unternehmen geeigneten Form enthalten? Wird hierbei das Prinzip der spätestmöglichen Papiererstellung gewahrt? Eilaufträge, Auftragsänderungen?

28 Besteht die Möglichkeit einer Losgrößenteilung, wenn aufgrund der Materialverfügbarkeit oder mangelnder Kapazität nur ein Teillos gefertigt werden kann?

29 Können die vom Terminierungsprogramm benötigten Rückmeldebelege von den Werkstätten rechtzeitig und vollständig geliefert werden?

30 Können auch verbrauchsgeplante Teile in die Belastungsplanung des Terminierungsprogramms einbezogen werden?

31 Welche Möglichkeiten des maschinellen Kapazitätsausgleichs bietet das Modularsystem? Ist eine Verschiebung von Belastungsspitzen in Richtung Gegenwart oder Zukunft nach den Regeln des Programms für das Unternehmen akzeptabel? Zu welchem Zeitpunkt und in welcher Form können manuelle Belastungsänderungen durchgeführt werden?

32 Müssen Verknüpfungen beachtet werden? Können sie automatisch aufgrund der Stückliste oder gespeicherter Angaben in den Arbeitsplänen gewonnen werden?

33 Ist in dem Modularsystem eine Kontrolle auf Materialverfügbarkeit enthalten? Ist der Zeitpunkt, zu welchem sie vorgenommen wird, für das Unternehmen zweckmäßig (Reservierungen)? Werden die Reservierungen periodengerecht oder kumuliert geführt?

34 Wird die Kapazitätsterminierung nur arbeitsgangweise ohne Berücksichtigung des Auftragszusammenhangs (Vernetzung) durchgeführt? Können sich für den Betrieb dadurch unzureichende Ergebnisse ergeben?

35 Werden die vom Programm durchgeführten Kapazitätsverschiebungen dem Benutzer zur Kenntnis gegeben?

36 Können vom Programm Ausweichmaschinen und Ausweicharbeitsplätze berücksichtigt werden?

37 Wie werden von dem vorgesehenen Terminierungsprogramm die Möglichkeiten der Mehrmaschinenbedienung berücksichtigt?

38 Welche Arten von Prioritätsregeln werden zur Steuerung der Warteschlangen vor den Maschinengruppen benutzt? Unterscheiden sie sich in der mittelfristigen und kurzfristigen Kapazitätsterminierung (auftrags- und arbeitsgangbezogen)? Welche Wirksamkeit haben die einzelnen Regeln? Führen sie zu einem für den Betrieb sinnvollen Ergebnis?

39 Kann vom Benutzer zur Korrektur bestimmter Belastungsverhältnisse in den Programmablauf eingegriffen werden?

40 Zu welchem Zeitpunkt werden Zeitpuffer aufgebaut? Handelt es sich nur um Puffer, die innerhalb eines Teils gebildet sind oder um Kettenpuffer über die ganze Erzeugnisstruktur einer Auftragsfolge hinweg?

6. Integriertes Rechnungswesen mit Modularprogrammen

Neben der Produktionsplanung und -steuerung stellt das betriebliche Rechnungswesen einen zweiten Schwerpunkt der industriellen Datenverarbeitung dar.

Bei einer integrierten Datenverarbeitung findet zwischen der betrieblichen Planung und Steuerung und dem Rechnungswesen eine enge Verzahnung statt. Dabei ist besonders eine Abhängigkeit der Kostenrechnung von den durch die Fertigungssteuerung produzierten Informationen gegeben.

6.1 Zusammenhänge im industriellen Rechnungswesen

In den folgenden Abschnitten ordnen wir dem Begriff Rechnungswesen folgende Gebiete zu:

Die Verkaufsabrechnung mit	Fakturierung Provisionsabrechnung Verkaufsstatistiken
Die Betriebsabrechnung mit	Materialabrechnung Lohnabrechnung Anlagenabrechnung Kostenarten-, Kostenstellen- und Kostenträgerrechnung kurzfristiger Erfolgsrechnung
Die Finanzbuchhaltung mit	Debitorenbuchhaltung Kreditorenbuchhaltung Hauptbuchhaltung Finanz- und Liquiditätsplanung

Die Bereiche des Rechnungswesens sind eng miteinander verzahnt und sollten im Interesse einer kostenminimalen Datenerfassung und vielseitiger Auswertungsmöglichkeiten bei der Erstellung einer EDV-Konzeption in ihrem Zusammenhang betrachtet werden. Die Verbindungen gelten weniger für den Buchhaltungssektor. Dort lohnt es sich wegen der geringen Zahl der Buchungen nicht in jedem Fall, neben einer vielleicht umfangreichen Kontokorrentbuchhaltung auch die Hauptbuchhaltung mit den Abschlußarbeiten über den Computer abzuwickeln, obwohl dies grundsätzlich erstrebenswert ist.

Eine Ablaufkette ergibt sich in vertriebsorientierten Unternehmen häufig zwischen der Kundenauftragsbearbeitung, der Fakturierung und den sich anschließenden Auswertungen Provisionsabrechnung, Rechnungsausgangsbuch, Debitorenbuchhaltung, Umsatzsteuer und Verkaufsstatistiken verschiedener Art.

Noch weitergehender sind die Verknüpfungen in der Kostenrechnung. Hier kann auch der Schwierigkeitsgrad der zu erstellenden Programme sehr hoch sein. Die Aufeinanderfolge der Funktions- und damit auch der Programmbereiche geht aus Abb. 20 hervor.

Der Ausgangspunkt für eine Betriebsabrechnung und Nachkalkulation sind die von der Lohn- und Materialabrechnung gelieferten Informationen. Aus den Lohn- und Materialbelegen müssen bei direkten Kosten mindestens die Kostenart und der Kostenträger hervorgehen. Bei Gemeinkosten müssen in den Belegen die Kostenart und wenn möglich die Kostenstelle enthalten sein.

Die Kostenartenrechnung besteht in einer Zuordnung der angefallenen Kosten auf die Kostenarten. Besonders die zeitliche Entwicklung der Kostenarten kann interessante Aufschlüsse für die Gemeinkostenüberwachung ergeben. Ein wichtiges Ergebnis der Kostenstellenrechnung ist der Betriebsabrechnungsbogen. Er entsteht durch die Verteilung der Gemeinkosten nach Kostenstellen, was unmittelbar über die angegebene zu belastende Kostenstelle oder Verteilerschlüssel erfolgen kann. Der Erstverteilung schließt sich eine weitere Aufschlüsselung der allgemeinen und der Hilfskostenstellen auf die Hauptkostenstellen an. Für jede Kostenstelle kann als Ergebnis der Kostenstellenrechnung eine Übersicht über die je Kostenart innerhalb der Kostenstelle aufgelaufenen Kosten ausgedruckt werden. Auch hier kann durch eine Gegenüberstellung nach Perioden der Aussagewert erhöht werden.

Aus den angefallenen Einzel- und Gemeinkosten kann eine Nachkalkulation von Aufträgen durchgeführt werden. Schließlich führt die Gegenüberstellung der angefallenen Kosten mit dem Umsatz der Periode zum Ausweis des Periodenerfolgs.

Die Betriebsabrechnung kann als Instrument der Kostenüberwachung in ihrer Aussagefähigkeit wesentlich verbessert werden, wenn den Istkosten Sollvorgaben gegenübergestellt werden und evtl. zusätzlich eine Aufteilung der Kosten in fixe und variable Bestandteile vorgenommen wird.

Die Verbindung einer Istkostenrechnung zur Fertigungssteuerung besteht von den Belegen der Lohn- und Materialabrechnung her. Sie können bei der Werkstattpapiererstellung und mengenmäßigen Lagerbestandsführung gewonnen werden. Für eine elektronische Vorkalkulation und eine Plankostenrechnung ist das Vorliegen einer elektronischen Fertigungsstammdatenbank mit Teilestammdaten,

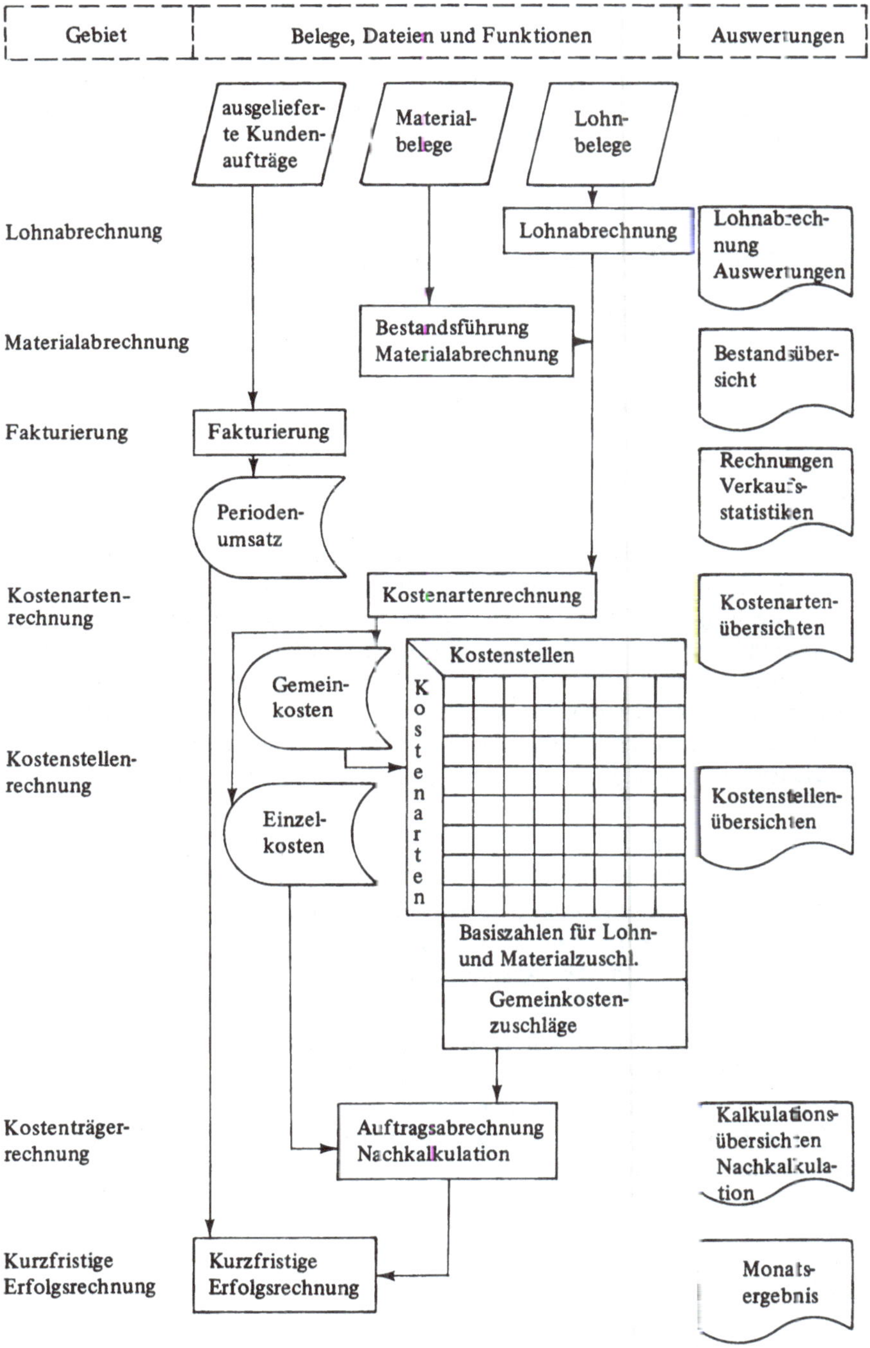

Abb. 20. Zusammenhänge in der Betriebsabrechnung (Istkostenrechnung)

[1] Vgl. hierzu auch die ausführliche Darstellung in *Bruno Grupp*, Einsatzmöglichkeiten der Datenverarbeitung in Mittel- und Kleinbetrieben, Friedrich Kiehl Verlag GmbH, Ludwigshafen (Rhein) 1972.

Stücklisten, Arbeitsplan- und Arbeitsplatzdaten unbedingte Voraussetzung. Ohne den Aufbau dieser Dateien und eine Führung der Lagerbestände müssen diese anspruchsvollen Projekte zurückgestellt werden.

6.2 Übersicht über die Marktsoftware des Finanz- und Rechnungswesens

Im Gegensatz zu den großen Anstrengungen, die von Computerfirmen zur Entwicklung umfassender Anwendungssysteme für die industrielle Material- und Zeitwirtschaft gemacht worden sind, ist das Finanz- und Rechnungswesen bisher ziemlich stiefmütterlich behandelt worden. Der Umfang standardisierter Programme für den Abrechnungssektor ist auch entsprechend dürftig. Das ist deshalb paradox, weil vor der Umstellung der betrieblichen Bereiche, die meist schwierig und deshalb zeitraubend ist, ein Industriebetrieb überwiegend EDV-Erfahrungen auf den Gebieten der Lohnabrechnung, Buchhaltung und evtl. auch der wertmäßigen Materialabrechnung und der Fakturierung sammelt. Für diese häufig noch isolierten und verhältnismäßig einfachen Anwendungen mußten die Betriebe fast durchweg in mühsamer Arbeit eigene Programme entwickeln. Dabei handelt es sich in vielen Fällen um Anwendungen, die fast wie ein Ei dem anderen gleichen und weitgehend nur in der Beleggestaltung unterschiedlich sind.

Erst in neuester Zeit ist hauptsächlich eine Vielzahl von Softwareinstituten in diese offensichtliche Marktlücke hineingestoßen und bietet Programme für die Buchhaltung, Kostenrechnung, Lohnabrechnung (bis zu kompletten Personalinformationssystemen) und in geringerem Umfang auch für die Fakturierung und die Auswertungsbereiche der Verkaufsabrechnung an.

Wesentlich umfangreicher als für Benutzer eigener größerer Datenverarbeitungssysteme ist bereits seit längerer Zeit das Angebot an Marktsoftware auf dem Gebiet des Finanz- und Rechnungswesens im Bereich der mittleren Datentechnik und in Dienstleistungsrechenzentren. Der Einsatzschwerpunkt von Anlagen der mittleren Datentechnik liegt gerade auf diesem Gebiet. Teilweise steht mit dem Kauf oder der Anmietung eines Geräts auch die Möglichkeit des kostenlosen Zugriffs auf die vorhandene Programmbibliothek des Hardwarelieferanten offen. Das ist beispielsweise bei Honeywell Bull für die Direktverarbeitungscomputer der Serie 50 der Fall. In anderen Fällen ist die Lieferfirma des Geräts bereit, gegen Berechnung aufgrund eines Pflichtenheftes Programme für den Anwender zu erstellen, wobei auf Standard- oder Modularprogramme (sog. „Schubladenprogramme“) zurückgegriffen werden kann.

Die anschließenden Abschnitte enthalten nur einige der bekannteren und für einen breiteren Anwenderkreis geschaffenen Programmkomplexe, für welche eine zum Verständnis des Inhalts und der Programmlogik ausreichende Dokumentation vorliegt und zugänglich ist. Das ist im wesentlichen bei Anwendungspaketen von Computerfirmen der Fall. Auf die anderen Zweige der Informationsindustrie, die das Rechnungswesen mit allgemeinen Anwendungsprogrammen versorgen, können wir schon deshalb nicht eingehen, weil die an die Öffentlichkeit gelangenden Werbeprospekte oft so dürftig sind, daß kaum auf die interessanten Besonderheiten des Inhalts geschlossen werden kann. Außerdem sind viele dieser Programme auf eine bestimmte Branche oder einen Computertyp zugeschnitten[2]. Schließlich sei als letzter Grund angeführt, daß die wenigsten dieser Programme Modularcharakter aufweisen. Vielmehr handelt es sich meistens nur um gut dokumentierte starre Programme, deren firmenindividueller Teil jeweils neu programmiert werden muß.

Von den großen Computerfirmen bietet Honeywell Bull mit DIMAS für das Rechnungswesen in Fertigungs-, Dienstleistungs- und Handelsbetrieben ein umfangreiches Anwendungssystem an, das wir an späterer Stelle darstellen. DIMAS kann auf Systemen der Serien 200 und 2000 eingesetzt werden. Als Teilsystem von MIACS 200 bietet Honeywell Bull auch einen Programmkomplex für eine Plankalkulation an, der u. a. folgende Aufgaben lösen soll:

Ermittlung von Angebotspreisen und Preisuntergrenzen
Ermittlung innerbetrieblicher Verrechnungspreise
Schaffung der Grundlagen für eine Betriebserfolgsrechnung
Ermittlung von Wertansätzen für Halb- und Fertigerzeugnisse
Ermittlung von Kostendaten für eine Lageroptimierung[3]

LUG 2000 ist ein Lohn- und Gehaltsabrechnungssystem, das Honeywell Bull für Plattenanlagen der Serie 2000 anbietet. Es ist nicht branchengebunden und enthält eine Bruttolohnabrechnung für Zeitlohn und eine Nettolohn- und Gehaltsabrechnung.

IBM hatte bereits vor mehreren Jahren ein Organisationssystem für das betriebliche Rechnungswesen entwickelt, das unter dem Namen COSTING angeboten wird. Es ist in der Schweiz entstanden und auf ein 360-20-Kartensystem ausgelegt. COSTING stellt nur eine betriebswirtschaftliche Konzeption dar, die für

[2] Dieser Gesichtspunkt, daß neben allgemeinen Programmsystemen immer mehr spezialisierte Programmpakete des Rechnungswesens auf den Softwaremarkt kommen, sollte jeden Industriebetrieb vor der Erstellung eigener Programme dazu veranlassen, einen Blick in die von spezialisierten Instituten angebotenen Programmkataloge zu werfen, ob zu einem annehmbaren Preis ein Fest-, Standard- oder Modularprogramm angeboten wird, das die Probleme des Anwenders abdecken könnte.

[3] Honeywell Bull, MIACS CCA 200, Plankalkulation, Funktionsbeschreibung, Ref.-Nr.: 34 60 682 D, 1971.

Anwender als programmierreifes Detailprojekt zur Verfügung steht[4]. Für eine Anwendung in einem IBM-Rechenzentrum liegt das Konzept als COSTING 70 heute auch in programmierter Form vor. Daneben bietet IBM für die Datenverarbeitung in ihren Servicebüros Lohn-, Kostenrechnungs- und Buchhaltungsprogramme an[5]. Für das System /3 hat IBM ein Programmpaket für die Lohn- und Gehaltsabrechnung zusammengestellt, das Anwendern dieser Systeme zusammen mit einer kostenpflichtigen Beratungsleistung für die Einführung angeboten wird[6].

Im Rahmen von Basis 4004/16 bietet Siemens ein Kalkulationsprogramm für Erzeugnisse, Baugruppen und Teile an. Die Ausgangsdaten werden den Programmkreisen Stücklisten- und Arbeitsplanverwaltung und der Lagerbestandsführung entnommen. BASIS-KK geht in zwei Stufen vor: Es rechnet zuerst für jede Position die eigentlichen Fertigungskosten. Anschließend werden die Kosten für Enderzeugnisse ermittelt, indem die Fertigungskosten der Komponenten über alle Stufen hinweg zusammengefaßt werden[7].

UNIVAC bietet mit dem Modularprogrammpaket UNIREB ein System zur Durchführung der Betriebsabrechnung. Die Programme von UNIREF befassen sich mit der Abwicklung der Buchhaltung. Als Zusammenfassung der beiden Einzelsysteme wird in der Schweiz die integrierte Version UNIRES angeboten. Die Abrechnungsprogramme sind ein Bestandteil des Gesamtsystems UNIS 9000. Es kommt auf EDV-Systemen der 9000er-Reihe zum Einsatz. Wir werden die beiden Systeme UNIREB und UNIREF im folgenden Abschnitt detaillierter besprechen.

UNIPERS ist ein von UNIVAC programmiertes Personalabrechnungssystem für die Errechnung der Nettolöhne und -gehälter in Industriebetrieben. Es nimmt auf die steuer- und sozialversicherungsrechtlichen Anforderungen Rücksicht und stellt Ausgangswerte für eine sich anschließende Kostenrechnung zur Verfügung.

Von den Herstellern kleinerer und mittlerer Datenverarbeitungssysteme soll als Beispiel für mehrere andere Unternehmen lediglich die Firma Nixdorf genannt werden, die u. a. für ihr Magnetplattensystem 880/55 ein Modularprogramm für die Lohn- und Gehaltsabrechnung und Programme für die Finanzbuchhaltung und Fakturierung anbietet. Für die von Nixdorf vertriebenen Magnetkontencomputer steht ebenso wie für die Geräte anderer Herstellerfirmen in umfangreichem Maß erprobte Anwendungssoftware zur Verfügung.

[4] Vgl. *F. De Micheli,* COSTING für das betriebliche Rechnungswesen, IBM Form 80 663-0, Zürich 1967.

[5] Vgl. Lohn- und Gehaltsabrechnung, IBM Form 72 014; IBM Buchhaltungsservice, IBM Form 72 010; Betriebliches Rechnungswesen im IBM Rechenzentrum, IBM Form P 12-1016.

[6] Vgl. IBM System /3 Platte, Lohn- und Gehaltsabrechnung, Einführung, Vorabdruck, 1972.

[7] Vgl. Fertigungssteuerung mit BASIS 4004/16, Siemens Bestell-Nr. D 14/4138.

Als Beispiel für Dienstleistungsrechenzentren sei die Deutsche DATEL Gesellschaft für Datenfernverarbeitung, Darmstadt, genannt. Sie bietet für Benutzer ihres Rechenzentrums eine Reihe von Programmsystemen u. a. DAKOR für die Kostenrechnung, DABU für die Buchhaltung, DAFIB für die Finanzbuchhaltung, DAFAK für die Fakturierung, DALOGE für die Lohn- und Gehaltsabrechnung an[8]. In dieser Richtung arbeiten etwas spezialisierter auch das DATEV-Rechenzentrum in Nürnberg und ähnliche Institute.

6.3 Kurzdarstellung interessanter Anwendungspakete des Rechnungswesens

Aus dem vielgestaltigen Angebot sollen für eine nähere Darstellung nur vier typische Programmsysteme herausgegriffen werden, die für Industriebetriebe bedeutsam sind und einen Querschnitt über den Inhalt der für das Rechnungswesen angebotenen Marktsoftware darstellen.

6.31 Das Abrechnungssystem DIMAS (Honeywell Bull)

DIMAS (= deutsches integriertes modulares Abrechnungssystem) erstreckt sich über alle finanziellen Bereiche eines Unternehmens und umfaßt die Debitoren- und Kreditorenabrechnung, Materialabrechnung, Lohn- und Gehaltsabrechnung, die Anlagenabrechnung, Finanzbuchhaltung und die Kostenrechnung. Es erfüllt darüberhinaus Funktionen, die außerhalb des traditionellen Rechnungswesens liegen, z. B. die Steuerung der Abwicklung von Verkaufsaufträgen und die Verwaltung von Lagerbeständen. Es setzt sich aus acht Teilsystemen zusammen. Sie sind alle in COBOL geschrieben und modular aufgebaut[9]. DIMAS ist bisher nicht in MIACS integriert. Doch dürfte dies keine großen Schwierigkeiten bereiten.

6.311 Überblick über das Gesamtsystem

Jedes Teilsystem von DIMAS kann allein zum Einsatz kommen. Doch ergibt sich die höchste Wirtschaftlichkeit, wenn das Gesamtsystem vom Benutzer übernommen wird, da auf diese Weise der Datenerfassungsaufwand geringer ist. DIMAS läßt sich besonders in kleineren und mittleren Unternehmen anwenden und setzt folgende Mindestkonfiguration voraus: Ein Datenverarbeitungssystem mit einem

[8] Kurzinformationen sind in den Prospekten der DATEL GmbH DAKOR 2725 HF, DABU 4725 HF, DAFIB (ohne Nummernangabe), DAFAK 3725 HF, DALOGE (ohne Nummernangabe) enthalten.

[9] Vgl. auch für die folgenden Ausführungen Honeywell Bull, DIMAS Systembeschreibung, Ref.-Nr.: 3460 280 D, 2. A., Köln 1971.

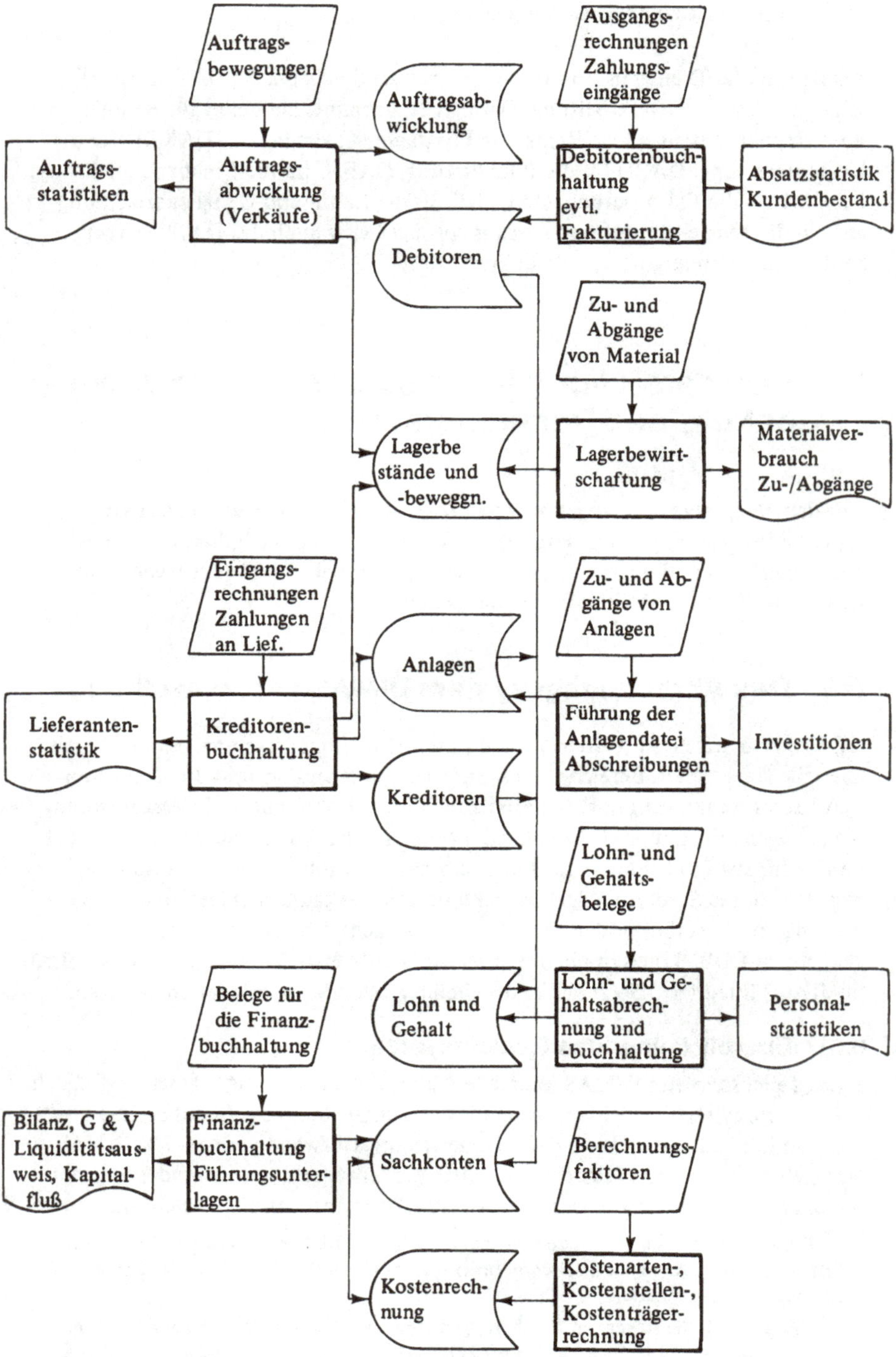

Abb. 20a. Datenflußplan zwischen den Teilesystemen von DIMAS
Quelle: Honeywell Bull, DIMAS Systembeschreibung, Ref.-Nr. 3460 280 D, 2. A., Köln 1971

Arbeitsspeicher ab 24 K und zwei Platteneinheiten. Bei der deutschen Version wurden die Vorschriften des Handelsrechts und die Grundsätze ordnungsgemäßer Buchführung zugrunde gelegt.

Das Programmpaket besteht aus einer Standardversion, in welche einige Varianten zur Auswahl eingebaut worden sind. Eine Modifizierung der standardisierten Ein- und Ausgabeformate, des Dateiaufbaus und der Formulargestaltung durch den Anwender ist möglich. Durch die Einbeziehung einer Planungsrechnung läßt sich DIMAS vom Anwender zu einem erweiterten Management-Informationssystem ausbauen.

Entsprechend den acht Teilsystemen von DIMAS sind die erforderlichen Stammdaten auf acht Stammdateien aufgeteilt:

Verkaufsauftragsdatei
Debitorendatei
Kreditorendatei
Material- und Lagerdatei
Lohn- und Gehaltsdatei
Anlagendatei
Hauptbuchdatei
Kostenrechnungsdatei

Jedes Teilsystem besteht aus etwa 30 in COBOL geschriebenen Programmen. Sie lassen sich in vier Arbeitsbereiche unterteilen, die folgende Funktionen erfüllen:

- Erfassung und Kontrolle der Anfangsstammdaten
- Änderungsdienst der Stammdaten
- Erfassung und Verarbeitung der Bewegungsdaten (dynamische Daten)
- Aufbereiten und Drucken von Informationsträgern

6.312 Funktionen der Teilsysteme

Die Hauptaufgabe des Teilsystems *Verkaufs-Auftragsabwicklung* besteht in der Erfassung, Führung und Überwachung von Angeboten und Aufträgen. Beim Auftragseingang werden eine Bonitätskontrolle durchgeführt, evtl. eine Auftragsbestätigung geschrieben und die Daten für die Fakturierung erfaßt. Als Entscheidungshilfen liefert das Teilsystem verschiedene Auftragsstatistiken.

Das *Debitoren-Teilsystem* erfaßt und überwacht aufgrund der Ausgangsrechnungen bzw. Gutschriften die an Kunden bestehende Forderungen. Dem Teilsystem kann die Fakturierung angeschlossen werden. Die Überwachung der Zahlungseingänge schließt das Mahnwesen ein. Ausgabe aus dem Debitorenbereich sind Kunden-, Absatz- und Umsatzstatistiken, das Rechnungsausgangsbuch, das Zahlungseingangsbuch, OP-Listen, Kontoauszüge und Mahnungen.

Das *Kreditoren-Teilsystem* erfaßt die Zahlungsverpflichtungen gegenüber den Lieferanten und sorgt für die rechtzeitige Begleichung der Eingangsrechnungen unter Ausnutzung der günstigsten Zahlungsbedingungen. Daneben spielt die Steuerung der Liquidität eine wesentliche Rolle. Die Lieferantenkreditoren werden als offene Posten geführt. Das Teilsystem liefert zur Dokumentation das Rechnungseingangs- und das Zahlungsausgangsbuch, Offene-Posten-Listen, Einzelkonten und Überweisungsaufträge.

Das *Teilsystem Material und Lager* umfaßt alle lagerhaltigen Materialien und Waren mengen- und wertmäßig. Die wertmäßige Bestandsführung kann zu Durchschnitts-Einstands-Preisen und zu Festpreisen abgewickelt werden. Für die Bewertung der Erzeugnisse zu Herstellkosten besteht je nach dem angewandten Kostenrechnungsverfahren die Wahl zwischen Normal- und Festkosten. Neben dem körperlichen Bestand wird der dispositive Bestand geführt. Das Teilsystem liefert Lagerbestands- und Lagerbewegungslisten, eine Bestellwertübersicht, eine Liste der Preisabweichungen und Inventurlisten.

Das *Teilsystem Lohn und Gehalt* führt die Lohn- und Gehaltsabrechnung durch. Zusätzlich wird eine Kontrolle der Anwesenheitszeiten durchgeführt. Es stellt alle erforderlichen Belege und Auflistungen zur Verfügung, die aus dem umfangreichen Komplex für Auswertungen benötigt werden.

Das *Teilsystem Anlagen* dient der Erfassung des Anlagevermögens mit den Zwecken

- Ermittlung der Buchwerte und der bilanzmäßigen Abschreibung
- Nachweis der Bestände
- Ermittlung des betriebswirtschaftlichen Nutzwerts der Anlagen als Grundlage für die Berechnung der kalkulatorischen Zinsen und Abschreibungen
- Nachweis des Versicherungswertes

Aufgabe des *Teilsystems Hauptbuch* (Sachkontenbuchhaltung) ist die ordnungsgemäße Aufzeichnung des gesamten Geschäftsverkehrs im Rahmen eines frei wählbaren Kontenplans. Aus dem Hauptbuch leiten sich die Handelsbilanz, die Gewinn- und Verlustrechnung, der Liquiditätsnachweis und die Kapitalflußkontrolle ab.

Das *Teilsystem Kostenrechnung* erfaßt und überwacht alle Kosten nach Arten, Stellen und Trägern. Es ermittelt die kalkulatorischen und tatsächlichen internen Periodenergebnisse. Außerdem können Einzelstückkalkulationen durchgeführt, Kalkulationssätze überprüft und die Lagerbewegungen errechnet werden. Aus der Kostenrechnung ergeben sich betriebliche Kennzahlen, die zu den wichtigsten Führungsmitteln einer Unternehmensleitung gehören. Der Anwender hat die Wahl zwischen der Normalkostenrechnung (für auftragsorientierte Unternehmen) und der Vorkalkulations-Kostenrechnung (für absatzorientierte Unternehmen der Massenfertigung).

6.32 Das Betriebsabrechnungssystem UNIREB (UNIVAC)

UNIREB, eine Abkürzung für UNIVAC Rechnungswesen/Betriebsabrechnung, ist ein Programmpaket für die Betriebsbuchhaltung, das die Gebiete Sachkontenerstellung, Betriebsabrechnung und Anlagenbuchhaltung abdeckt. UNIREB besteht aus mehreren Programmen, die alle zusammen oder einzeln eingesetzt werden können. Es handelt sich um folgende Teilsysteme:

Erfassungsprimanota
Sachkonten/Kostenarten
Stellenbezogene Kostenüberwachung
Sachkonten/Kostenstellen
Anlagenbuchhaltung

Das Programmpaket wurde für die UNIVAC Serie 9000 entwickelt und wird für lochkartenorientierte Anlagen und Systeme mit externen Magnetspeichern zur Verfügung gestellt[10].

Das *Programm Erfassungsprimanota* dient der Abstimmung und Prüfung der erfaßten Daten. Es wird ein Erfassungsprotokoll ausgedruckt.

Die *Sachkontenschreibung für die Kostenarten* ist wichtig, wenn die Finanzbuchhaltung nicht über die EDV abgewickelt wird. Für jede Kostenart wird ein Konto ausgedruckt. Die Eingabe für dieses Programm umfaßt die alten Salden, die sich aus der Vorperiode ergeben haben und die Bewegungen der laufenden Periode. Abschließend werden die Vorsteuer- und Mehrwertsteuerbeträge ausgedruckt.

Im *Programm Kostenstellenüberwachung* werden für jede Kostenstelle Übersichtsbogen ausgedruckt, in denen eine Gegenüberstellung der tatsächlich entstandenen Kosten (Istkosten) mit den Vorgabewerten (Budget-, Plan- oder Sollkosten) erfolgt. Im einzelnen können folgende Kostenrechnungsarten im Programm angewendet werden:

Einfache Vollkostenrechnung
Vollkostenrechnung mit Budget
Plankostenrechnung
Deckungsbeitragsrechnung mit Budget
Plangrenzkostenrechnung

Welche Kostenrechnungsart bei den einzelnen Kostenarten (bzw. Kostenstellen) durchgeführt werden soll, kann individuell bestimmt werden.

[10] Vgl. auch für die folgenden Ausführungen *Manfred Cleve*, UNIVAC-Systeme für das Rechnungswesen, Abwicklung der Betriebsabrechnung mit UNIREB, BA 300, Frankfurt/Main 1970.

Die für jede Kostenstelle ermittelten Ist- und Plan- bzw. Sollkosten werden im Kostenstellenbogen für jede Kostenart und kumuliert ausgedruckt. Der Kostenstellenbogen wird für jede Kostenstelle erstellt. Je Kostenart und insgesamt werden die Abweichungen errechnet und ausgedruckt.

Das *Programm Anlagenbuchhaltung* innerhalb des Programmkomplexes UNIREB erstellt die Unterlagen sowohl für die kalkulatorischen als auch für die bilanzmäßigen (steuerlichen) Abschreibungen. Es ist so aufgebaut, daß eine lineare und degressive Abschreibung möglich ist und unterschiedliche Abschreibungssätze für die kalkulatorische und steuerliche Abschreibung möglich sind.

Firma	Kontenbezeichnung	Druckdatum	Li	Seite	Konto-Nr.
050-5	TEXTIL CLUB 6200 WIESBADEN AM KURHAUS	31.12.68	65	001	100009

FAELLIG	MH	UEBF WERTE	ST	MW	Geschäftsvorfall	Buchungsdatum	Beleg-Nr.		Soll-DM	Ausgl Kennz	Haben-DM	Skonti/Saldo-DM
24.05.68	05	13.000,00	01		RECHNUNG	24.03.68	102005		13.000,00	7770		
27.06.68	05	24.000,00	01		RECHNUNG	27.04.68	104276		24.000,00			
14.07.68	04	5.000,00	01		RECHNUNG	14.05.68	106314		5.000,00			
17.05.68	[illegible]	2.000,00-	13		A-CONTO	17.05.68	308444			7770	2.000,00	
18.07.68		5.000,00-	14		COMMERZB	18.07.68	107400			7770	5.000,00	
07.10.68	02	5.600,00	01		RECHNUNG	07.08.68	108450		5.600,00			
09.12.68	01	15.000,00	01		RECHNUNG	09.10.68	108976		15.000,00			
08.11.68	01	400,00	27		ZINSEN	08.11.68	408115		400,00			
27.01.69			02		GUTSCHRIFT	27.11.68	109003			7770	6.000,00	
29.01.69			01		RECHNUNG	29.11.68	110782		16.000,00			
04.02.69			01		RECHNUNG	04.12.68	111610		18.000,00			
		56.000,00										
Erstellt per	31.12.68							Verkehrszahlen	97.000,00		13.000,00	84.000,00S
								Vortrag	0,00		0,00	0,00S
aufgel Umsatz DM								Gesamt	97.000,00		13.000,00	84.000,00S.

Abb. 20c. Kontoauszug der Kontokorrentbuchhaltung
Quelle: *Manfred Cleve*, UNIVAC-Systeme für das Rechnungswesen, Rationalisierung der Finanzbuchhaltung durch UNIREF, a. a. O., S. 39

6.33 Das Finanzbuchhaltungssystem UNIREF (UNIVAC)

Das Programm UNIREF umfaßt die Hauptbuchhaltung, die Kontokorrentbuchhaltung und evtl. weitere Nebenbuchhaltungen, deren Ergebnis jeweils auf einem Sachkonto seinen Niederschlag findet[11]. Die Daten der Nebenbuchhaltungen werden direkt in der gleichen Verarbeitungsphase in die Hauptbuchhaltung übernommen. Die Kreditoren- und Debitorenbuchhaltung sind also vollständig integriert.

Im Bereich der Kreditorenbuchhaltung erstellt das Programm einen Ausweis über Zahlungsverpflichtungen und Zahlungsfälligkeiten je Lieferant. Außerdem wer-

[11] Vgl. auch für die folgenden Ausführungen *Manfred Cleve*, UNIVAC-Systeme für das Rechnungswesen, Rationalisierung der Finanzbuchhaltung durch UNIREF, BA 16 200 A, 3. A., Frankfurt/Main 1970.

UNIVAC

Kostenstellenbogen 3601 SCHLAUCHSAAL

Kostenvergleich laufender Monat

Zeile	Kostenart Bezeichnung	Konto	Istkosten DM	Sollkosten DM	Abweichung DM	%
01	Fertigungslöhne	4110	5000	4800	200 -	4
02	Fertigungs-Hilfslöhne	4120	500	520	20	3
03	sonstige Hilfslöhne	4130	1000	1000		
04	Zuschläge, Zulagen	4141				
05	Urlaubs-, Feiert. Löhne	4145				
06	Löhne f. Verwaltg. Arb.	4150				
07	Zusatzlöhne u. Ausf. Z.	4160				
08	Gehälter	4170				
09	soz. Aufwend., Löhne	4180				
10	soz. Aufwend., Gehälter	4190				
11	Werkzeuge	4210				
12	Energiekosten	4220	2000	2230	230	10
13	Ausschuß, Nacharbeit	4230	500	400	100 -	25
14	sonst. Fert.-Hilfsmat.	4250				
15	Instandhaltung	4310				
16	Versuche, Entwicklung	4330				
17	Lohnsummensteuer	4413				
18	sonstige Steuern	4410	500	475	25 -	5
19	Versicherungen	4420				
20	Beiträge, Abgaben, Geb.	4430				
21	Finanzspesen	4510				
22	Transportkosten	4520				
23	Verpackungsmaterial	4525				
24	Repräsentation	4540				
25	Werbekosten	4545				
26	Rechts-, Prüf.-, Ber.-K.	4550				
27	Büromaterial	4560				
28	Verschiedene Kosten	4590				
29	Mieten	4600				
30	Abschreibungen	4700	300	160	140 -	87
31						
32						
33						
34	Grundstück u. Gebäude	Umlage	500	500		
35	Energieversorgung	Umlage	1000	640	360 -	56
36	Fuhrpark	Umlage				
37	Betriebsschlosserei	Umlage	600	760	160	21
38	Verwaltung	Umlage				
39						
	Summen		11900	11485	415 -	3

		var. Istkosten	var. Sollkosten	Abweichung	%
Verbrauchsabweichung		9074	8659	415 -	4
		Istleistung	Planleistung	Nutzungsgrad	
Nutzung		840	1050	80	2
		Genutzte Fixkosten	Planfixkosten	Leerkosten	
Leerkosten		2260		566 -	
		Istgrenzkosten	Plangrenzkosten	Deckungsbeitragssatz Ist	Plan
Verrechnung	DM/STD	10,80	10,00	31	32
		Anzahl Beschäftigte	Leistungslohnanteil	Leistungsgrad	
Leistungskennziffern		4	100		
		Fert.-Lohnanteil	Hilfslohnanteil	Abschr.-Anteil an Gesamtkost.	
Kostenkennziffern		42	12		
		DM/ME	Pf/Min. v. FL	Pf/Min. v. Ges. Ko.	
Produktionskennziffern		23,80	11,41		

Abb. 20b. Ausdruck eines Kostenstellenbogens
Quelle: *Manfred Cleve*, UNIVAC-Systeme für das Rechnungswesen, Abwicklung der Betriebsabrechnung mit UNIREB, a. a. O., S. 32

den für fällige Zahlungen automatisch Überweisungen entsprechend den Bandvorgaben ausgedruckt. Innerhalb der Debitorenbuchhaltung wird eine Kreditüberwachung vorgenommen, und es werden Mahnungen veranlaßt. Auf Anforderung werden Auswertungen ausgedruckt. Neben der Abwicklung der Buchhaltung liefert UNIREF auch Zahlenmaterial für die anderen Bereiche des Rechnungswesens, so z. B. für die Kostenrechnung und Statistik.

Das Programmpaket UNIREF ist für eine Magnetbandanlage UNIVAC 9300 entwickelt worden. Es sind mindestens 4 Magnetbandeinheiten erforderlich. Alle Programme sind in Assemblersprache geschrieben.

6.4 Erfahrungen und Beurteilungskriterien für Marktsoftware des Rechnungswesens

Sieht man von der erheblichen Zahl einfacher Anwendungsfälle des Finanz- und Rechnungswesens in Dienstleistungsrechenzentren ab, ist der Umfang der Erfahrungen beim Einsatz von Standard- und Modularprogrammen im Bereich des Rechnungswesens bisher überraschend gering. Eine Übertragung der – überwiegend guten – Erfahrungen beim Einsatz der Datenverarbeitung außer Haus auf die Eignung solcher Programme beim Anwender ist nicht möglich. Die in überbetrieblichen Rechenzentren laufenden Programme betreffen hauptsächlich nur die übliche Form der Lohnabrechnung, die Buchhaltung und in kleinerem Maß die betriebliche Kostenrechnung. Umfangreiche und kurzfristige Auswertungen fehlen aus Kostengründen und wegen der mangelnden Integration mit anderen Betriebsbereichen weitgehend.

Im Vergleich zur Produktionsplanung und -steuerung haben die Programme des industriellen Rechnungswesens meist einen niedrigeren Schwierigkeitsgrad, zumindest was den engeren Bereich der Buchhaltung und einer Istkostenabrechnung betrifft. So ist es auch nicht verwunderlich, daß der Einsatz von Standard- und Modularprogrammen für die Buchhaltung überwiegend nur auf geringe Schwierigkeiten stößt. Bei der Übernahme einfacher Buchhaltungssysteme auf ausgefeilte Standardprogramme, die von großen Rechenzentren außer Haus angeboten werden, kann die Umstellung in wenigen Wochen vollzogen werden.

Bereits etwas schwieriger ist die Einführung einer maschinellen Lohnabrechnung. Die bisherigen Erfahrungen beim Einsatz von Lohnprogrammen in überbetrieblichen Service-Rechenzentren zeigten, daß die angebotenen Programmpakete in ihrer Anpassungsfähigkeit sehr unterschiedlich zu beurteilen sind. Durch die umfangreichen Bestimmungen in Manteltarifverträgen und Betriebsvereinbarungen müssen in die Programme Besonderheiten aufgenommen werden, die branchenmäßig unterschiedlich sein können. Nicht immer sind sie von vornherein in Lohnprogrammen enthalten und bereiten nach der Umstellung zusätzlichen manuellen Abstimmaufwand und gelegentlich auch erheblichen Ärger. So fehlte z. B. bei einem solchen Programm die Bestimmung, daß beim Überschreiten einer bestimmten Altersgrenze ein Mitarbeiter keine Arbeitslosenversicherung mehr zu entrichten braucht. Oder es war nicht berücksichtigt, daß bei der Durchführung von Arbeiten, die nicht der Lohngruppe eines Arbeiters entsprechen, bei der Bezahlung solcher Arbeiten nur eine Rückstufung um eine einzige Lohngruppe erfolgen darf.

Immer wieder stößt man auch darauf, daß die Lohnprogramme von der Datenerfassung her zu starr und aufwendig sind und der Anwender eines solchen Programms Details auf unterschiedlichen Kartenarten angeben muß, die vom Programm bequem aus den Stammdaten entnommen werden könnten. Es ist zu raten, daß vor der Übernahme eines solchen Programms unbedingt eine detaillierte Abstimmung zwischen den Forderungen des Anwenders und dem Programminhalt durchgeführt wird. Für den Anwender muß vor der Entscheidung über ein Programmpaket der Lohnabrechnung bekannt sein, welcher verbleibende bzw. sogar zusätzliche Abstimmungsaufwand auf ihn nach der Umstellung zukommt.

In neuester Zeit werden von Computerfirmen und in noch stärkerem Maß von Softwarefirmen und Beratungsunternehmen umfangreiche Konzeptionen des Rechnungswesens angeboten. Sie haben ihren Schwerpunkt nicht auf den mehr formellen Gebieten einer Lohn- und Finanzbuchhaltung, sondern gehen weit darüber hinaus. Teilweise enthalten sie neben einer Istkostenrechnung eine Plankostenrechnung, Liquiditätsberechnungen usw. Diese Tendenz ist begrüßenswert, weil immer mehr Anwenderfirmen längerfristig auf eine integrierte Konzeption des Rechnungswesens übergehen wollen. Doch darf nicht die Auffassung bestehen, daß solche Systeme in wenigen Monaten übernommen werden können, wie das bei isolierten Einfachanwendungen möglich ist.

Der Wert integrierter Programmpakete auf dem Gebiet des Finanz- und Rechnungswesens liegt im Gegensatz zu Programmen in anderen Bereichen viel stärker auf dem Sektor einer ausgefeilten organisatorischen Konzeption und weniger der Programmierung. Ein Haupt- oder Betriebsbuchhalter eines Anwenderbetriebs ist meist überfordert, wenn er die Brauchbarkeit solcher Angebote überprüfen soll. Die Gefahr besteht darin, daß eine EDV-Konzeption für das Rechnungswesen nicht auf die spezifischen Bedürfnisse eines Anwenders zugeschnitten ist und sich in den interessantesten Punkten – den gewünschten betriebswirtschaftlichen Auswertungen und Führungsinformationen – später als wenig nützlich erweist. Eine solche nachträgliche Feststellung ist besonders nachteilig, wenn für ein Programmpaket ein Betrag bezahlt worden ist, der sich auch für mittlere Betriebe bei weit mehr als 100 000,– DM bewegen kann, wozu noch erhebliche Beratungsleistungen des Softwareverkäufers hinzukommen können.

Dem Kauf oder der Anmietung umfangreicher Programmkomplexe des Finanz- und Rechnungswesens sollte ein Anwenderbetrieb stets eine gründliche Untersuchung voranstellen, die drei Hauptpunkte umfassen muß:

- Welcher Informationsbedarf soll aus dem Programmsystem gewonnen werden?
- Können mit Hilfe des angebotenen Programmpakets diese Informationen auf die wirtschaftlichste Weise gewonnen werden?
- Können die für den Einsatz des Programmpakets erforderlichen Voraussetzungen (insbesondere der Bereitstellung von Stamm- und Auftragsdaten) vom Anwender erfüllt werden?

Es ist verständlicherweise nicht zweckmäßig, wenn ein Anwender diese Untersuchung unter der Federführung der anbietenden Softwarefirma durchführen läßt. Sofern das betriebseigene Planungsteam die Beurteilung des angebotenen Systems nicht übernehmen kann, sollte die Geschäftsleitung auf einen unabhängigen EDV-Berater zurückgreifen, der selbst keine Software vertreibt. In gemeinsamer Teamarbeit zwischen Anwender, Anbieterfirma und neutralem Softwarespezialist dürfte relativ schnell eine Klärung der oben angeschnittenen Fragen möglich sein. Besondere Vorsicht ist am Platz, wenn die Softwarevertriebsfirma „sich nicht in die Karten schauen lassen" möchte, bevor ein rechtskräftiger Vertrag abgeschlossen worden ist. Es ist nicht möglich, anhand einer mündlichen Unterrichtung oder dürftiger allgemeiner Prospektunterlagen die Beurteilung von Standardsoftware vorzunehmen! Auch sollte sich der Anwender bestätigen lassen, daß die Programme fertig und ausgetestet sind. Vorteilhaft wäre es, wenn mehrere Referenzen über den Einsatz vorliegen würden, die nachgeprüft werden könnten.

Immer wieder stößt man bei der Prüfung der Anwendbarkeit von Marktsoftware des Rechnungswesens darauf, daß Programme, die für einen bestimmten Erstanwender entwickelt worden sind, hinterher als Modularprogramme bezeichnet werden, obwohl ihnen die wesentlichen Merkmale, nämlich die Flexibilität in der Anpassung, fehlen. Bevor man sich für ein solches Programm entscheidet, sollte bekannt sein, welche Probleme der Erstanwender mit dem Programmpaket löst.

Häufige Schwachpunkte beim Einsatz von Software im Bereich des Finanz- und Rechnungswesens ergeben sich bei folgenden Punkten:

Es ist keine Verträglichkeit der Programme mit einer vorhandenen Fertigungsdatenbank gegeben, die als Datenlieferant dienen soll.

Die Programme enthalten viel zu wenig Prüfungen und Abstimmöglichkeiten. Wegen der geringen Flexibilität ist ein nachträglicher Einbau solcher Prüfungen aufwendig.

Bei der Programmerstellung fehlt die Vereinbarkeit mit den Vorschriften des Handels- und Steuerrechts und den Grundsätzen einer ordnungsmäßigen Buchführung. Diese Gefahr ist besonders bei internationalen Programmpaketen gegeben, die in einem anderen Land entwickelt worden sind.

Zu Pannen führte bisher immer wieder die unzureichende Abstimmung der Terminpläne von Projektgruppen, welche die betrieblichen Stamm- und Bestandsdateien auf EDV umstellen und den Projektgruppen des Finanz- und Rechnungswesens. So ist z. B. eine Materialabrechnung erst möglich, wenn die mengenmäßige Bestandsführung läuft. Eine elektronische Vorkalkulation kann nur abgewickelt werden, wenn Stücklisten und Arbeitspläne auf EDV übernommen worden sind und die Umstellung für alle Erzeugnisbereiche abgeschlossen ist. Wird eine maschinelle Fakturierung gewünscht, sind bereits eine Reihe hierfür erforderlicher Datenfelder in die Kundenstammdatei aufzunehmen.

Zusammenfassend läßt sich aufgrund der bisherigen Erfahrungen feststellen, daß die Verwendung gut durchdachter Standard- und Modularprogramme für mittlere Industrieunternehmen wesentliche Vorteile beim Aufbau eines aussagefähigen Informationssystems bringen kann. Für Großunternehmen mit ihren differenzierten Wünschen an ein umfassendes Berichtswesen dürften dagegen die in der Marktsoftware zwangsläufig standardisierten Auswertungen nicht zur Deckung ihres Informationsbedarfs ausreichen.

7. Vorgehensweise bei der Einführung einer integrierten Datenverarbeitung mit Modularprogrammen

Ebenso wie bei der ausschließlichen Verwendung eigenerstellter Programme sind beim Einsatz von Modularprogrammen eine Reihe grundlegender Voraussetzungen notwendig, und es sollte eine beim Aufbau komplexer Planungs- und Steuerungssysteme erprobte Vorgehensweise eingehalten werden, wenn ein Industriebetrieb das Risiko von Fehlschlägen so weit wie möglich ausschalten möchte.

Es ist ein verhängnisvoller Trugschluß, wenn die Geschäftsleitung des Unternehmens der Auffassung ist, daß Modularprogramme in der angebotenen Form bereits eine fertige Organisationskonzeption darstellen. Das ist noch am ehesten bei Einzelprogrammen der Fall, mit denen ein fest umrissener Ablauf der Betriebsorganisation, z. B. eine bestimmte Auswertung, auf EDV übernommen werden soll. Je integrierter die angebotenen Programmsysteme sind und je stärker die Baukastenform in ihnen realisiert ist, um so mehr ist die Schaffung einer individuellen Konzeption auf der Basis der angebotenen Bausteine notwendig. Hinzu kommt, daß auch bei weitgehendem Einsatz von Anwendungssoftware noch zahlreiche Programme selbst erstellt werden müssen, weil eine modulare Gestaltung gar nicht möglich ist. Hierbei sei an erster Stelle auf betriebsspezifische Prüf- und Auswertungsprogramme verwiesen und den oft umfangreichen Bereich der Kundenauftragsabwicklung, der dem Bereich der Produktionsplanung und -steuerung vorgelagert ist.

7.1 Ablaufschritte bei der Einführung einer integrierten Datenverarbeitung, unter Verwendung von Modularprogrammen

Für den Aufbau eines integrierten Planungs- und Steuerungssystems hat sich eine bewährte Ablauffolge bei der Einführung herauskristallisiert, die sich mit geringen Abwandlungen auch beim vorwiegenden Einsatz von Anwendungssoftware verwenden läßt. Folgende Phasen müssen nacheinander durchlaufen werden:

1. Schritt: Gezielte Betriebsanalyse (Grobanalyse) mit
   - Ablaufanalyse (= Aufnahme der betroffenen Arbeitsabläufe)
   - Datenanalyse (= Feststellung des Kartei- und Belegumfangs)

- Informationsbedarfsanalyse (= Feststellung, welche Informationen der Betrieb aus der Datenverarbeitung haben möchte)
- Problemanalyse (= Feststellung der vorhandenen Schwachstellen und der voraussichtlichen Umstellungsprobleme)
- Skizzierung, welche Betriebsabläufe in die elektronische Datenverarbeitung einbezogen werden können

2. Schritt: Rahmenplan (Grobkonzeption) mit
   - Festlegung des Umfangs der integrierten Datenverarbeitung (= Ausarbeitung eines Integrationsmodells)
   - Überlegungen zu den wesentlichen erforderlichen Ablaufverfahren
   - Prüfung, welche Anwendungssoftware eingesetzt werden kann und in welchem Umfang größere Änderungen und Zusätze bei solchen Programmen erforderlich sein werden
   - Festlegung der Datenspeicher und der wesentlichen Datenfelder
   - Festlegung der Art der Datenerfassung
   - Festlegung der Realisierungsstufen

3. Schritt: Personal-, Termin- und Anlagenplanung, Rentabilitätsüberlegungen mit
   - Auswahl und Schulung des aktiven EDV-Personals (Systemanalytiker, Programmierer, Kontaktleute)
   - Aufstellung eines Terminplans
   - Festlegung der erforderlichen EDV-Kapazität (qualitativ und quantitativ) und des Datenerfassungssystems
   - Wirtschaftlichkeitsrechnung mit Kosten- und Nutzenüberlegungen

4. Schritt: Durchführung der Einzelprojekte (Detailorganisation) mit
   - Feinanalyse
   - Feinkonzeption
   - Anpassung der Modular- und Standardprogramme und Programmierung zusätzlicher Eigenprogramme
   - Datenbereinigung und -aufbereitung
   - Umstellungsplanung und Umstellung
   - Konsolidierung der neuen Organisation

Der weitaus größte Arbeitsumfang entfällt auf den Schritt 4. Die zuvor liegenden Schritte sollten nicht mehr als 10–20% des gesamten Zeitaufwands beanspruchen. Allerdings fallen hierbei die schwierigsten Grundsatzentscheidungen an.

7.2 Durchführung einer gezielten Grobanalyse zur Feststellung der EDV-Einsatzmöglichkeiten

Besteht in einem Unternehmen noch keine Klarheit darüber, ob insgesamt oder in einem bestimmten Bereich der Einsatz der Datenverarbeitung vorteilhaft ist, sollte eine gezielte EDV-Voruntersuchung durchgeführt werden. Mit ihr läßt sich in einem mittleren Betrieb in wenigen Tagen klären, ob ein bestimmter Betriebsbereich für EDV geeignet ist, welche Art der Datenverarbeitung voraussichtlich zweckmäßig sein wird und ob grundsätzlich der Einsatz von Modular- oder Standardprogrammen in Erwägung gezogen werden kann.

Sofern nicht bereits eine fundierte EDV-Konzeption für bestimmte Unternehmensbereiche vorliegt, sollte sich eine EDV-Analyse möglichst auf das gesamte Unternehmen erstrecken. Andernfalls kann sie sich auch auf einen bestimmten Bereich, z. B. die Arbeitsvorbereitung und Fertigungssteuerung, beschränken. Doch sollten dabei auch die Anschlußpunkte für angrenzende Abläufe, z. B. die Betriebsabrechnung, einbezogen werden.

Sofern nicht nur ein einzelner Betriebsablauf betroffen ist, sollte eine Analyse in zwei Stufen unterteilt werden: eine Grobanalyse und eine spätere Feinanalyse bei der projektweisen Umstellung der Arbeitsgebiete. Beide sind vom Inhalt her gleich, wenn auch von unterschiedlichem Feinheitsgrad.

7.21 Überblick über die Grobanalyse

Die *Grobanalyse* dient dazu, für eine Rahmenkonzeption die erforderlichen Fakten zusammenzutragen und zu analysieren. Details, welche die Grundsatzentscheidungen nicht beeinflussen können, sollen zu diesem Zeitpunkt noch nicht berücksichtigt werden. Die Grobstudie umfaßt folgende Arbeiten:

- Eine Erhebung der Art und des Umfangs der wesentlichen Stamm- und Bewegungsdaten eines Betriebs und der vorhandenen Nummernschlüssel. Die Angaben sollten entsprechend dem geschätzten Unternehmenswachstum auf 3–5 Jahre in die Zukunft projiziert werden.

- Die Aufnahme und Analyse der bestehenden Betriebsabläufe: Sie dient der Darstellung der vorhandenen Arbeitsverfahren, der Karteien und Datenspeicher und der verwendeten Belege. Bei der Grobanalyse soll die Aufnahme nur den Normalablauf von Verfahren umfassen. Er kann in einen grafischen Datenflußplan übertragen werden.

- Die Durchführung einer Rentabilitätsrechnung läßt sich erleichtern, wenn bereits bei der Grobanalyse eine Tätigkeitsübersicht gewonnen wird. Es reicht aus, wenn hierbei grobe Tätigkeitsblöcke erfaßt werden. Jeder Angestellte und Arbeiter, der ebenfalls teilweise Angestelltentätigkeiten durchführt, erhält ein Aufnahmeblatt, in dem die wichtigsten Tätigkeiten eines Betriebs, z. B. Fakturieren, Buchen von Hand, Stücklistenerstellung und -änderungen, Wareneingangsarbeiten usw. vom EDV-Planungsteam zusammengestellt worden sind. Jeder Angestellte schätzt ab, wieviele Tage im Monat er für diese bzw. andere Arbeiten, die er zusätzlich durchführt, benötigt. Die Summe der Tage, die auf automatisierbare Tätigkeitsgruppen entfallen, ergibt einen Anhaltspunkt für Arbeitsschwerpunkte und mögliche personelle Verschiebungen und Einsparungen.

Zur Erfassung der wesentlichen Unternehmens- und Bereichsdaten kann ein EDV-Anwender heute auf Fragebogen zurückgreifen, welche die wichtigsten Betriebsdaten aufzählen, die normalerweise für eine Grobanalyse erforderlich sind.

Bei der Aufnahme der Betriebsabläufe ist es wichtig, die Entscheidungsregeln kennenzulernen, nach denen die Führungskräfte und Sachbearbeiter vorgehen (z. B. bei der Festlegung von Sicherheitsbeständen in der Disposition, bei der Bestimmung von Losgrößen, bei der Festlegung der Dringlichkeit von Aufträgen, bei Vorhersagen von Bedarf usw.). Sind diese Entscheidungen programmierbar? Liegen solche Entscheidungsregeln auch den in Aussicht genommenen Standard- und Modularprogrammen zugrunde? Zusätzlich zu den Verfahren des Istablaufs sollte eine Analyse des Informationsbedarfs und der wesentlichen Veränderungen kommen, die durch die Einführung der EDV erreicht werden sollen.

7.22 Organisationsniveau und Aufgeschlossenheit der Mitarbeiter

Neben den rein fachlichen Detailvoraussetzungen für den Einsatz von Modularprogrammen spielen zwei weitere Gesichtspunkte eine nicht zu unterschätzende Rolle: das vorliegende Organisationsniveau und die Aufgeschlossenheit der Mitarbeiter gegenüber den geplanten Umstellungsvorhaben.

Für den Einsatz von Modularprogrammen ist ein bestimmtes Organisationsniveau Voraussetzung. Es muß dem Organisationsstand des Modularprogramms oder Programmpakets etwa entsprechen. Jedes Industrieunternehmen läßt sich einer der Niveaustufen zuordnen, die wir in der folgenden Übersicht dargestellt haben, welche die Zusammenhänge zwischen dem betrieblichen Organisationsniveau und den Einsatzmöglichkeiten für Marktsoftware aufzeigt. Ob hierbei vier oder mehr Stufen unterschieden werden, ist gleichgültig. Maßgeblich ist die Zuordnung der Einsatzmöglichkeiten für Modularprogramme.

Das Organisationsniveau kann in den verschiedenen Bereichen eines Unternehmens unterschiedlich hoch sein. Häufig ist ein deutliches Gefälle zwischen gut organisierten Abrechnungsbereichen und den mit viel Improvisation arbeitenden Dispositions- und Steuerabteilungen sichtbar. Die Ursache für die systematischere Organisation im Bereich der Buchhaltung, Verkaufsabrechnung und Lohnabrechnung liegt am heilsamen Zwang, der von den handels- und steuerrechtlichen Vorschriften ausgeht und von der häufig anderen Mentalität der dort beschäftigten Mitarbeiter.

Es hat sich als verheerender Trugschluß erwiesen, wenn Führungskräfte eines Unternehmens der Auffassung sind, daß vorhandene Ablaufprobleme, Arbeitsrückstände und organisatorische Unklarheiten beim Einsatz von Modularprogrammen ohne weiteres Zutun einer Lösung zugeführt werden, weil die Arbeiten ja dann vom Computer übernommen und die Probleme „automatisch" gelöst würden. Solche Schwachstellen und Engpässe können vielmehr den Einsatz von Anwendungssoftware völlig unmöglich machen, wie sich in mehr als einem Betrieb in den vergangenen Jahren deutlich gezeigt hat.

Von erheblicher Bedeutung ist auch die Einstellung der Mitarbeiter gegenüber der EDV und speziell gegenüber dem Einsatz von Standard- und Modularprogrammen. Sind die maßgeblichen Schnittstellen des Unternehmens mit langjährig gedienten Mitarbeitern besetzt, die sich mit dem Status der Unentbehrlichkeit umgeben haben, kann es leicht passieren, daß auch gute Standardsoftware unter irgendeinem Vorwand abgelehnt wird oder angebliche Mängel an ihr gefunden werden, weil der Einsatz eines Computers und ganz besonders universeller Programme den geschaffenen Mythos der Unersetzlichkeit zerstört hätten.

Eine wesentliche Erschwernis von der Personalseite aus kann dann vorliegen, wenn eine Betriebsorganisation seit Jahrzehnten kaum mehr geändert worden ist und bereits eine kleine Formularänderung den gesamten Betrieb in Unordnung bringt. Der mit einer EDV-Voruntersuchung und dem Einsatz von Modularprogrammen betraute Organisator oder EDV-Berater muß ein Gespür dafür entwikkeln, wo in einem Betrieb diese „menschliche Schallmauer" liegt, die er bei seinem Vorgehen berücksichtigen muß.

Organisationsniveau mit typischen Symptomen	Beurteilung der Einsatzmöglichkeiten für Modularprogramme
① **Überorganisierte und individuell organisierte Unternehmen** • Traditionsbewußte Betriebe mit „gewachsener" individueller Organisation • Konzernwerke mit starken Verflechtungen zu Schwesterwerken • Organisatorische Bindungen an eine Konzernzentrale und fehlende eigene Organisationsbefugnisse • Viele alten Zöpfe und organisatorische Tabus; langer Instanzenweg	Einsatz von Modularprogrammen voraussichtlich nicht möglich, da die Programme umfangreiche individuelle Besonderheiten und Ausnahmesituationen nicht berücksichtigen.
② **Gut organisierte Unternehmen** • Eindeutige und klare Betriebsstruktur; straffe und übersichtliche Ablauforganisation • Qualifizierte Organisationsabteilung • Lösung von Sonderproblemen durch fallweisen Einsatz von Fremdberatern • Modernes aufgeschlossenes Management und flexible dynamische Mitarbeiter • Dezentralisierung der Verantwortung und Steuerung des Unternehmens nach den Prinzipien des Management by Objectives, Management by Exception und Management by Information	Gut geeignet für integrierte und anspruchsvolle Programmkonzeptionen mit MIS-Auswertungen; einfache und starre Modularprogramme würden dagegen als Rückschritt empfunden
③ **Mittelmäßig organisierte Unternehmen** • An zahlreichen Stellen läßt Systematik des Arbeitsablaufs zu wünschen übrig • Patriarchalische Unternehmensführung • Immer wieder Anläufe und Anstrengungen zu einer Organisationsverbesserung erkennbar, die aber häufig im Sand verlaufen • Notwendigkeit einer Organisationsstelle wird erkannt, aber unzureichende Besetzung der Stelle	Typisches Einsatzgebiet für einfache Modularprogramme; der Einsatz der Programme hebt die verbesserungsbedürftige Betriebsorganisation an; es ist eine Anpassung des Betriebs an die Programme möglich; Programme dürfen nicht zu hohe Forderungen an die Integration stellen
④ **Schlecht organisierte Unternehmen** • Schriftliche Organisationsanweisungen fehlen; jeder Mitarbeiter „kennt sein Arbeitsgebiet" • Stadium der „Hauruck- und Zuruforganisation" in der Fertigungsplanung und -überwachung • Organisationsstelle würde als Ballast gelten • Wenige Führungskräfte in Schlüsselpositionen steuern den Unternehmensablauf • Improvisationsfähigkeit gilt als wichtigste Führungseigenschaft	Noch keine EDV-Reife erreicht Vor dem Einsatz von Modular- und Standardprogrammen ist in großem Umfang organisatorische Basisarbeit zu leisten

Abb. 21. Zusammenhänge zwischen Organisationsniveau und Einsatzmöglichkeiten für Modular- und Standardprogramme

7.23 Problemanalyse

Aufgrund der erfaßten Istdaten und der vorhandenen Wünsche kann sich eine Problemanalyse anschließen. In ihr werden die wesentlichen Probleme, die bei der Umstellung auftreten und zu lösen sind, herausgestellt. Es hätte keinen Zweck, eine Rahmenkonzeption aufzustellen, wenn bereits von vornherein bekannt ist, daß sich wichtige Voraussetzungen gar nicht realisieren lassen. Bei der Problemanalyse muß sich das Planungsteam auch zum erstenmal mit den Einsatzmöglichkeiten von Modularprogrammen befassen, was selbstverständlich nur möglich ist, wenn diese mit ihrem wesentlichen Inhalt und den Begrenzungen der Einsatzmöglichkeiten bekannt sind. Einem erfahrenen EDV-Organisator oder EDV-Berater ist es auf der Basis der gesammelten Fakten und des Informationsbedarfs bereits jetzt möglich, die grundsätzliche Anwendbarkeit von Modularprogrammen festzustellen.

Bei der Problemanalyse werden die untersuchten Gebiete zuerst isoliert betrachtet, also z. B. getrennt voneinander die Lohnabrechnung, die Fakturierung, die Betriebsabrechnung usw. Bei jedem Gebiet sind folgende Punkte zu untersuchen:

- Welche *Stammdaten* werden in welcher Form benötigt? Können sie auf einen maschinellen Datenträger übernommen werden? Welcher einmalige Arbeits- und Zeitaufwand ist für eine Bereinigung vorhandener Daten und ihre Aufbereitung für EDV notwendig? Ist ein aktueller Änderungsdienst der Stammdaten gewährleistet? Kann die Speicherung auf einem sequentiellen Datenspeicher erfolgen oder muß sie auf einem Direktzugriffsspeicher durchgeführt werden? Welchen Umfang haben die erforderlichen Stammdatenspeicher?

- Welche *Bewegungsdaten* sind bei einer maschinellen Abwicklung nötig? Wieviele Belege sind monatlich zu verarbeiten? Können die erforderlichen Angaben rechtzeitig und vollständig für die maschinelle Verarbeitung zur Verfügung gestellt werden? Können bisher verwendete Formulare weiterhin eingesetzt werden?

- Welche *Ausgabedaten* werden benötigt? Lassen sich die gewünschten Ausgabedaten (Listen, Lochkarten, Magnetkarten usw.) aufgrund der eingegebenen Stamm- und Bewegungsdaten gewinnen?

- Wie soll die maschinelle *Verarbeitung* stattfinden? Welche wesentlichen Verarbeitungsschritte sind erforderlich? Sind sie programmierbar? Sind sie in vorgesehenen Modularprogrammen enthalten oder können sie dort eingesetzt werden? In welchen Intervallen muß die Verarbeitung erfolgen? Mit welchen ungefähren Laufzeiten ist auf einer Datenverarbeitungsanlage zu rechnen? Welcher Organisations- und Programmieraufwand ist zu erwarten?

Für jedes Verarbeitungsgebiet ist bei den Überlegungen nach dem Grundschema der elektronischen Datenverarbeitung vorzugehen:

Wie bei jeder Organisationsumstellung sind neben den Normalfällen auch die oft zahlreichen Ausnahmefälle in die Überlegungen einzubeziehen. Dabei gibt es drei Möglichkeiten, mit den Ausnahmen fertig zu werden:

Können sie wegfallen?
Können sie in den maschinellen Ablauf einbezogen werden?
Können sie außerhalb des maschinellen Ablaufs manuell bearbeitet werden?

Der Umfang der vorkommenden Ausnahmefälle beeinflußt oft maßgeblich den Schwierigkeitsgrad eines Programms und nicht selten die Wirtschaftlichkeit einer maschinellen Abwicklung. Sie kann durch einen großen Umfang an Ausnahmefällen schwerfällig und unübersichtlich werden.

Aus der isolierten Betrachtung der Arbeitsabläufe lassen sich noch keine ausreichenden Schlüsse über die Einsatzmöglichkeiten und die Wirtschaftlichkeit einer elektronischen Datenverarbeitung ziehen. Eine anschließende Untersuchung muß sich damit beschäftigen, inwieweit aufeinanderfolgende Arbeitsgebiete zu gemeinsamen Ablaufketten verbunden werden können. Je stärker eine solche Integration zusammengehöriger Arbeitsabläufe möglich ist, um so besser kann das Verhältnis von Datenerfassungs- zu Datenverarbeitungsaufwand gestaltet werden.

Eine grobe Kosten-/Nutzenanalyse kann sich einer EDV-Voruntersuchung anschließen. Zu warnen ist vor einer detaillierten Istuntersuchung, die sich über Monate hinwegzieht. Ihr Erkenntniswert ist nicht selten geringer als der einer gezielten Kurzuntersuchung. Eine sorgfältige Aufnahme des Istzustands mit Prüfung aller möglichen Ausnahmefälle ist eine Aufgabe der Projektabwicklung.

7.3 Aufbau einer Rahmenkonzeption unter Verwendung von Standardsoftware

Nach einer Betriebsanalyse steht fest, welche Organisationsabläufe unter welchen Bedingungen und Voraussetzungen auf EDV übernommen werden können. Aufgrund einer Aufwands-, Zeit- und Wirtschaftlichkeitsschätzung, deren Genauigkeit allerdings wesentlich von der Qualifikation des beauftragten Planungsteams abhängt, besteht ein Überblick, welche Möglichkeiten und Vorteile in den einzelnen Bereichen durch EDV gegeben sind.

Die Betriebsanalyse bildet die Entscheidungsunterlage für die Geschäftsleitung, aufgrund derer sie die Prioritäten für die Einführung und den Ausbau der EDV festlegen kann. Wenn die Genehmigung für das weitere Vorgehen erteilt worden ist, hat das Planungsteam anschließend die Aufgabe, eine aufeinander abgestimmte und auf den Betrieb zugeschnittene individuelle Gesamtkonzeption zu entwickeln. Die für die Aufstellung einer Rahmenkonzeption gebildete Projektgruppe muß festlegen,

- welche wesentlichen Ablaufverfahren notwendig sind (Ablaufkonzeption) und welche Modularprogramme zum Einsatz kommen können,
- welche Stammdaten- und Auftragsspeicher notwendig sind (Datenbankkonzeption),
- welche Ausgabeinformationen gewünscht werden und in welcher Häufigkeit und Form sie zur Verfügung stehen sollen,
- welche wesentlichen Eingabeinformationen hierzu benötigt werden,
- wie die Datenerfassung durchgeführt werden soll (Lochen und Prüfen, Magnetband-Datenerfassung, Beleglesung, Direkteingabe),
- ob das vorhandene Sachnummernsystem beibehalten werden kann oder in welcher Form es geändert bzw. neu gestaltet werden muß.

7.31 Umfang einer Rahmenplanung

Eine Rahmenkonzeption darf sich nicht auf einen bestimmten Betriebsbereich beschränken und die Nachbarbereiche völlig außer acht lassen. Es ist z. B. nicht zu empfehlen, lediglich eine solche Planung für die Materialwirtschaft durchzuführen und zu einem späteren Zeitpunkt oder parallel dazu durch eine andere Projektgruppe eine Gesamtkonzeption für die Zeitwirtschaft des Unternehmens oder für die Auftragsabwicklung zu erarbeiten. Denn je stärker die Integration vorangetrieben werden soll, desto mehr müssen die Zusammenhänge und der Datenfluß zwischen den einzelnen Gebieten beachtet werden. Nur durch eine weitgehende Integration der Arbeitsabläufe und der Datenspeicher läßt sich ein Minimum an Datenerfassung und Datenspeicherung erreichen.

Man nennt einen funktionsmäßig in sich abgeschlossenen zusammengehörigen Komplex einen Organisationsbereich oder Organisationskreis. In einem Fertigungsunternehmen sind folgende hauptsächlichen Organisationsbereiche vorhanden:

Vertrieb – Auftragsabwicklung – Verkaufsabrechnung
Stücklistenorganisation – Materialwirtschaft
Arbeitsplanorganisation – Terminwesen
Finanzwesen
Rechnungswesen
Technische Anwendungen

Die Aufteilung des EDV-Rahmenplans in Organisationsbereiche führt zu einer übersichtlichen Darstellung der in die Umstellung einbezogenen Gebiete. Doch stellt diese Zusammenstellung nicht auch gleichzeitig die Stufenfolge der Umstellung dar. Diese richtet sich nach der zur Verfügung stehenden Anlagen- und Personalkapazität, den Hauptproblemen des Unternehmens und einer teilweise zwangsläufigen Logik in der Aufeinanderfolge der Einzelprojekte.

7.32 Festlegung der gewünschten Daten- und Ablaufintegration

Die Rahmenkonzeption muß auch den gewünschten Grad der Daten- und Ablaufintegration enthalten. Grundsatz der *Datenintegration* beim Aufbau der elektronischen Datenverarbeitung ist es, daß nicht mehr jeder Unternehmensbereich seine eigenen Karteien unterhalten soll, sondern diese entsprechend ihrer Zusammengehörigkeit zentral verwaltet werden sollen. Beispiel Stückliste: Bei konventioneller Führung ist die Erzeugnisstruktur in den verschiedensten Karteien einzelner Stellen enthalten:

- im Konstruktionsbüro als Konstruktionsstückliste
- im Normenbüro als Verwendungsnachweis
- in der Arbeitsvorbereitung (als Montagestückliste)
- in der Materialdisposition als Teil der Lager- und Dispositionskartei
- in der Kundendienstabteilung als Ersatzteilkatalog

Die Vorteile einer Führung der Erzeugnisstruktur in einer gemeinsamen Datei bzw. Datenbank liegen in einer nur noch einmaligen Speicherung und einem nur noch einmaligen Änderungsdienst der Daten.

Beides führt zu einer größeren Aktualität der Daten, einer höheren Fehlersicherheit und einem einfacheren Änderungsdienst. In gleicher Weise wirkt eine Datenintegration für die Arbeitsplandaten und für die Auftragsdaten.

Unter *Ablaufintegration* verstehen wir die Verkettung von Arbeitsabläufen oder ihre parallele Durchführung in einem Programm. Sie kann um so intensiver sein, je stärker folgende Voraussetzungen vorliegen:

- umfangreiche Arbeits- und Plattenspeicher
- und ein leistungsfähiges Betriebssystem.

Wegen der Gefahr einer zu großen gegenseitigen Abhängigkeit und damit Starrheit beschränkt sich die Ablaufintegration heute noch überwiegend auf einzelne Betriebsbereiche (Subsysteme eines Gesamtmodells). Wir dürfen auch nicht außer acht lassen, daß mit zunehmender Integration der Organisations- und Programmieraufwand progressiv ansteigt.

7.33 Berücksichtigung von MIS-Gesichtspunkten

Wir unterscheiden zwischen operierenden Programmen, mit welchen die Routinearbeiten des Betriebs abgewickelt werden und einer informierenden Datenverarbeitung, welche Entscheidungs- und Führungshilfen liefert oder Kontroll- und Archivierungszwecken dient. Der zweite Zweig, auf dem ein MIS aufbaut, läßt sich erst auf der Basis des ersten Zweigs realisieren. Unbedingt sollten einige wichtige Prinzipien eines Führungsinformationssystems bei der Rahmenplanung und der sich anschließenden Projektarbeit berücksichtigt werden[1]:

- Ein Management by Exceptions (Unternehmensführung nach dem Ausnahmeprinzip): Das Datenverarbeitungssystem soll nicht Berge von Papier produzieren, sondern nur Ausnahmen ausgeben, die einer Bearbeitung bedürfen.

- Management by Objectives (Unternehmensführung nach Zielsetzungen): Soweit wie möglich sollte nach Vorgabewerten gearbeitet werden; soweit die Istwerte mit den gespeicherten Sollwerten übereinstimmen, ist kein manueller Eingriff in die durch das Programm vorgenommenen Abgleichungen notwendig. Ausgegeben werden nur Abweichungen, die eine bestimmte Toleranzgrenze übersteigen.

[1] Darauf weist auch *F. Mitthof* in einem Zeitschriftenartikel über den Einsatz von Modularprogrammen hin: „Alle Rechnerhersteller peilen dieses Zukunftsziel (eines Management-Informations-Systems) an, sind sich aber darüber klar, daß es nur stufenweise und in jahrelanger Kleinarbeit . . . erreicht werden kann. Noch bei keinem deutschen Betrieb ist ein perfektes System dieser Art vorhanden oder auch nur in Sichtweite. Trotzdem arbeiten aber viele Fachleute mit erheblichem Arbeitsaufwand an der stufenweisen Verwirklichung dieser Zielvorstellung. Daher sollten Firmen, die jetzt die ersten Schritte in dieser Richtung tun oder vorhaben, in diese Technik „einsteigen", stets das Zielmodell vor Augen haben und die jetzt fälligen Teilmaßnahmen bewußt darauf ausrichten". *F. Mitthof,* Computergesteuerte Produktionskontrollsysteme, in: Steuerungstechnik, 3. Jahrgang, Nr. 3, S. 90 ff.

– Informationsverdichtung nach dem angesprochenen Empfängerkreis: Für die unterschiedlichen Schichten der Unternehmenshierarchie sollten die Ausdrucke aus dem Datenverarbeitungssystem in dem für die entsprechende Stelle zweckmäßigen Verdichtungsgrad erfolgen. Beispiel: Einen Auftragssachbearbeiter interessieren alle angefallenen Auftragsrückstände, seinen Abteilungsleiter nur Rückstände, die eine bestimmte Größenordnung übersteigen, den Betriebsleiter lediglich der Prozentsatz der Liefererfüllung.

7.34 Prüfung der Einsatzmöglichkeiten von Modular- und Standardprogrammen

Erst wenn über die Anforderungen des Betriebs, das sog. „Pflichtenheft", Klarheit besteht und ein Integrationsmodell aufgebaut worden ist, sollte endgültig die Frage gestellt werden: In welchem Umfang können unsere Vorstellungen durch vorhandene Modular- oder Standardprogramme abgedeckt werden? Nicht richtig ist eine Vorgehensweise, bei der ausgehend von einem Anwendungspaket versucht wird, die Betriebsabläufe so auszurichten, daß es in jedem Fall zum Einsatz kommen kann. Vordringlich muß immer die Lösung der Betriebsprobleme sein.

Selbstverständlich werden sich bei der Einsatzprüfung von Modularprogrammen oder ganzen Systemen Kompromisse ergeben, wenn die Möglichkeiten eines Programmkomplexes und die Forderungen des Betriebs gegeneinander abgewogen werden. Leider ist es nicht immer möglich, beide dadurch anzugleichen, daß Teile eines Modularsystems ausgeklammert und Zusatzprogramme zur Lösung spezieller Betriebsprobleme hinzugefügt werden. Doch sind die Chancen hierfür bei den flexibleren Modularsystemen wesentlich größer als bei älteren starreren Programmen.

Eine Softwareprüfung kann nur anhand einer detaillierten Anwendungsdokumentation vorgenommen werden. Teilweise ist es unumgänglich, daß auf ein Programmanual zurückgegriffen werden kann, wenn Zweifelsfragen über den Inhalt und die Arbeitsweise des Programms bestehen. Es ist davor zu warnen, eine Entscheidung aufgrund oberflächlicher Kurzbeschreibungen und Werbeprospekte vorzunehmen.

7.35 Festlegung der Realisierungsstufen

Ein ganzer Organisationsbereich oder gar mehrere Bereiche zusammen lassen sich nicht in einem Zug auf eine maschinelle Abwicklung umstellen. Das wäre auch dann unzweckmäßig, wenn mehrere EDV-Planungsgruppen gleichzeitig an verschiedenen Projekten arbeiten können, weil sie z. B. aus einer beigezogenen

Beraterfirma Verstärkung erhalten können. Mit Sicherheit würden diese die verschiedenen Abteilungen des Betriebs in eine ziemliche Unordnung bringen. Entsprechend der zur Verfügung stehenden Personalkapazität muß ein Stufenplan für die schrittweise Realisierung der Grobplanung entwickelt werden. Zu diesem Zweck werden für die einzelnen Abläufe Prioritäten für die Umstellungsreihenfolge festgelegt. Auch beim Einsatz von Modularprogrammen sollte die Abwicklung in der bewährten Form der Projektorganisation erfolgen. Ein Projekt beinhaltet die Umstellung eines Arbeitsgebiets, das in sich weitgehend abgeschlossen ist, und wenigstens für eine Zwischenphase ohne die sich anschließende Folgeorganisation zum Einsatz kommen kann.

Bei der Verwendung von Modularprogrammen muß darauf geachtet werden, daß die Zusammenhänge eines Modularsystems auch bei der Projektfolge berücksichtigt werden. Beispiel: Das gleiche Team sollte nacheinander die Stücklisten- und Arbeitsplanorganisation durchführen, wenn ein Processor als Datenbankgrundlage verwendet wird. Die Bedarfsermittlung und Disposition der Fertigungsteile sollten in einem gemeinsamen Projekt abgewickelt werden, da beide Funktionen ineinander übergehen.

Eine typische Projektfolge ist in der Übersichtsskizze Abb. 22 enthalten. Sie zeigt außerdem, daß nicht für alle Projekte Modularprogramme zur Verfügung

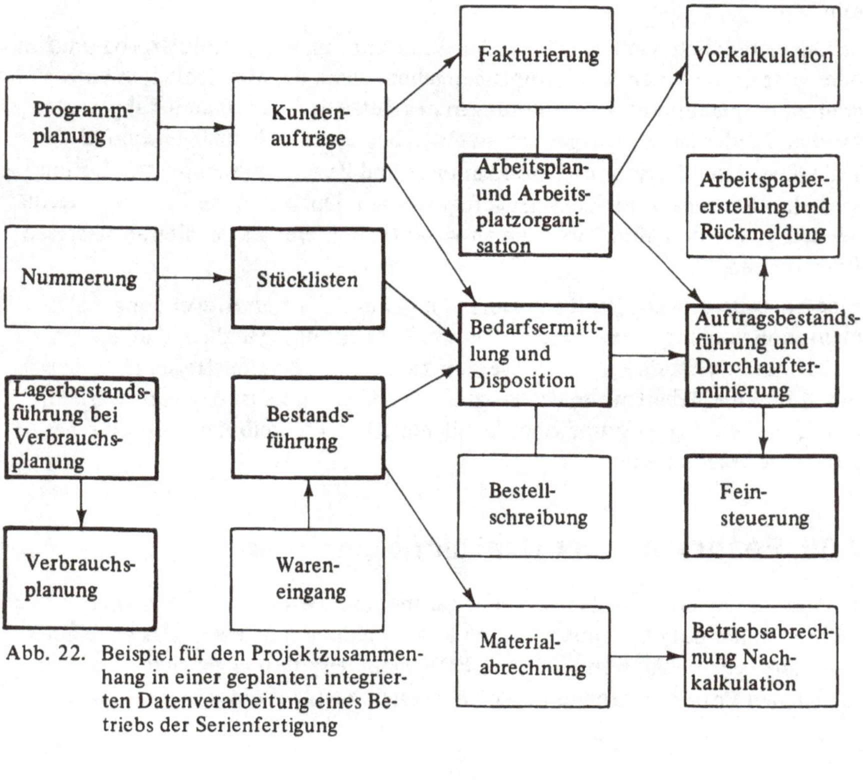

Abb. 22. Beispiel für den Projektzusammenhang in einer geplanten integrierten Datenverarbeitung eines Betriebs der Serienfertigung

stehen. In unserem Fall sind es nur die dick umrandeten Komplexe. Die Darstellung, die nur als Beispiel aufzufassen ist, stellt auch klar, daß gerade die interessanten Auswertungen im Bereich der Produktionssteuerung eine Reihe von Vorarbeiten erfordern, die in anderen, weniger interessanten Projekten zu leisten sind. Völlig unmöglich ist beispielsweise das Vorziehen des Traumziels vieler Betriebsleiter, einer maschinellen Feinsteuerung, ohne daß eine Führung der Betriebsaufträge mit Rückmeldung der fertigen Arbeitsgänge und eine mittelfristige Durchlaufterminierung mit anschließender Belastungsplanung zuvor realisiert wurden.

7.4 Auswahl eines Datenverarbeitungssystems oder Rechenzentrums beim geplanten Einsatz von Modularprogrammen

Immer seltener werden die Fälle, in denen ein Anwender ein Planungs- und Steuerungssystem „auf der grünen Wiese" aufbauen kann, d. h., ohne daß bereits die Bindung an einen Computerhersteller zu einer früheren Zeit erfolgte. Ist bereits eine Anlage im Haus, läßt sich nur noch die weitere Entscheidung treffen, ob die von dem Computerlieferanten angebotene Anwendungssoftware für zweckmäßig gehalten wird oder ob die Erstellung eigener Programme vorgezogen wird. Nur ganz selten ist bereits heute eine weitere Alternative vorhanden: Bietet eine Software- oder Beratungsfirma passende Software an, die verwendet werden könnte?

Kann die Hard- und Softwareauswahl miteinander verbunden werden, spielt die angebotene Software eine wachsende Rolle und muß deshalb bei der Anlagenauswahl als Bewertungsfaktor berücksichtigt werden. Ein Beispiel hierfür zeigt das folgende Ergebnis eines Auswahlverfahrens, das für eine Metallwarenfabrik durchgeführt worden ist. Dem Auswahlverfahren ging eine Ausschreibung an mehrere Computerhersteller voraus. Von ihnen wurden vier in die engere Auswahl gezogen.

Um die Angebote vergleichbar zu machen, war eine Bewertung durchzuführen, die alle für die Anlagenauswahl wesentlichen Kriterien erfaßte. Im Beispiel der Abb. 23 wurde ein Punkteverfahren ausgewählt. Hierbei wurden von dem Planungsteam alle für das Unternehmen wesentlichen Punkte, in denen sich die Anbieter unterscheiden, gegenübergestellt. Nicht in die Bewertung hereingenommen wurden – wie das manchmal der Fall ist – die Kosten der Anlage[2].

[2] Die Einbeziehung der monatlichen Miete für die Hardware und der monatlichen Lizenzgebühren für Anwendungssoftware in die Punktebewertung ist ohne Schwierigkeiten möglich. Zu diesem Zweck wird die Differenz zwischen dem Anbieter mit der höchsten und der niedrigsten Angebotssumme ermittelt. Diese Differenzsumme wird durch die hierfür vom

Kriterien EDV-Anlage	Gewichtung	Anbieter 1a	1b	2	3	4
1. Leistungsfähigkeit						
1.1 Zentraleinheit	12	5	5	12	7	10
1.2 Leser/Stanzer	1	1	1	1	0	1
1.3 Drucker	3	0	0	3	1	2
1.4 Externe Speicher	6	6	6	6	5	6
1.5 Kanäle	3	2	2	3	3	2
Zwischensumme	25	14	14	25	16	21
2. Einsatz von Modularprogrammen						
2.1 Stückliste	2	2	2	2	2	2
2.2 Arbeitsplan	2	2	2	1	2	1
2.3 Periodische Bedarfsermittlung und Disposition	3	2	3	2	2	3
2.4 Bedarfsänderung	8	1	8	2	2	–
2.5 Mittelfristige Belegungsübersicht	6	5	6	5	5	6
2.6 Feinsteuerung	4	4	4	4	4	4
2.7 Abrechnungsprogramme	3	3	3	–	–	1
2.8 Bewährtheit	10	10	3	1	3	0
2.9 Erwartete Fortentwicklung	5	1	5	1	2	4
2.10 Unterlagen Modularprogramme	2	2	1	–	1	1
Zwischensumme	45	32	37	18	23	22
3. Sonstige Bewertungskriterien						
3.1 Schulungsmöglichkeiten	5	5	5	0	1	1
3.2 Organisatorische Unterstützung	3	3	3	3	2	2
3.3 Programmierunterstützung	6	3	3	6	4	2
3.4 Testbedingungen	1	–	–	1	–	–
3.5 Allgemeine Literatur	3	3	3	–	–	2
3.6 Übergang auf neue Anlage	10	–	–	10	–	–
3.7 Ersatzkräftewerbung	2	2	2	–	–	1
Zwischensumme	30	16	16	20	7	8
Gesamtsumme	100	62	67	63	46	51

Abb. 23. Auswahl einer EDV-Anlage

Planungsteam festgelegte Punktezahl geteilt. Der Anbieter mit dem höchsten Preis (Hardware plus Software) erhält keine Punkte, der Anbieter mit dem niedrigsten Gesamtpreis die volle Punktezahl. Die dazwischenliegenden Anbieter erhalten eine Punktezahl, die dem Differenzbetrag entspricht. Vgl. zu diesem Verfahren die näheren Beschreibungen bei *Heidi* und *Wolfgang Heilmann/Erhard Reblin*, Einsatzplanung für eine Datenverarbeitungsanlage, Forkelverlag Stuttgart 1968 und *Peter Lohse*, Kriterien für die Beurteilung und Auswahl einer EDV-Anlage, HMD 9/1/16, Juli 1968.

Für die maßgeblichen Kriterien wurden 100 Punkte vergeben. Sie wurden auf die vom Planungsteam entsprechend ihrer Bedeutung für das Anwenderunternehmen festgelegten Auswahlkriterien als Sollwerte verteilt. Soweit ein Anbieter eines Datenverarbeitungssystems den Erfordernissen voll entsprach, erzielt er im Einzelfall die volle Punktezahl, andernfalls nur einen Anteil an Punkten, welcher der Eignung entsprach. Minuspunkte wurden nicht vergeben. Die Herstellerfirmen nahmen an der Punktebewertung selbstverständlich nicht teil.

Bei der Schwierigkeit der zu bewertenden Kriterien kann eine solche Punktebewertung nicht vollkommen sein. Sie liefert nur Anhaltspunkte für eine Anlagen- und Softwareauswahl. Doch läßt sich nur durch eine solche zahlenmäßige Analyse eine gefühlmäßige Entscheidung vermeiden, die wesentlich größere Risiken einer Fehlentscheidung beinhaltet. Selbstverständlich kann mit Hilfe eines solchen Punktebewertungsverfahrens auch der ausschließliche Vergleich verschiedener Softwarepakete mit und ohne die Einbeziehung eigenerstellter Programme durchgeführt werden.

Immer stärker zeigt sich heute bei einer Anlagenauswahl, daß sich die Hersteller in der Leistungsfähigkeit der Hardware ziemlich angleichen. Große Unterschiede liegen dagegen im Angebot bewährter Anwendungssoftware und der personellen Unterstützung. Bei der Bewertung der Software sollte darauf geachtet werden, daß nur solche Pakete in die Bewertung eingehen, von denen das Unternehmen auch tatsächlich Gebrauch machen kann. Neben den Modularkonzeptionen (sachlicher Inhalt) sollten auch ihre Bewährtheit, die Güte ihrer Dokumentation, die Möglichkeit der Teilnahme an Schulungskursen, der Schwierigkeitsgrad ihrer Anpassung und ähnliche Punkte als Bewertungskriterien verwendet werden.

Hersteller, die noch keine bewährten Modularprogramme fertiggestellt haben, bieten als Ausgleich häufig eine erhöhte personelle Unterstützung an. Umfaßt sie mehrere Mannmonate oder gar Mannjahre und betrifft sie tatsächlich qualifiziertes Personal der Herstellerfirma, wird sie bei einer Bewertung stark ins Gewicht fallen.

Sollen Modularprogramme in einem Dienstleistungsrechenzentrum ablaufen, bietet sich auch hierfür die Möglichkeit eines Punktebewertungsverfahrens, wie es in Abb. 24 in etwas vereinfachter Form dargestellt wird. In diesem Beispiel ist auch die Kostendifferenz zwischen dem teuersten Anbieter (D) und dem preisgünstigsten (B) in der Bewertung enthalten. Bietet ein Rechenzentrum Modularprogramme einer Computerfirma an, bereitet das Schulungsproblem immer wieder einiges Kopfzerbrechen. Die Schulung der Kundenmitarbeiter kann normalerweise vom Rechenzentrum nicht vorgenommen werden. Auf der anderen Seite besteht für den Kunden des Rechenzentrums kein Zugang zu den Schulungskursen einer Computerfirma, soweit diese nicht aus Kulanzgründen die Teilnahme erlaubt.

Kriterien Rechenzentrum	Gewichtung	Anbieter A	B	C	D
Kosten	40	35	40	10	–
EDV-Erfahrung	10	–	4	6	10
Zuverlässigkeit	15	–	6	15	10
Branchenkenntnisse	10	–	4	6	10
Kapazität	10	10	5	5	–
Entfernung	5	5	–	–	2
Modularprogramme	10	–	5	3	10
	100	50	64	45	42

Abb. 24. Auswahl eines Rechenzentrums

7.5 Aufbau von Projektteams beim Einsatz von Modularprogrammen

Beim Einsatz von Modularprogrammen kann es vorteilhaft sein, wenn in der Stabsstelle Organisation Mitarbeiter vorhanden sind, die sowohl die Systemanalyse als auch die Programmanpassung übernehmen können. Es ist sonst erforderlich, daß zwei Personen im Unternehmen, ein Organisator und ein Programmierer, das Modularprogramm kennenlernen müssen. Handelt es sich um Linienmitarbeiter, die lediglich eine Kurzausbildung für die vorgesehene Umstellung des Betriebs auf EDV erhalten haben, ist es unumgänglich, für Spezialfragen einen Organisationsberater heranzuziehen. Das gilt besonders für Fragen der Konzeptionserstellung, wo ein neutrales Urteil über die Qualifikation von Modularprogrammen im Hinblick auf die vorhandene individuelle Betriebsorganisation von großem Nutzen ist. Erst wenn die grundlegenden Entscheidungen gefällt sind, sollten auch die Systemberater der Herstellerfirma näher eingeschaltet werden.

Folgender Projektaufbau sollte beim geplanten Einsatz von Modularprogrammen angestrebt werden:

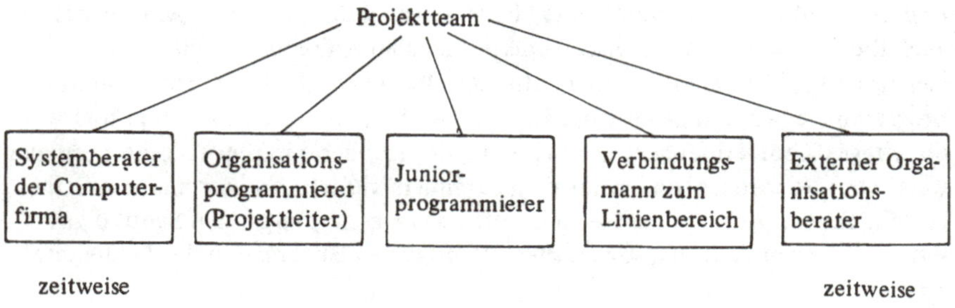

Organisationsprogrammierer: Er ist die Kernfigur eines Projekts und sollte deshalb auch als Projektleiter tätig sein. Seine Aufgabe ist es, das Modularprogramm bis in die letzten Details kennenzulernen und es mit den anderen Mitgliedern des Projektteams durchzudiskutieren. Selbstverständlich ist auch eine Trennung des Projekts in Systemanalyse und Programmierung möglich.

Juniorprogrammierer: Detaillierte Kenntnisse des Modularprogramms sind bei ihm nicht erforderlich. Er wird eingesetzt für die Erstellung von Auswertungsprogrammen, Überleitungsprogrammen usw.

Verbindungsmann: Er ist auch während der Projektabwicklung normalerweise in seiner Abteilung tätig und wird nur bei Bedarf zur Teamarbeit herangezogen. Seine Hauptarbeit liegt in der Einführung der neuen Organisation und der Schulung der Sachbearbeiter. Er muß die organisatorischen Möglichkeiten des Modularprogramms kennenlernen und sollte u. a. auch die erforderlichen Testbeispiele erstellen und auswerten.

Systemorganisator der Herstellerfirma: Er muß bei Unklarheiten in den verfügbaren Unterlagen über Modularprogramme jederzeit greifbar sein Außerdem sollte er Anregungen aus Erfahrungen bei anderen Firmen geben, bei der Programmierung von Änderungen mithelfen und stets dafür sorgen, daß dem Anwender die neueste Literatur über das Modularprogramm zugeleitet wird.

Externer Organisationsberater: Seine zeitweise Mitwirkung kann eine Projektabwicklung sehr beschleunigen. Er führt eine Projektfortschrittskontrolle durch und löst auftretende Probleme aufgrund seiner Erfahrungen. Ein EDV-Organisationsberater ist auch der zweckmäßige Mittler zwischen Geschäftsführung, Projektteam und den Systemberatern der Computerfirma.

7.6 Terminplanung

Innerhalb einer Rahmenkonzeption bildet die Terminplanung einen wichtigen Punkt. Sie kann für die zeitlich ausschlaggebende Feinkonzeption (Projektarbeit) erst durchgeführt werden, wenn über folgende Punkte Klarheit besteht:

- über den Inhalt und Umfang der Rahmenkonzeption
- über die Realisierungsfolge
- über das Datenerfassungssystem und
- über das zur Verfügung stehende EDV-Personal

Schließlich muß beim Einsatz von Anwendungssoftware auch ihre Verfügbarkeit im Terminplan berücksichtigt werden. Immer wieder bildet die Fertigstellung der Dokumentation von Standard- und Modularprogrammen einen sehr kritischen Zeitfaktor für den Anwender.

Den besten Aufhänger für einen allgemeinen Terminplan bildet die vorgesehene Stufenfolge für die Projektrealisierung. Grundsätzlich ist es gleichgültig, ob zur Darstellung eines Terminplans ein einfaches Balkendiagramm oder ein Netzplan verwendet wird. Netzpläne haben aber den Vorteil, daß die Abhängigkeit der Projekte sichtbar wird. Darauf sollte bei einem umfassenden Gesamtterminplan für eine integrierte Datenverarbeitung nicht verzichtet werden. Außerdem besteht die Möglichkeit, den Ausdruck geänderter Pläne und ihre Überwachung einem Datenverarbeitungssystem zu übertragen. Hierfür gibt es standardisierte Netzwerkprogramme, deren Anwendung relativ einfach ist: Die einzelnen Tätigkeiten sind auf Terminkarten zu übernehmen. Sie werden – mit dem Namen der Projektgruppe versehen, die diese Arbeit durchzuführen hat – nach Terminen abgestellt, so daß eine ständige terminliche Kontrolle möglich ist. Bei der Fertigstellung der Arbeit oder einer Teilfertigstellung werden die Fertigstellungsvermerke auf die bereits vorhandene Karte eingetragen.

Terminpläne dürfen nur von einem Systemanalytiker oder EDV-Berater entwickelt werden, der bereits ausreichende Erfahrungen auf diesem Gebiet besitzt. In den Terminplan sollten durchschnittliche Arbeitszeiten eingetragen werden. Sie müssen für unvorhergesehene Schwierigkeiten und Verzögerungen Zeitpuffer enthalten.

Terminpläne, die nur einem Gesamtüberblick dienen, sollten nicht zu stark untergliedert werden, da sonst die Übersichtlichkeit verloren geht. Für die Einzelprojekte sollten vielmehr Detailpläne erstellt werden, deren Endtermine in den Hauptplan eingehen.

Was sind die häufigsten Fehler, die bei der Aufstellung und Überwachung von Terminplänen gemacht werden?

- Die Pläne enthalten nur kürzestmögliche Optimalzeiten ohne ausreichende Zeitreserven für Schulung, Krankheit, Sonderarbeiten usw.
- Die Pläne sind auf reinen Wunschterminen aufgebaut. Der Terminplaner hat keine Ahnung über den echten Zeitaufwand der anfallenden Arbeiten.
- Die Terminpläne sind zwar erstmalig aufgestellt worden, werden jedoch nicht ausreichend überwacht. Zeitüberschreitungen werden auf diese Weise erst viel zu spät festgestellt und korrigiert.
- Das den Zeitüberlegungen zugrundeliegende Personal wird nur teilweise oder zu spät oder in unzureichender Qualifikation zur Verfügung gestellt.

Es hat sich in den vergangenen Jahren herumgesprochen, daß auch mit Modularprogrammen ein integriertes System der Datenverarbeitung insgesamt oder in Teilbereichen nicht in wenigen Wochen aufgebaut werden kann. Im Schnitt ist damit zu rechnen, daß vom „Nullpunkt" bis zu einem integrierten System einer

Fertigungssteuerung etwa 5–6 Jahre vergehen. Teilintegrierte Systeme konnten bei optimalen Voraussetzungen bisher in Ausnahmefällen bereits in etwa 2 Jahren fertiggestellt werden. Doch sind dies Ausnahmen, an denen sich ein Betrieb nicht ausrichten sollte.

Durch den Einsatz von Modularprogrammen kann der Umfang der Systemanalysearbeiten zeitlich nur verhältnismäßig schwach beeinflußt werden (Schätzung: 10–30%). Dagegen kann erwartet werden, daß der Umfang der Programmierungsarbeiten um etwa 50% gegenüber selbsterstellten Programmen niedriger liegt. Maßgeblich für den gesamten anfallenden Arbeitsaufwand ist der Zustand der Betriebsorganisation und die dort erforderlichen Bereinigungen und Verfeinerungen. Sie haben überwiegend sehr wenig mit der eigentlichen Programmanpassung zu tun und wären teilweise auch ohne den Einsatz der Datenverarbeitung wohl längst fällig gewesen.

Vorgehensweise bei Zeitschätzungen: Die Zeitenschätzung sollte grundsätzlich von den einzelnen Arbeitsschritten ausgehen, deren Zeiten anschließend addiert werden. Der Netzplan in Abb. 25 zeigt in verallgemeinerter Form die Ablaufschritte bei der Einführung der IBM-Modularprogramme BOMP und PICS-Bedarfsplanung. Zu der dargestellten Schrittfolge sind noch weitere parallele Aktivitäten hinzuzunehmen, die anwenderindividuell sind und zeitlich evtl. umfangreicher sind als die genannten Ablaufschritte zur Anpassung der beiden Subsysteme. Die Bewertung der genannten Aktivitäten mit Arbeitstagen zeigt wohl deutlich, welcher gesamte Zeitaufwand sich bei der Einführung solcher Systeme insgesamt ergibt.

7.7 Wirtschaftlichkeitsüberlegungen beim Einsatz von Modularprogrammen

Zwar führen die unterschiedlichsten Ursachen heute zum Einsatz der elektronischen Datenverarbeitung. Doch münden sie alle in die Forderung, daß durch den Einsatz eines Computers oder der Datenverarbeitung außer Haus die Wirtschaftlichkeit eines Betriebs verbessert werden soll. Das soll erreicht werden durch eine Senkung der anfallenden Kosten oder eine Steigerung der Betriebsleistung bei gleichbleibenden Kosten. Diese grundsätzliche Forderung gilt auch für den Einsatz von Modularprogrammen. Zusätzlich zum Vergleich von konventioneller Bearbeitungsmethode und Einsatz der Datenverarbeitung kommt aber hier noch der Vergleich hinzu: Einsatz von Modularprogrammen oder Erstellung eigener Programme? Für Kleinbetriebe muß er bei komplexen Programmen allerdings oft entfallen, da nur die Alternative offen steht: Weiterhin manuelle Bearbeitung der Geschäftsvorfälle *oder* Einsatzmöglichkeit von Standardprogrammen. Die Eigen-

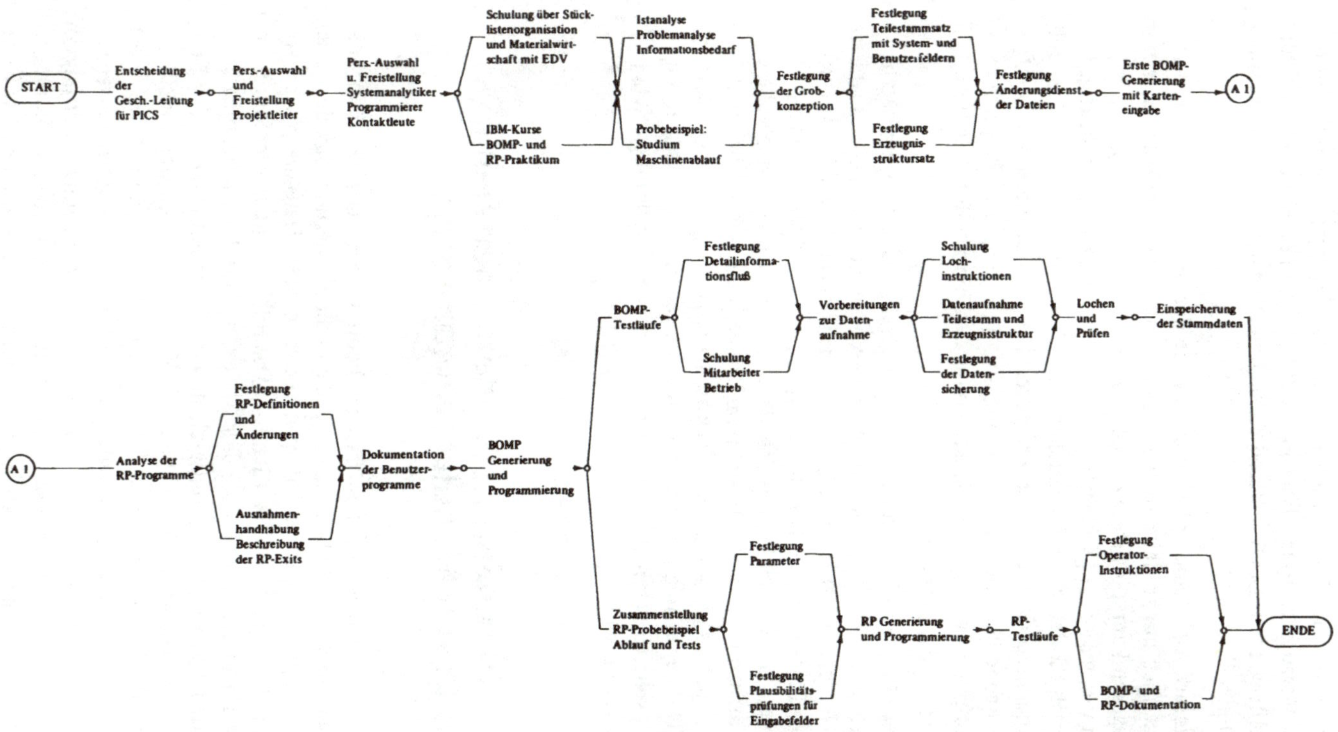

Abb. 25. Netzplan zur Einführung von BOMP und PICS-Bedarfsplanung. Es handelt sich um eine verallgemeinerte Darstellung der Schrittfolge, die aus einer einem Kunden überlassenen IBM-Skizze (ohne Verfasser und Quellenangabe) stammt. Der Ablaufplan wurde aus Gründen der besseren Verständlichkeit von uns in einer Reihe von Punkten vereinfacht und teils verändert. Der Netzplan, der nur zu einem kleineren Teil die erforderliche kundenbezogene Organisationsanpassung enthält, soll zeigen, welche hauptsächlichen Arbeitsschritte bei einer Anpassung von Modularprogrammen notwendig sind

programmierung wäre z. B. für eine Kapazitätsterminierung meist viel zu aufwendig.

Die Errechnung der voraussichtlichen Rationalisierungserfolge durch den Einsatz von Modularprogrammen ist zum Planungszeitpunkt sehr schwierig und kann bestenfalls eine Schätzung darstellen, die auf der Erfahrung anderer Unternehmen beruht. Woran liegt das? Die Hauptgründe ergeben sich aus den folgenden Punkten:

- Während die unmittelbar anfallenden Kostensätze der Maschinenmiete und des Bedienungspersonals sich ohne Schwierigkeiten erfassen lassen, ist ein hinreichend genauer Überblick über die notwendigen Organisationsarbeiten und den Aufwand für die erstmalige Datenerfassung und -bereinigung zu einem frühen Zeitpunkt schwer zu gewinnen. Sehr unsicher ist bei umfangreichen Programmkomplexen auch eine Schätzung der wahrscheinlichen Programmlaufzeiten.

- Noch problematischer ist die Feststellung der durch den Einsatz der Datenverarbeitung möglichen personellen und sachlichen Einsparungen. Exakte Angaben lassen sich nur zu einem Teil der Faktoren machen. Wie soll man eine angestrebte Verbesserung der Betriebstransparenz oder umfangreichere und schnellere Informationen in Mark und Pfennig ausdrücken? Meistens vergehen nicht nur Monate, sondern Jahre, bis sich nach der Umstellung von Betriebsabläufen der volle Nutzen der EDV einstellt. Wird nach der Umstellung eines Arbeitsgebiets nicht eine ständige Verfeinerung der Organisationsabläufe durchgeführt und findet keine Assimilierung der neuen Verfahren an die bestehende Betriebsorganisation statt, stellt sich der erwartete Nutzen vielleicht überhaupt nicht voll ein.

Man begegnet immer wieder der Annahme, daß eigene Programme als „Maßanzüge“ wirtschaftlicher arbeiten und bessere Ergebnisse erbringen als Modularprogramme. Diese Meinung trifft nicht voll zu und läßt sich auch nicht verallgemeinern. Die Wirtschaftlichkeit von Modularprogrammen war in den vergangenen Jahren dann oft verhältnismäßig gering, wenn damit nur Standardvorgänge abgewickelt wurden, während alle Ausnahmen innerhalb eines Arbeitsgebiets weiterhin dem Sachbearbeiter zur Regelung überlassen blieben.

Die in der neueren Zeit entwickelten Modularprogrammpakete sind dagegen wesentlich flexibler und zukunftsorientiert. Sie lassen sich stufenweise ausbauen, erlauben Abfragen und Simulationen und beinhalten auch die Abwicklung einer Reihe von Ausnahmemöglichkeiten des Arbeitsablaufs. Für viele Unternehmen dürfte der Weg zu einem umfassenden Informationssystem mit Modularprogrammen heute wirtschaftlicher sein als die Verwendung eigener Programme.

Nicht mehr vertreten werden kann auch die Meinung, daß die Wirtschaftlichkeit beim Einsatz von Modularprogrammen erst später eintrete als bei selbsterstellten Programmen, weil die Assimilierung mehr Zeit in Anspruch nehme.

7.71 Aufwand- und Nutzenfaktoren bei einer Wirtschaftlichkeitsrechnung

Beim Einsatz der elektronischen Datenverarbeitung unterscheiden wir einmalige Kosten der Umstellung und wiederkehrende oder laufende Kosten. Bei der folgenden Erläuterung der Kostenfaktoren sind die beiden Aufwandsgruppen getrennt dargestellt.

7.711 Einmalige Kosten

Als Faustregel gilt, daß die einmaligen Kosten der Organisation und Programmierung etwa einem 1,5 bis 2-jährigen Mietaufwand des Datenverarbeitungssystems entsprechen. Zu den einmaligen Kosten zählen:

- Durchführung der Systemanalyse
- Erstellung der Programme
- Besuch von Seminaren
- Inanspruchnahme eines EDV-Beraters
- Einmalige Installationsgebühren bei der Anmietung eines Datenverarbeitungssystems
- Einmalige Übernahme von Karteien auf maschinelle Datenträger
- Einmalige Kosten für Raum und Mobiliar
- Einmalige Kosten für den Ankauf von Software

Zur Durchführung einer Rentabilitätsrechnung ist es üblich, die einmaligen Kosten durch 60 Monate zu dividieren und diesen Anteilbetrag den laufenden Kosten zuzuschlagen. Man geht hierbei von der Überlegung aus, daß ein installierter Computer und die auf ihn zugeschnittene Organisation im Durchschnitt etwa diesen Zeitraum überdauert. Neben dem so ermittelten Abschreibungsbetrag sind in die laufende Monatsrechnung die Zinsen für den halben einmaligen Aufwand aufzunehmen.

Die Kosten der einmaligen Organisations- und Programmierarbeiten werden durch den Einsatz von Modularprogrammen weniger stark beeinflußt, als dies meist angenommen wird. Der Grund hierfür ist darin zu suchen, daß im Schnitt nur etwa ein Viertel bis ein Drittel der Gesamtkosten für die Anpassung der Programme aufgewendet werden muß. Zwei Drittel der Kosten entstehen dagegen für Änderungen und Verbesserungen der allgemeinen Betriebsorganisation, für die Arbeitsplatzorganisation, für die Datenaufbereitung, für die Schulung der Mitarbeiter und für die Umstellung. Je mehr Arbeitsabläufe in einer integrierten Datenverarbeitung zusammengefaßt werden, desto stärker ist die Progression der allgemeinen Umstellungskosten, um eine koordinierte Arbeitsabwicklung zu erreichen.

Der Aufwand für die Systemanalyse war in den vergangenen Jahren beim Einsatz von Modularprogrammen fast etwa gleich hoch wie bei selbsterstellten Programmen. Er kann bei gut dokumentierten und in der Praxis bewährten Modularsystemen um etwa 25% gesenkt werden, wenn aufgrund vorliegender Erfahrungen der Aufwand an eigener schöpferischer Arbeit bei der Konzeptionsentwicklung zurückgedrängt werden kann. Nicht zu vernachlässigen ist allerdings die Tatsache, daß das Risiko einer Fehlentwicklung beim Einsatz guter Modularprogrammsysteme geringer ist, insbesondere wenn jüngere Systemanalytiker ohne nennenswerte Betriebserfahrungen (oder ein entsprechendes Fremdberatungsteam) für die Entwicklung eines integrierten Modells eingesetzt werden.

Der größte Vorteil des Einsatzes von Modularprogrammen liegt in der Einsparung von Programmier- und Testaufwand. Gerade die schwierigeren Verarbeitungsprogramme fallen überwiegend weg. Obwohl die einzelnen Erfahrungen sehr unterschiedlich sind, kann als durchschnittlicher Erfahrungswert gesagt werden, daß mit einer Halbierung des Programmieraufwands in günstigen Fällen gerechnet werden kann. Unabhängig von diesen Angaben trifft bis heute in den meisten Industriebetrieben noch die „Regel" zu, daß für Modularprogramme wie für eigenerstellte Programme der gesamte Umstellungsaufwand auf EDV gegenüber dem ersten Kostenvoranschlag nicht selten 2–3 mal so teuer wird, weil erforderliche Änderungen der Betriebsorganisation selten in ihrem vollen Ausmaß während der Planungsarbeiten erkannt werden.

7.712 Laufende Kosten

Die laufenden Kosten werden auf einen Monat bezogen. Sofern die Anlage und die Nebengeräte gekauft worden sind, gehören zu den laufenden Kosten der Abschreibungsbetrag und die monatlichen Wartungskosten, bei der Miete eines Gerätes die monatlichen Mietkosten. Folgende wesentlichen Kostenfaktoren sind zu berücksichtigen:

- Datenverarbeitungsanlage
- Datenerfassungsgeräte
- Evtl. erforderliche Zusatzgeräte (z. B. Formulartrenngerät)
- Personalaufwand für laufende Organisations- und Programmpflege
- Personalkosten für Datenerfassung
- Lizenzgebühren für Modularprogramme
- Papierkosten
- Raum, Energie, Sonstiges
- Abschreibung der einmaligen Kosten
- Zinsen aus den einmaligen Kosten (halbe Summe)

Die laufenden Kosten werden durch den Einsatz von Modularprogrammen wenig beeinflußt. Für den Einsatz von Standardsoftware werden heute keine größeren Datenverarbeitungssysteme benötigt als bei Eigenprogrammen. Auch die bei früheren Programmen längere Laufzeit, die sich ergeben könnte, ist kaum mehr zu bemerken.

7.713 Erwartete Einsparungen

Bei den Einsparungen ist zwischen dem quantifizierbaren und dem nicht quantifizierbaren Nutzen zu unterscheiden. Spezielle Möglichkeiten zur Kostenbeeinflussung im Bereich der betrieblichen Material- und Zeitwirtschaft werden in den entsprechenden Abschnitten dieses Buchs behandelt.

Ein guter Anhaltspunkt zur Feststellung möglicher Personaleinsparungen ist das Ergebnis der Tätigkeitsanalyse. Dort ist der Umfang der für eine bestimmte Tätigkeit geleisteten Stunden enthalten. Ist eine solche Arbeit ganz oder teilweise für eine Übernahme auf eine maschinelle Abwicklung vorgesehen, können die Stundenangaben zusammen mit einem für diese Mitarbeiter geltenden Stundensatz zur Errechnung der voraussichtlichen Personaleinsparungen verwendet werden.

Nach den bisherigen Erfahrungen sind Personaleinsparungen überwiegend nur längerfristig realisierbar. Meist sind neben der Umstellung der Arbeitsgebiete auf EDV noch zusätzliche Anstrengungen auf den Gebieten der Struktur- und Arbeitsplatzorganisation notwendig, um geplante Personaleinsparungen verwirklichen zu können. Während der Übergangs- und Konsolidierungsphase ist nicht selten ein zeitweilig erhöhter Personalbedarf festzustellen. Als angestrebte Zielsetzung finden wir häufig keine direkte Personalfreisetzung, sondern eine Abflachung des Personalanstiegs bei einer Geschäftsausweitung und das Auffangen von Spitzenbelastungen durch den Computer. Immer wieder ergibt sich bei Personaleinsparungen folgendes Problem: Mitarbeiter könnten eigentlich freigestellt werden, jedoch ist dies aus sozialen Gründen nicht möglich. Viel schwerwiegender noch ist der Trend, der sich von den Durchschnittskräften zu den qualifizierteren Arbeitskräften ergibt, wenn eine Umstellung auf EDV durchgeführt worden ist.

Im Materialbereich eines Unternehmens können voraussichtliche Einsparungen teilweise durch Simulationen der Bestandsentwicklung ermittelt werden. Im Fertigungsbereich sind die erwarteten Vorteile dagegen im wesentlichen erst nach der Umstellung quantitativ zu ermitteln.

Nicht haltbar sind für eine Wirtschaftlichkeitsrechnung die „durchschnittlichen Branchenwerte", die angeblich anderweitig erreicht wurden und die von Betrieben als Grundlage für eine Wirtschaftlichkeitsrechnung in den letzten Jahren immer wieder mangels besserer Werte verwendet wurden. Es entbehrt z. B. jeglicher Grundlage, wenn ohne nähere Untersuchung eine Senkung der Lagerbestände um 20% angenommen und als Basis in eine Rentabilitätsrechnung eingesetzt wird.

Der Einsatz von Modularprogrammen führt in der Nutzenrechnung zu keinen andersartigen Ergebnissen gegenüber der Verwendung von selbsterstellten Programmen. Vor übertriebenen Rentabilitätserwartungen in den ersten Jahren nach der Umstellung ist auch dort zu warnen, wo sie verhältnismäßig reibungslos über die Bühne ging. So stellt zum Beispiel *H. Hammer* für die Firma Traub, Maschinenfabrik, Reichenbach, die unter weitgehender Verwendung von IBM-Modularprogrammen eine integrierte Produktionssteuerung aufgebaut hat, fest: „Die gesamten meßbaren Einsparungen haben nach drei- bis vierjähriger Laufzeit der Einzelprogramme zu einer weitgehenden Deckung der anteilmäßigen Kosten zur Unterhaltung der Rechenanlage geführt. Durch die ständig fortschreitende Integration der einzelnen Funktionen und Programmabläufe, im besonderen durch den konsequenten Aufbau einer umfassenden Datenbank und Verbesserung des Informationsflusses durch dezentrale Datenerfassung wird eine weitere Reduzierung der Kosten erwartet. Allerdings ist hierbei zu berücksichtigen, daß sich die erreichte Kostendeckung erst mehrere Jahre nach der Installation der Anlage eingestellt hat, so daß die in der Einführungsphase entstandenen Mehraufwendungen frühestens nach weiteren 2 Jahren amortisiert sein werden."[3] Dieser sehr nüchternen Feststellung geht ein durch imposante Zahlenangaben belegter Erfahrungsbericht über den erreichten Nutzen durch den Übergang auf eine integrierte Fertigungssteuerung voraus, wie er wohl selten in anderen Unternehmen bisher erreicht werden konnte. So wird z. B. festgestellt, daß sich bei gleicher Personalkapazität und im wesentlichen unveränderten fertigungstechnischen Gegebenheiten eine Steigerung des Produktionsvolumens um 22% erreichen ließ[3].

7.8 Abwicklung der Umstellungsprojekte beim Einsatz von Modularprogrammen

Der größte Zeitanteil bei der Einführung von Modularprogrammen entfällt auf die Feinkonzeption, detaillierte Programmanpassung und Einführung. Die Detailorganisation wird meist im Rahmen einer sog. Projektorganisation abgewickelt. Zu diesem Zweck sind bei der Grobkonzeption die Aufgaben in einzelne voneinander abgegrenzte Komplexe aufgeteilt worden. Für das Planungsteam bestehen bei einer solchen Aufteilung abgeschlossene und übersichtliche Aufgabenbereiche. Der Geschäftsleitung ermöglicht eine projektweise Abwicklung eine bessere Kontrolle des Arbeitsfortschritts.

[3] Aus: *H. Hammer*, Integrierte Produktionssteuerung mit Modularprogrammen, Betriebswirtschaftlicher Verlag Dr. Th. Gabler, Wiesbaden 1970, S. 77 ff.

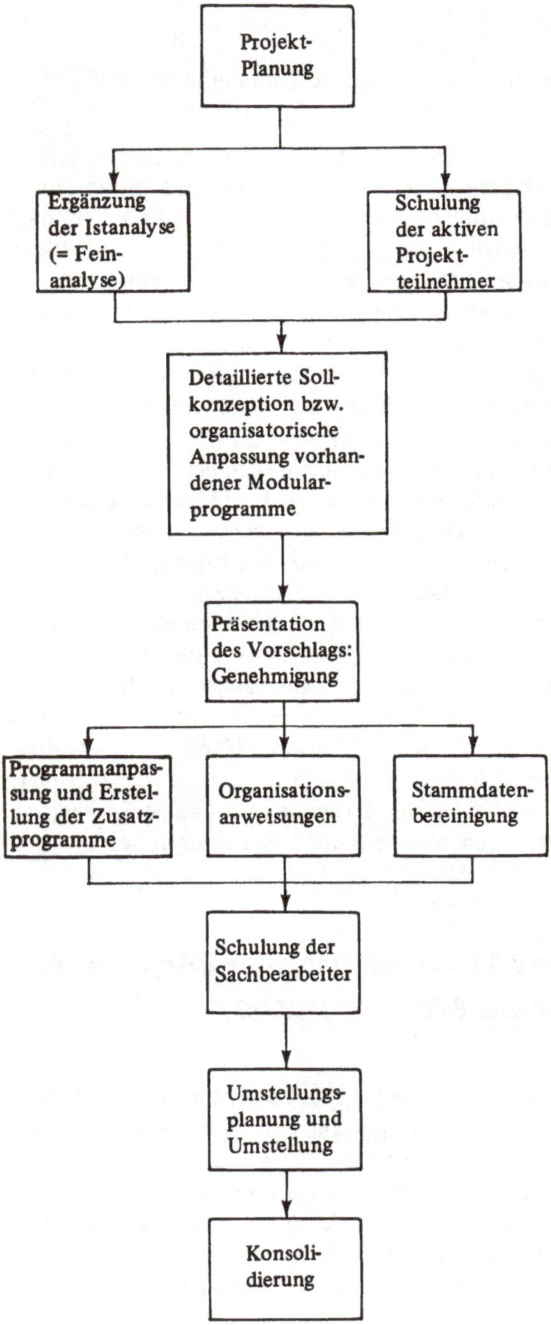

Festlegung des Projektumfangs und der am Projekt beteiligten Sachbearbeiter; Erstellung eines detaillierten Terminplans.

Zuerst sollte eine Überprüfung stattfinden, ob zusätzliche Angaben zum Istablauf nötig sind. Parallel hierzu sollten die voll oder teilweise am Projekt beteiligten Sachbearbeiter die für eine Mitarbeit erforderliche Schulung erhalten, sofern dies nicht bereits zu einem früheren Zeitpunkt geschehen ist. Das kann durch den Besuch von Seminaren oder das Studium von Fachliteratur erfolgen.

Werden für ein Projekt ganz oder teilweise vorgefertigte Standard- oder Modularprogramme verwendet, sind sie den individuellen Betriebsverhältnissen durch die Festlegung von Datenformaten, das Erstellen von Parameterkarten, Streichungen und Hinzufügungen von Programmteilen und die Festlegung der Listenbilder anzupassen.

Vor dem Beginn der Programmierung bzw. Programmanpassung sollten die geplanten Arbeitsabläufe mit den Fachabteilungen besprochen werden. Meist ist es in Betrieben üblich, daß ein Sollvorschlag vor dem Beginn der Programmierarbeiten von dem der Planungsgruppe übergeordneten Datenverarbeitungsausschuß genehmigt werden muß.

Parallele Abwicklung dieser drei Arbeiten. Insbesondere muß die Vorbereitung der Umstellung von Karteien rechtzeitig in Angriff genommen werden.

Die Schulung der Mitarbeiter, welche die Arbeitsabwicklung durch den Computer zu betreuen haben, muß in mehreren Etappen und sehr gründlich erfolgen. Sie sollte anhand praktischer Beispiele durchgeführt werden.

Überwiegend erfolgen Umstellungen auf einen bestimmten Zeitpunkt (Ende des Kalenderjahres, Inventur); auf diesen Zeitpunkt sind die Terminpläne auszurichten.

Meist dauert es eine bestimmte Zeit, bis sich die neue Organisation „eingespielt" hat. Während dieser Periode ist eine verstärkte Unterstützung durch die Organisationsstelle des Unternehmens nicht zu vermeiden.

Abb. 26. Projektablaufschritte bei der Einführung von Modularprogrammen

Ein Projekt gliedert sich in mehrere Phasen, die nacheinander zu durchlaufen sind. Hierbei zeigt sich, daß um so mehr Nachholarbeit zu leisten ist, je oberflächlicher die Grobanalyse und der Aufbau der Grobkonzeption durchgeführt wurden. Die Projektablaufschritte gehen aus der folgenden Skizze und den Erläuterungen hervor.

7.9 Typische Ursachen von Fehlschlägen bei der Einsatzvorbereitung von Modularprogrammen

Pannen bei der Einführung von Modularprogrammen lassen häufig auf folgende Ursachen zurückführen:

Übertriebene Versprechungen von Vertriebsberatern: Es ist einer der verhängnisvollsten Trugschlüsse eines Unternehmens, wenn es annimmt, daß ein Computer plus die Verwendung von Modularprogrammen tatsächlich eine mühelose Umstellung auf EDV ermöglichen. Hier wäre es eine edle Aufgabe der Vertriebsberater von Softwareerstellern, eine Firma vor diesem Irrtum zu schützen. Übertriebene Versprechungen werden nicht selten gegeben in bezug auf

- die zu erreichende Wirtschaftlichkeit beim Einsatz von Modularprogrammen
- die Einführungsfristen, die oft mit wenigen Wochen beziffert werden
- den Personalaufwand, der für die Organisation und Programmierung erforderlich ist
- die isolierte Einsatzmöglichkeit eines Modularprogramms zur Lösung eines bestimmten Problems

Unzureichende Ausbildung der für EDV-Aufgaben vorgesehenen Mitarbeiter: Nicht selten überläßt eine Anwenderfirma eines Modularprogramms die Erstellung von Änderungs- und Auswertungsprogrammen ganz den Herstellerspezialisten oder dem Mitarbeiterteam einer Fremdberatungsfirma. Gewiß sollten die Softwarespezialisten einer Computerfirma bei der Anpassung von Modularprogrammen eingeschaltet werden, wenn spezielle Anpassungsprobleme auftauchen. Kennt sich jedoch überhaupt kein Mitarbeiter der Anwenderfirma im Modularprogramm aus, führt dies zu folgenden nachteiligen Auswirkungen:

- vollständige Abhängigkeit von der Hersteller- oder Beratungsfirma auch bei kleinsten Programmänderungen, die gewünscht werden
- keine Integrationsmöglichkeit des Modularprogramms in einer vielleicht für später vorgesehenen erweiterten Anwendung der EDV, da sich niemand in der

Dokumentation der durch fremde Kräfte angepaßten Programmsysteme auskennen dürfte

- keine Ausschöpfung aller in einem Modularprogramm vorgesehenen Modifizierungs- und Erweiterungsmöglichkeiten, da fremde Kräfte viel zu häufig sich auf die programmtechnischen Anpassungsarbeiten beschränken.

Grundsätzlich sollten Anwendermitarbeiter vor dem Einsatz eines Modularprogramms dessen Inhalt genau kennenlernen (Besuch von Seminaren, Studium der speziellen Literatur, die sich nicht auf Einführungsprospekte beschränken darf).

Reicht eine 60%ige Lösung? Eine häufige Argumentation der Vertriebsberater von Computerfirmen lautet: Besser eine 60%ige maschinelle Lösung in 1/2 Jahr (mit Hilfe eines Modularprogramms, das in der vom Hersteller gelieferten Form mit einem Minimum an Anpassungsarbeiten eingesetzt wird) als gar keine oder eine 100%ige in 4 Jahren. Dieses Argument mag auf vielen Gebieten einiges für sich haben, trifft aber auf die maschinelle Materialwirtschaft und Fertigungssteuerung nur beschränkt zu. Die Abwicklung von Normalfällen, die von der Maschine übernommen werden kann, bereitet bei der konventionellen Bearbeitung meist den geringsten Zeitaufwand. Die Arbeitskraft der Sachbearbeiter ist viel mehr gebunden durch die Ausnahmefälle: durch Eilaufträge, Rückstände, fehlendes Material, die Ausschußverfolgung usw. Die durch EDV zu erreichende Entlastung wäre also nur gering, wenn alle schwierigen Fälle ausgeklammert werden. Außerdem bringt eine zweigleisige Organisation einen erheblichen zusätzlichen Arbeitsaufwand (Bedarfsermittlung!).

Krampfhaftes Festhalten an der alten Organisation: Die erfolgreiche Einführung von Modularprogrammen ist in Frage gestellt, wenn die Umstellung auf EDV mit der Auflage der Geschäftsleitung verbunden ist, an vorhandenen Verfahren „grundsätzlich nicht zu rühren“. Abgesehen von einem wesentlich höheren Einführungsaufwand wird eine maschinelle Organisation dadurch schwerfällig und umständlich, so daß eine angestrebte Verbesserung der Wirtschaftlichkeit kaum noch zu erzielen ist.

Literaturverzeichnis

Anwendung des Honeywell Kapazitätsterminierungssystems bei der Hilti AG, Bericht der Firma Hilti AG, Schaan, ohne Verfasser und Jahresangabe.

Bedarfsrechnung auf der Grundlage des IBM /360 Stücklistenprocessors, IBM Form 80 629-0.

D. Bertram, F. Hartmann, Kapazitätsterminierung bei Escher Wyss, IBM Nachrichten 181, 1967, S. 402 ff.

Betriebliches Rechnungswesen im IBM Rechenzentrum, IBM Form P 12-1016.

CLASS, IBM Modularprogramm für die Kapazitätsterminierung, Einführungsschrift, IBM Form 80 713-0.

Manfred Cleve, UNIVAC Systeme für das Rechnungswesen, Abwicklung der Betriebsabrechnung mit UNIREB, BA 17 300, Frankfurt/Main 1970.

Manfred Cleve, UNIVAC Systeme für das Rechnungswesen, Rationalisierung der Finanzbuchhaltung durch UNIREF, BA 16 200 A, 3. A., Frankfurt/Main 1970.

H. W. Emmert, UNIVAC Stücklistenprocessor UNIBORS, BA 15 400, Frankfurt/Main 1970.

Fertigungssteuerung mit BASIS 4004/16, Siemens AG, Bestellnummer D 14/4138.

J. Franzel, J. Kiesel, BASIS 4004/15 bis 26, Verfahren und Dateiorganisation der Stücklistenverwaltung, Siemens AG, Schriftenreihe data praxis, Bestellnummer 2-2600-836.

Fritz Groß, Materialdisposition mit PICS, in: IBM Nachrichten 202, August 1970, S. 352 ff.

Fritz Groß, Die Kapazitätsplanung in PICS, in: IBM Nachrichten 204, Dezember 1970, S. 544 ff.

Bruno Grupp, Elektronische Stücklisten- und Arbeitsplanorganisation, Forkel Verlag, Stuttgart 1971.

Bruno Grupp, Einsatzmöglichkeiten der Datenverarbeitung in Mittel- und Kleinbetrieben, Friedrich Kiehl Verlag GmbH, Ludwigshafen (Rhein) 1972.

Helmut Hammer, Integrierte Produktionssteuerung mit Modularprogrammen, Betriebswirtschaftlicher Verlag Dr. Th. Gabler, Wiesbaden 1970.

Heidi und *Wolfgang Heilmann, Erhard Reblin,* Einsatzplanung für eine Datenverarbeitungsanlage, Forkel Verlag, Stuttgart 1968.

Honeywell Bull, DIMAS, Systembeschreibung, Ref.-Nr. 3460 280 D, 2. A., Köln 1971.

Honeywell Bull, MIACS CCA, Plankalkulation, Funktionsbeschreibung, Ref.-Nr. 34 60 682 D, 1971.

Honeywell Bull, MIACS Gesamtorganisation, Ref.-Nr. 00 12 080 D 1, 2. A., 1972.

Honeywell Bull, MIACS PFM 200, Stücklisten- und Arbeitsplanverkettung, Systemeinführung, Ref.-Nr. 31 60 601 D, 1971.

Honeywell Serie 200, FACTOR Nettobedarfsermittlung, Einführung, Frankfurt/Main 1969.

Honeywell Serie 200, FACTOR Nettobedarfsermittlung, Funktionsbeschreibung, Frankfurt/Main 1969.

Honeywell Bull Serien 400/6000, MIACS Materialwirtschaft, Anwendung Teil 1, Ref.-Nr. 00 60 680 D, 1971.

Honeywell Bull Serien 400/6000 MIACS Materialwirtschaft, Anwendungshandbuch Teil 2, Ref.-Nr. 00 60 681 D, 1972.

Walter Huber, Erfahrungen bei der Einführung von PICS im Hause Friedrich Deckel, Präzisionsmaschinenbau, München, IBM Seminar „Erfahrungsberichte über die Einführung von PICS" vom 21.–23. September 1970 in Murnau.

IBM Buchhaltungsservice, IBM Form 72 010.

IBM System /3, Computergesteuerte Programmierhilfe, IBM Form P 12-3008-1.

IBM System /3 Platte, Lohn- und Gehaltsabrechnung, Einführung, Vorabdruck, 1972.

IBM System /360, Bedarfsrechnungssystem Requirements Planning, Anwendungsbeschreibung, IBM Form 80 726-0.

IBM System /360 Modell 20, Bedarfsermittlung und Lagerdisposition, IBM Form 79 962-0.

IBM System /360 Modell 20, Kapazitätsbelegungs- und Terminierungssystem CLASS 20, IBM Form 80 521-0.

IBM System /3, Stücklistenprocessor, Anwendungsbeschreibung, IBM Form H 12-3022-0.

IBM System /360, Stücklistenprocessor-Programmbeschreibung, IBM Form 80 692-0.

IBM System /360 Modell 20, Stücklistenprocessor-Anwendungsbeschreibung, IBM Form 80 714-1.

IBM System /360, Lagerdisposition (Inventory Control), Programmbeschreibung, IBM Form 80 786-0.

IBM System /360 Lagerdisposition (Inventory Control), Anwendungsbeschreibung, IBM Form 80 516-0.

IBM System /360 und System /370, Capacity Planning and Sequencing System (Abkürzung: CAPOSS) Anwendungsbeschreibung.

IBM System /360 und System /370 Capacity Planning and Sequencing System, General Information Manual, GH 12-5105-0.

IBM /360 Kapazitätsplanung, Anwendungsbeschreibung, IBM Form 80 617-0.

IBM System /360 Shop Floor Control, Application Description Manual, GH 20-0753-0.

IBM, Shop Floor Control, Data Base Manual, GH 20-0754-1.

Kapazitätsterminierung CLASS für System /3 Platte Einführungsschrift, IBM Form H 12-3028-0.

Kapazitätsterminierung 360-30, Vorabdokumentation Version 7, IBM-Programmbeschreibung ohne Verfasserangabe.

Hermann Köhler, Stücklisten- und Arbeitsplanorganisation bei FAG Kugelfischer, Georg Schäfer & Co. in Schweinfurt, in: Bull General Electric, Information 44, S. 29 ff.

I. Konczak, UNIS – UNIVAC-Industriesystem, Einführungsschrift, BA 21700, Frankfurt/Main 1972.

Wolfgang Kopp und *Walter Staiger*, Das CLASS-Terminierungsprogramm auf einem System /360-25 im Hause R. Stahl, in: IBM Nachrichten 200, April 1970, S. 139 ff.

Kuner u. a., BASIS-ST 4004/35 bis 55, Programmkreis für die Stücklistenverwaltung, Siemens AG, Schriftenreihe data praxis, Bestellnummer D 14/4035.

Lagerdisposition mit MINCOS auf der Grundlage des IBM Systems /360-Stücklistenprocessor, Anwendungsbeschreibung, IBM Form 80 653-0.

Lagerdisposition mit MINCOS, IBM Modularprogramm für die Bestands- und Bestellrechnung, Einführungsschrift IBM Form 71 417-2.

Lohn- und Gehaltsabrechnung, IBM Form 72 014.

Peter Lohse, Kriterien für die Beurteilung und Auswahl einer EDV-Anlage, HMD 9/1/16, Juli 1968.

Helmut Mayer, Erfahrungen mit dem OS-Stücklistenprocessor MRP, in IBM Nachrichten 203, Oktober 1970, S. 440 ff.

F. De Micheli, COSTING für das betriebliche Rechnungswesen, IBM Form 80 663-0, Zürich 1967.

F. Mitthof, Computergesteuerte Produktionskontrollsysteme, in: Steuerungstechnik, 3. Jahrgang, Nr. 3, S. 90 ff.

NCR, Management Informationen, IMMAC, Basissystem für Stücklistenauflösung, Nettobedarfsermittlung, Lagerkontrolle, NCR Augsburg 1971.

Philips, Inventory Control Techniques PICT, Philips Electrologica, Düsseldorf 1970.

Philips P/1000 PICT, Dok.-Nr. 5112 900 10412, Philips Electrologica, Düsseldorf 1971.

Philips P/1000, Production Information System, Dok.-Nr. 5112 900 10053, Düsseldorf 1971.

Philips, Production Information System PRINSYS, Dok.-Nr. 5112 900 004, 1971.

PICS-Einführungsschrift, IBM Form 80 524.

PICS-Unterlagen der Schule für Fertigungsindustrie, IBM Form 81 912-1.

Paul S. Pütter, Peter Ruetz, Manfred Schliep, BASIS AN 4004/35 bis 55, Programmkreis für die Arbeitsplanverwaltung, Siemens AG, Schriftenreihe data praxis, Bestellnummer 2-2600-875.

Paul S. Pütter, Peter Ruetz, Manfred Schliep, BASIS-AZ 4004/35 bis 55, Programmkreis für die Arbeitsplatzverwaltung, Siemens AG, Schriftenreihe data praxis, Bestellnummer 2-2600-877.

Paul S. Pütter, Peter Ruetz, Manfred Schliep, BASIS 4004/35 bis 55, Bausteinsystem für integrierte Fertigungssteuerung, Verfahrensübersicht, Siemens AG, Schriftenreihe data praxis, Bestellnummer D 14/4043.

E. Rief, Standardsystem für die Materialwirtschaft, IMMAC, Inventory Management and Material Control, NCR, Augsburg, o. J.

Helmut Rothböck, ITT Austria, Erfahrungen bei der Einführung von PICS, IBM Nachrichten 206, April 1971, S. 733 ff.

Alfred Runtsch, Kapazitätsterminierung im Hause Krauß-Maffei AG, München, IBM Nachrichten 189, 1968, S. 198 ff.

Klaus Schauff, Datenbankmanagement mit IDS, B-GE-Schriften 4, Herausgeber Bull General Electric, Köln 1970.

Hermann J. Schmelzer, Werner Seufert, BASIS-FD 4004/15 bis 26, Programmkreis für die Fertigungsdisposition, Verfahrensbeschreibung, Siemens AG, Schriftenreihe data praxis, Bestellnummer D 14 4042.

Siemens, BASIS 35-DS, Programmkreis für die Dispositionsstammdatenverwaltung, Programmbeschreibung München, o. J.

Siemens BASIS 35-FD, Programmkreis für die Fertigungsdisposition, Programmbeschreibung, München 1972.

Gottfried Stephan, UNIVAC-Systeme für die Industrie, Terminierung und Kapazitätsplanung mit UNITEK, Teil 1, BA 18900, Frankfurt/Main 1971.

System /3 Bestandsführung und Bedarfsplanung, Anwendungsbeschreibung, IBM Form GH 12-3026-0.

The Production Information and Control System, IBM Data Processing Application, E 20-0280-2.

UNIS – UNIVAC-Industrie-Systeme, Lager- und Materialwirtschaft mit ALDIN (Einführungsschrift), BA 21 800, Frankfurt/Main 1972.

Dieter Zahn und *Walter Scholter,* Das Fertigungsterminierungsprogramm CLASS-20, in: IBM Nachrichten 206, April 1971, S. 726 ff.

Sachregister

Kolibri 360 GmbH
Ferdinand-Jühlke-Straße 7
99095 Erfurt, Deutschland
produktsicherheit@kolibri360.de